중산층 트렌드 2017

중산층

한 국 경 제 의 중 심 축 을 낱 낱 이 파 헤 친 다

트렌드

NH투자증권 100세시대연구소 지음

2017

매일경제신문사

머리말

대한민국 중산층은 거위다. 거위는 날지 못한다.

그러나 꿈은 가지고 있다.

이 나라에서 보통 사람으로 산다는 것, 평범하게 산다는 것, 중간으로 산다는 것은 생각보다 쉽지 않다. 언제부터인가 우리는 중류층中流層을 중산층中産層으로 대체해서 부르고 있었다. 중산층은 경제적 개념이고 중류층은 사회·문화적 개념까지 포함된 더 큰 개념이다.

사실 우리가 요즘 말하는 중산층은 중류층을 염두에 두고 부르는 말이다. 불과 수십 년 전만 하더라도 중산층은 '유복하고 안정되고 따뜻하고 가족적인' 것을 의미하는 하나의 상징이었다. 그 시절엔 중산층과 중류층의 구분도 없었고 차이도 나지 않았다. 그러나 지금의 중산층은 '힘들고 불안하고 허덕이고 각박한' 것을 상징하는 말이 되었다. 자산, 소득 혹은 구매력과 같은 경제적 관점에서 중산층을 보기 때문이다. 이제 중산층이 중류층과 확실하게 이별을 하고 있다. 자신이 중산층임에도 불구하고 스스로를 빈곤층으로 생각하는 사람이 중산층 10명 중에 6명이나 된다. 스스로 기러기가 아니라 거위라고 주장하고 있는 것이다.

우리와 달리 미국 사람들은 모두가 자신을 중산층이라고 생각한다. 그들은 중산층을 고소득층과 빈곤층 사이에 존재하는 중간계층으로 인식하기보다는 어떤 상태나 단계와 같은 하나의 브랜드로 생각한다. 즉 '일반적이고 보편적이며 보통의 삶을 사는' 우리가 말하는 중류층과 같은 브랜드에 자신이 포함되어 있다고 믿는다. 그러나 미국에서도 중산층과 가장 많이 연관된 단어는 '급증하는burgeoning, 부담을 떠안은burdened, 쥐어짜낸squeezed'과 같이 각박한 말들이다. 결국 미국에서도 서서히 중산층 붕괴에 대한 우려가 나타나고 있는 것이다.

중산층의 질을 규정짓는 가장 의미 있는 척도는 '삶의 만족도'이다. 수년째 세계에서 삶의 만족도가 가장 높은 나라는 덴마크이다. 덴마크 사람들에겐 '편안하게 함께 따뜻하게 느리게'라는 의미의 '휘게Hygge'라는 삶이 있다. '빨리빨리'의 최고수인, 대한민국의 삶의 만족도는 OECD 국가 중 뒤에서 여덟 번째이다. '타인에 대한 신뢰도'도 덴마크는 70%인 데 반해 우리나라는 겨우 26%이다. 소득은 두 나라가 구매력(PPP) 기준으로 3만 달러가 안 되긴 마찬가지인데 말이다. 심지어 우리나라의 삶의 만족도는 OECD 비회원국인 러시아 아르헨티나보다 순위가 낮다. 우리나라 사람들의 삶의 만족도에서 상당 부분 'U자 커브'가 존재한다. 연령별로 '배우자와의 대화 비율'이 그렇고, '여행을 다니는 빈도'가 그렇다. 덴마크식으로 표현한다면 '휘겔리'한 삶이 어릴 때와 나이가 들어서는 어느 정도 존재하지만, 가장 열심히 살고 행복해야 할 40대

등 중년의 삶이 그만큼 고단하다는 것을 뜻한다.

　이런 슬픈 현실은 여러 군데에서 관찰된다. 가장 대표적인 것이 우리 나라 중산층의 삶에서 '부의 순환고리'가 확실하게 존재한다는 점이다. 우리나라에서 계층을 구분하는 가장 중요한 척도인 소득과 자산 등 부를 형성하는 과정의 출발점은 바로 '학력'이다. 즉 높은 학력을 가질수록 좋은 직장에 다니고 그로 인해 소득이 많아지며, 그 소득이 쌓여 자산을 형성하게 된다. 이러한 소득과 자산이 소비력을 결정하게 되며, 이 소비력은 부모 세대가 자녀 세대에게 양질의 교육을 할 수 있는 원천이 되어 사실상 '부의 순환고리'가 형성된다. 이는 소위 '수저론'이라 불리는 금수저, 흙수저의 중요한 근거가 된다. 고소득층이든 빈곤층이든 그렇게 된 가장 큰 이유가 부모가 부자여서 혹은 가난해서라는 점은 학력에서 출발된 부의 고리가 부모에서 자녀에게로 이어지고 있음을 보여준다.

　사실 중산층의 그늘은 주로 1~2인 가구, 미혼, 30대, 하위 중산층에 짙게 드리워져 있다. 이제 우리나라의 1인 가구는 500만 시대를 열었으며, 20년 후엔 1~2인 가구가 전체 가구의 70%가 될 것이다. 그러나 이번 중산층에 대한 조사에서 1~2인 가구의 양극화가 진행되고 있음이 나타났다. 즉, 취약계층으로서의 1~2인 가구와 여유있는 '싱글족 혹은 딩크족'으로서의 1~2인 가구로 극명하게 나뉘고 있는 것이다. 중형차를 가장 많이 모는 중산층이지만 자동차가 없는 '뚜벅이'도, 해외여행을 꿈꾸지만 실제로는 아예 여행을 한 번도 못 간 '방콕'도 다섯 명 중 한 명꼴이었는데, 이들은 대부분 1~2인 가구, 미혼, 30대, 하위 중산층이었다.

무엇보다도 중산층의 이상과 현실의 괴리가 너무나도 컸다. 현재 받는 소득보다 40%나 많은 소득을 중산층이 받아야 할 소득이라고 생각하고 있으며, 자신의 자산보다 무려 3.5배는 되어야 중산층이라고 인식하고 있다. 이런 현실 인식이 결국 노후불안으로 오고 있다. 우리나라 중산층은 그들의 예상대로라면 10명 중 최대 6명이 노후에 빈곤층이 될 것으로 보인다. 서글픈 현실이다. 그들의 이상은 큰데 현실은 너무 낮은 곳에 있고, 이게 노후불안으로 이어지고 있는 것이다. 우리나라 중산층의 노후 준비 점수는 62점이다. 겨우 낙제점을 면했지만, 매우 불안한 상황이다. 3층 연금을 모두 가지고 있는 사람이 절반도 되지 않는다.

돈이 많으면 수면시간도 길고, 학력이 높으면 더 비싼 점심을 먹으며, 소득이 높아야 '저녁 있는 삶'을 살지만 대체로 대한민국 중산층은 '알뜰한' 중산층이었다. 옷을 살 때도 멋보다는 가격을 더 중시하고, 산책이나 등산 같은 저비용의 취미생활과, 여행보다는 영화를 즐겨보는 가성비 높은 삶을 살고 있다. 그러나 한편으로는 그들은 '외로운' 중산층이다. 1인 가구든 다인 가구든 가족과 같이 사는 삶을 가장 선호했으며, 자신의 행복도 가족에서 온다고 생각하고 있다. 결혼을 꼭 해야 된다고 믿는 사람은 적었고 황혼이혼을 찬성하는 사람이 반대하는 사람보다 두 배나 많았다. 중산층의 또 다른 모습은 '이기적인' 중산층이다. 통일은 안 되는 것이 좋다고 생각하는 사람이 예상보다 많았으며, 외국인 근로자는 잠재적인 일자리 경쟁자, 사회불안요소로 생각하고 있다. 절반이 넘게 현재의 대통령 단임제가 계속 유지될 것으로 생각하며 변화보다 현체제를 더 선호하였다.

대한민국 중산층은 거위다. 거위는 날지 못하지만 꿈은 가지고 있다. 비록 이상과 현실의 격차가 크지만 그 꿈을 위해 다가서고 있었다. 때로는 이기적으로, 때로는 알뜰하게….

이제 거위의 꿈을 믿어 보자.

그래요 난 꿈이 있어요

그 꿈을 믿어요

나를 지켜봐요

저 차갑게 서 있는 운명이란 벽 앞에

당당히 마주칠 수 있어요

…

〈거위의 꿈〉中

100세시대연구소 이윤학 소장

중산층
트렌드
2017

CONTENTS

PART
02

차별적인, 그러나 저렴한
(중산층 일상)

CONTENTS

PART
03

외로운, 그리고 이기적인
(중산층 인식)

PART 04

같은, 그러나 다른
(중산층 경제생활)

중 산 층

트 렌 드

2 0 1 7

PART
01

중간이지만 중산층은 아니다
(중산층 정의와 한계)

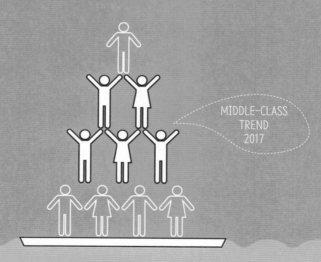

MIDDLE-CLASS
TREND
2017

사피엔스, 거위 되다

사피엔스 vs 중산층

오스트랄로피테쿠스, 인류의 가장 오래된 조상이라고 일컫는 320만 년 전 인간이다. 이후 지구상에는 다양한 인류의 조상들이 나타나고 사라졌다. 그중에 주목할 만한 인류의 조상이 '호모에렉투스'이다. 직립보행을 한다고 해서 붙여진 이름인데, 125만 년 전에 살았으며, 언어와 불을 사용하였다고 한다.

인류학자들에게 인간이 만물의 영장으로 성장하는 데 가장 결정적인 역할을 한 3대 요소를 꼽으라면 첫째 '손'의 사용, 둘째 '직립보행', 셋째 '높은 지능을 가진 뇌'라고 한다. 특히 직립보행이 가져온 변화는 거의 혁명적이다. 우선 손의 사용은 두 발로 서서 걷는 직립보행을 해야만 가능한 것이었고, 그로 인해 도구의 사용이 가능해졌다. 또한 직립보행으로 목을 곧게 세울 수 있어서, 언어가 발달할 수 있었다. 실제 "인류가 지구의 주인이 될 수 있었던 이유는 '뇌의 발달'보다 두 발로 걷게 된 것"이라고 주장하는 인류 진화학자들이 많다.

현생 인류의 직접 조상인 '호모사피엔스'는 네안데르탈인과 동시대를 살았는데, 네안데르탈인의 멸종 원인에 대해 다양한 학설이 존재한다. 13만 년 전부터 3만 년 전까지 살았던 네안데르탈인은 현대인의 직계 조상인 호모사피엔스보다 몸집이나 뇌 용량이 훨씬 컸다. 수렵과 채집 중심의 사회에서 신체구조상 우위가 생존에 절대적인 영향을 미친다는 것을 고려한다면 네안데르탈인의 멸종은 다소 의아스러운 것이다. 실제 인류의 직계 조상인 호모사피엔스는 4만 년 전에 아프리카에서 유럽으로 이주하였고 약 1만 년간 네안데르탈인과 유럽에서 동시대를 살면서 직간접적인 생존 경쟁을 했을 것이다. 이 과정 중 경쟁에서 진 네안데르탈인이 도태하여 지구상에는 호모사피엔스라는 인류만 존재하게 되었다는 것이다.

호모사피엔스는 소위 '인지혁명'으로 불리는 새로운 사고방식과 의사소통으로 새롭고도 강력한 집단을 만들어 나갔다. 네안데르탈인이 멸종한 3만 년 전까지 언어를 만들고 협력하는 문화를 만들며 새로운 역사가 시작되기 시작했다. 직립보행으로 확보된 높은 시야는 생존경쟁에 우위를 가져다 주었으며, 목젖이 발달되어 언어 구사가 더욱 용이해졌다. 그러나 직립보행으로 사피엔스는 척추 디스크의 위험성이 커졌으며, 여성들은 산도産道가 좁아져 조기 출산이 불가피해졌다. 사피엔스의 아기들은 생명 유지에 필요한 시스템이 덜 발달된 미숙아로 태어나게 되어, 엄마와 아빠의 돌봄과 부양이 필수적인 상황이 되었고, 이것이 '가족'의 출발점이 되었다.

　사피엔스는 다른 동물에 비해 미숙한 상태로 태어났기 때문에 교육을 받고 사회화를 해야 할 기간이 다른 동물보다 훨씬 길었다.[1] 따라서 부양을 위해서는 돌보고 지키고 가르치는 능력이 부모들에게 필요했으며, 생존을 위해서 아기들에겐 배우고 자립하는 능력이 필요했다. 그런 과정 속에서 사피엔스는 사회적 능력이 다른 생명체에 비해 뛰어나게 되었으며 가족, 더 나아가 사회집단화가 용이했고 무리들 간의 협업이 뛰어날 수밖에 없었다.

　네안데르탈인은 다른 네안데르탈인 가족집단과 거의 교류가 없이 폐쇄적으로 살았던 반면, 현존 인류의 직계 조상인 호모사피엔스는 가족의 범위를 점차 넓혀 마을까지 형성하였다. 무엇보다도 가족의 범위에 새로운 개념이 발생하였는데, 그것이 바로 '할아버지'와 '할머니'이다. 즉, 네안데르탈인에 비해 호모사피엔스는 '나이 든 성인'의 비중이 커지면서 질적으로 고도화된 사회가 만들어지기 시작했다. 어느 연구에 따르면 네안데르탈인의 인구구조가 '젊은 성인' 10명에 '나이 든 성인' 4명이었던 데 반해 호모사피엔스는 젊은 성인 10명에 나이 든 성인 20명으로 소위 '할아버지, 할머니'가 훨씬 많았다.[2] 그 시절 인류의 수명이 40세 정도였으므로 할아버지, 할머니 등 '나이 든 성인'이 손주들을 돌보며

1　실제로 소나 말 등은 태어나자마자 바로 걸을 수 있다.
2　젊은 성인은 15~30세, 나이 든 성인은 30세 이상을 의미한다.

양육은 물론 지식과 경험을 전달함으로써 사피엔스가 이 지구상의 주인이 되는 데 결정적인 역할을 한 것이라는 주장이 설득력 있게 들린다.

1만 2,000년 전 사피엔스는 새로운 전기를 만든다. 농업혁명이다. 그 이전 사피엔스는 사냥꾼의 삶이라기보다는 수렵 채집인의 삶을 살았다. 이 시기엔 사유재산이나 일부일처제, 심지어 아버지의 개념도 명확하지 않았다. 수렵 채집인들은 정착생활이 아니라 먹을거리를 찾아 여기저기를 떠돌며 '길 위의 삶'을 살았다. 농업혁명 전 사피엔스들은 서로 무리의 구성원을 잘 알았으며, 평생 친척과 친구에 의해 둘러싸인 채 살아갔다. 몇 달 동안 자기 무리의 사람들 외에는 보지도 못했으며, 평생 만나는 사람들도 불과 몇 백 명에 지나지 않았다. 그 시기엔 고독도 없고 프라이버시도 없었다.[3]

평범한 수렵 채집인 사피엔스들은 현대인 후손에 비해 대부분 주변 환경에 대해 넓고 깊으며 다양한 지식을 가지고 있었다. 실제 사피엔스의 평균 뇌 용적은 수렵채집시대 이후 오히려 줄었다. 그 시대에는 생존하려면 누구나 뛰어난 지적 능력을 가져야만 했다. 개인적인 수준으로 보자면 고대 수렵 채집인은 역사상 가장 아는 것이 많고, 기술이 뛰어난 사람들이었다. 그러나 농업혁명 이후 많은 사람들은 생존을 위해 '다른 사람들의 기술'에 더 많이 의존하게 되었다. 수렵 채집인들은 그들의 후손인 농부, 노동자, 사무원보다 훨씬 안락하고 보람 있는 생활을 영위하

---

3 《사피엔스》, 유발 하라리, 2015

였다. 그들은 사흘에 한 번 정도 사냥을 하였으며, 채집에 걸리는 시간도 하루에 3~6시간에 불과하였다.[4] 수렵 채집인 사피엔스에겐 가사노동의 부담이 적었다. 설거지를 할 필요도, 집안 청소를 할 필요도 없었기 때문이다. 그들은 여유 있는 시간에 아이들과 놀아주기도 했고, 유연한 언어를 가지고 집단 구성원들과 대화를 통해 공동체 의식을 키웠다. 그들에게 산재産災는 사자에게 물려가거나 뱀에 물리는 일이었지만, 공장 사고나 자동차 사고위험은 없었다.

농업혁명 전 채집 수렵인들은 그들의 후손인 농부들보다 굶어 죽거나 영양 실조에 걸리는 일이 적었다. 그것은 그들이 다양한 식단을 영위하는 데 반해 농부들은 밀, 쌀, 감자 등 특정 작물로 구성된 불균형적인 식단이었기 때문이다. 그들은 한 가지 식량에만 의존하지 않았기 때문에 다른 대체 식량들이 많았다. 농업혁명 이후 밀이나 쌀농사가 흉작인 경우 기근과 굶주림의 시련이 있었지만 채집 수렵인 사피엔스들에겐 사냥을 하거나 다른 대체 작물로 이를 이겨 낼 수 있었다. 그들은 전염병의 영향도 적게 받았다. 농업혁명 이후 대부분의 전염병은 가축으로 기른 동물들로부터 왔으며, 비위생적인 밀집지역에서 거주한 영향이 컸다. 그런 점에서 채집 수렵인들은 떠돌며 생활하고 소규모 집단을 이루었기 때문에 전염병에서 상당히 자유로웠다.

---

4 이들은 주 평균 40시간 안팎으로 일을 하였지만, 개발도상국의 경우 평균 60~80시간씩 일을 한다. 대한민국 중산층 남자의 연간 평균 근로시간도 2,325시간이다.
〈대한민국 중산층 보고서〉, 100세시대연구소, 2016

인류학자들이 현대에 생존해 있던 수렵 채집인들을 보고 고대 사피엔스들의 삶을 추정한 결과, 그들에겐 지배 계급이 없었고 소유물에 극대로 관대했으며, 성공이나 부에 집착하지 않았다. 삶에서 가장 중요하게 여긴 것은 구성원 간의 사이 좋은 관계였으며, 그래서 늘 미소를 가지고 있었다.

농경사회 이후 지배 계급과 피지배 계급이 생기고, 봉건왕조와 전제 왕권까지 등장했다. 민주주의도 만들어졌지만 독재도 생겨났다. 자본주의의 반동으로 공산주의가 나타났으며, 부자가 생겨나면서 가난한 자도 생겨났다. 그리고 부르주아(자본가)와 프롤레타리아(노동자) 사이에 중간 계급인 중산층이 만들어졌다.

이제 우리는 특별한 소득과 자산이 없었던 시절의 사피엔스들과 달리 집과 자동차에 애착을 가지고, 소득을 위해 노동을 제공하고, 자녀 교육과 노후준비를 해야만 하는 대한민국 중산층의 삶을 살펴보려고 한다.

누가 더 풍요로울까?

누가 더 행복할까?

거위의 꿈

난 꿈이 있었죠
버려지고 찢겨 남루하여도
내 가슴 깊숙이 보물과 같이
간직했던 꿈

…

〈거위의 꿈〉中

대한민국 중산층은 거위다. 거위는 날지 못한다. 그러나 꿈을 가지고
있다. 버려지고 남루해도 가슴속 깊이 간직한 보물 같은 꿈이 있다. 대한
민국에서 보통 사람으로 산다는 것, 평범하게 산다는 것, 중간으로 산다
는 것은 생각보다 쉽지 않다. 보통이 무엇인지, 평범이 무엇인지, 중간이
무엇인지를 알기가 어렵기 때문이다.

예로부터 동양에서는 중산층中産層이라는 말을 잘 쓰지 않았다. 오히
려 상류층과 대비하여 중류층中流層이라는 말을 사용해왔다. 중류층의
사전적 의미가 '신분이나 생활 수준이 중간 정도가 되는 사회계층'으로
사회·문화적 개념까지 함축되어 있다. 좀 더 정확하게 말하자면 중산층
은 경제적 개념으로 자산 수준이 중간쯤 되는 계층이고, 중류층은 생
활·문화 수준까지 중간쯤 되는 계층이다. 언뜻 보면 그 말이 그 말 같지
만, 내용상으로 큰 차이가 있다. 중류층은 자산을 포함하여 생활 수준,
즉 사회·문화적인 수준까지를 포함하여 중산층보다 더 광범위한 개념이
다. 서구사회에서도 사실 중산층과 정확하게 매칭되는 개념이 없다. '미

들 클래스Middle Class'라고 통칭하여 사용하기 때문이다.[5]

　굳이 중산층이라고 표현하자면 'Middle Economic Class' 정도가 맞을 듯싶지만, 여전히 서구사회에선 중류층과 중산층을 명확하게 구분하지는 않는다. 그 이유는 중산층에 대한 통일된 기준이 없기 때문이다. 다보스포럼에서는 자기 자신이 중산층 사회에 속한다고 스스로 생각하는 '정신 상태'가 가장 중요한 지표라고 주장한 반면, 세계은행은 '글로벌 중산층은 세계적 생산품을 소비하고, 국제 수준의 교육을 원하는 계층'이라고 정의하였다. 어느 곳에선 소속감이나 마음가짐을 중산층의 지표로 본 반면, 다른 곳에선 상품과 서비스(교육 등)의 소비에 대한 구매력을 기준으로 하고 있다.[6]

　사실 서구사회에서의 '미들 클래스'는 중산층이 아니라 중류층이라고 보는 게 맞다. 실제 영국에서는 '불의, 불평등, 불법에 의연히 대처할 것', 미국에서는 '사회적 약자를 도와야 할 것', 프랑스에서는 '남들과 다른 맛을 내는 요리 실력' 등이 중요한 미들 클래스의 기준이다.

5　서구에서 중산층은 중간 계급론에서 출발한다. 칼 막스(Karl Marx)가 말하는 자본가인 부르주아 계급(Bourgeoisie)과 무산 노동자인 프롤레타리아 계급(Proletariat) 사이에 있는 중간 계급을 의미했다. 이후 소위 말하는 소시민 계급으로서 '쁘띠 부르주아(The Petite Bourgeoisie)'로 불리는 중소상인, 농민, 장인 등으로 구성된 계급을 중산층이라고 부르기 시작했다. 즉, 당시 중산층은 경제적, 문화적 수준이라기보다는 계급적, 직업적 성격이 강했다. 좀 더 분류하자면, 중산층은 구(舊)중산층과 신(新)중산층으로 나뉘는데, 구중산층은 앞서 말한 쁘띠 부르주아를 지칭하는 것이고, 신중산층은 사무원, 관료, 봉급 생활자 등 화이트칼라를 지칭한다. 칼 막스는 자본주의 사회에서는 자본가 계급과 노동자 계급으로 양극화되기 때문에 중산층의 몰락을 예견하였지만, 근대사회 이후 중산층은 점점 더 커지면서 하나의 계급(계층)으로 자리 잡았다.

6　세계은행은 중산층을 구매력 평가기준으로 1인당 연간 4,000달러에서(브라질 수준) 1만 7,000달러(이탈리아 수준)에 이르는 계층으로 정의하고 있다. 4인 가구 기준으로 보면 1만 6,000~6만 8,000달러, 즉 대략 2,000만 원에서 8,000만 원 사이에 해당한다. 이 기준은 주택과 승용차를 보유하고 자녀를 대학교에 보낼 정도의 구매력 기준이다.

중산층의 기준

구분	정부(기관)	중산층 정의와 기준
소득 기준	한국(통계청)	중위 소득 50~150%
	OECD	중위 소득 50~150%
	미국(센서스국)	중위 소득 50~200%
	독일	소득 기준으로 중간 50%에 해당하는 계층

소득 외 기준
(사회·문화적)
	미국(오바마 정부)	• 주택 소유, 자녀 대학교육, 의료보험, 퇴직연금,
		  가족 휴가 등으로 정의
		• 사회적 약자에 대한 배려, 부정과 불법에 저항,
		  비평지의 정기적인 구독 등으로 정의

	프랑스(퐁피두 정부)	• 1개 이상의 외국어 구사 능력, 스포츠 활동,
		  악기 연주 능력, 약자를 위한 봉사활동,
		  내가 만들 수 있는 나만의 별미음식 등으로 정의

	영국(옥스퍼드)	• 페어플레이 정신, 신념 소유, 약자를 두둔하고 강자
		  에 대응, 불의와 불평, 불법에 대처하는 사람 등으로
		  정의

자료: 현대경제연구원, NH투자증권 100세시대연구소

    그런데 우리가 일반적으로 사용하고 있는 중산층의 기준은 사회·문화적 개념을 뺀 경제적 관점의 중산층이다. 가장 대표적인 것이 경제개발협력기구OECD 기준이다. 소득을 기준으로 중산층을 나누는 방법이다. 자산으로 중산층을 나누는 방법도 있지만, 소득이 축적되어 자산이 된다는 점에서 크게 다르지 않다. 사회적 지위나 문화적 향유를 기준으로 사용하면 좋지만, 주관적인 측면이 크고 나라별 상황적 괴리가 크다는 문제점이 있다. 결국 계량적이고 객관적인 중위 소득을 기준으로 중산층을 나누는 OECD 방식을 우리나라 통계청도, 그리고 이 책에서도 따르고 있다.

중류층이라 쓰고, 중산층이라고 읽다

그런데 언제부터인가 우리들은 중류층과 중산층을 혼동해 쓰기 시작했다. 아마도 경제적인 문제가 우리 삶을 더 강하게 지배하면서부터일 것이다. 문제는 용어를 섞어 쓰는 데서 그치지 않는다. 삶에 대한 생각과 행동이 달라진 것이 문제이다.

우리나라 중산층은 자신이 중산층이라고 생각하지 않는다. 실제 중산층 10명 중 4명만이 자신이 중산층이라고 생각한다. 중산층 중 나머지 6명은 자신이 빈곤층이라고 생각하는 것이다. 그 이유는 무엇일까? 대한민국 국민들의 대부분이 중산층을 이야기하면서 중류층, 아니 그 이상을 생각하기 때문이다.

중산층에 대한 OECD의 정의는 '중위 소득 50~150%에 해당하는 가구'이다. 즉 우리나라 국민을 소득 기준으로 줄을 세웠을 때 한가운데 있는 사람의 소득을(중위 소득) 100으로 할 때 그것의 50~150%가 되는 계층이 중산층이다. 만약 가구 수가 100가구가 있다면 소득을 기준으로 정확하게 중간이 되는, 즉 50번째 가구의 소득이 중위소득이 되고, 그것의 50% 수준을 버는 가구부터 150%를 버는 가구까지가 중산층이 되는 것이다. 그러니까 이 기준에 따르면 중위 소득의 50% 이하는 빈곤층이 되는 것이며, 150% 이상은 고소득층이 되는 셈이다. 현재 우리나라 중산층은 전체 인구의 67% 정도이니, 5명 중 3명 이상이 중산층인 것이다.

물론 여기에 다양한 이견이 존재할 수 있다. 겨우 입에 풀칠할 정도인데 무슨 중산층이냐고 반문할 수도 있고, 매일 전철로 출퇴근하며 근근이 아이들 학원비 내기도 바쁜데 무슨 중산층이냐고 할 수도 있다. 그러나 여기서 말하는 중산층은 어디까지나 수치로 정의된, 그것도 세계에서 가장 일반화되고 계량적인 경제용어이다. 문제는 많은 사람들이 중류층 혹은 고소득층을 중산층이라고 잘못 인식하고 있기 때문이다. 즉, 중류층이라 쓰고, 중산층이라고 읽기 때문에 나타난 결과가 아닐까?

거위를 이야기하면서 기러기를 생각하기 때문일까?

늘 걱정하듯 말하죠
헛된 꿈은 독이라고
세상은 끝이 정해진 책처럼
이미 돌이킬 수 없는 현실이라고
…

〈거위의 꿈〉 中

대한민국 중산층은 거위다. 거위는 날지 못한다. 그런데 거위는 원래 기러기였다. 기원전 3,000년 이집트 피라미드 고분벽화에서도 사육하는 그림이 나온다고 하니, 그보다 훨씬 오래전부터 인간에 의해 길들여졌고, 그래서 날지 못하게 된 것이다. 거위의 운명 속에는 중산층의 눈물과 희망이 함께 녹아져 있다. 헛된 꿈은 독이라고. 이미 정해진 운명을 바꿀 수 없다고. 돌이킬 수 없는 현실이라고. 그래서인가? 거위가 수천 년 전 기러기였을 때를 생각하며 끝없이 꿈을 꾸는지도 모른다. 마치 중산층이 사피엔스 시절을 생각하며 꿈을 키우는 것처럼….

중산층이 생각하는 '그들만의' 중산층은 사실 중류층 이상이다. 자산 개념으로 따져보더라도 고소득층을 중산층이라고 생각하고 있다. 불가佛家에서 말하는 '달을 가리키는데 손가락은 왜 보나'이다. 실체는 달인데, 손가락 끝을 보고 있는 것이다. 그러니 슬플 수밖에 없다. 거위를 이야기하면서 기러기를 생각하고 있기 때문에 슬픈 것이다.

중산층, 그들이 생각하는 순자산만 보더라도 얼마나 큰 차이가 있는지 알 수 있다. 순자산(총자산에서 부채를 뺀 자산)이 어느 정도 있어야 중산층일까를 묻는 질문에 평균적으로 6억 4,000만 원 정도는 있어야 된다고 답한 그들이지만, 실제 우리나라 중산층의 순자산은 약 1억 8,000만 원 수준에 불과하다. 거의 3.5배 차이가 난다. 중산층인 그들이 실제 가지고 있는 자산보다 3.5배 이상이 더 있어야지 그들은 중산층이라고 생각하는 것이다. 순자산 6억 4,000만 원의 순자산이면 우리나라 상위 10% 안에 드는 수준이다. 이 정도면 대한민국에서 큰 걱정 없이 살 수 있는 고소득층에 해당한다.

실제 중산층에게 물어 보았다. "당신은 어느 계층에 속하십니까"라고. 그랬더니 놀랍게도 중산층 10명 중에 4명만이 자신을 중산층이라고 했다(43%). 나머지 6명은 스스로를 빈곤층이라고 생각하고 있는 것이다. 이런 생각은 젊을수록, 미혼일수록, 학력이 낮을수록, 가구원수가 적을수록, 소득이 낮을수록 더욱 심하게 나타났다. 30대의 64%가, 미혼의 67%가, 고졸의 66%가, 1인 가구의 82%가 하위 중산층의 75%가 자신을

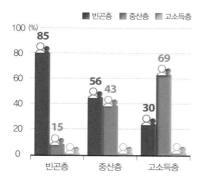

당신은 어느 계층입니까?

■ 빈곤층 ■ 중산층 ■ 고소득층

자료: NH투자증권 100세시대연구소

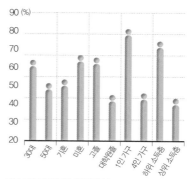

스스로 빈곤층이라고 생각하는 중산층 비율

자료: NH투자증권 100세시대연구소

중산층이 아닌 빈곤층으로 생각하고 있다. 객관적 기준으로 중산층인데, 정작 자신의 눈은 고소득층에 꽂혀 있기 때문에 스스로를 중산층이라고 생각하지 않는 것이다. 자신의 처지를 낮춰보는 현상은 고소득층에서도 잘 나타나서 본인이 고소득층이라고 생각하는 사람은 단 1%에 불과하였으며, 심지어 30%는 자신을 빈곤층이라고 생각하고 있다.

이러니 거위를 이야기하면서 기러기를 생각하기 때문이라는 말이 나오는 것이다. '세상은 끝이 정해진 책처럼 이미 돌이킬 수 없는 현실'이라고 자조하게 되는 것이다. 그러나 아니다. 달을 보아야 하는데 손가락 끝을 보기 때문이다.

그래, 우린 거위다

그래요 난 꿈이 있어요
그 꿈을 믿어요
나를 지켜봐요
저 차갑게 서 있는 운명이란 벽 앞에
당당히 마주칠 수 있어요
…

〈거위의 꿈〉中

'넘사벽'을 아는가? 넘어설 수 없는 사차원의 벽, 아무리 노력해도 자신의 힘으로는 격차를 줄이거나 뛰어넘을 수 없는 벽이나 상대를 일컫는 요즘 세대의 신조어이다. 우리나라 인구의 67%인 중산층이 스스로를 중산층이라고 생각하는 사람이 적은 이유는 스스로 '넘사벽'을 만들기 때문이 아닐까? 이미 중산층인데 중산층이라고 생각하지 않는 벽, 넘어야 할 수준을 미리 높게 쌓아두고 자포자기하는 자기만의 넘사벽 때문은 아닐까?

그러나 한편으로 실제 중산층의 삶을 보면 그들이 꿈꿨던 생각과 현실이 비슷하게 구현되고 있는 것도 꽤 있다. 중산층의 삶의 여유를 나타내는 것 중 하나가 여행이다. 그들은 중산층이라면 적어도 1년에 해외여행 한 번 이상은 다녀와야 한다고 생각했다. 해외여행이 어렵다면 국내여행은 2번 정도는 다녀와야 삶의 여독을 좀 풀 수 있을 거라고 생각했다. 그런데 실제 중산층의 현실은 크게 빗나가지 않았다. 비록 여행을 못

간 사람도 꽤 있었지만, 해외여행을 한 번 이상 다녀오거나, 국내여행이라도 두 번 정도 다녀온 사람들이 주류를 이루었다. 삶이 팍팍하다고 해도 어느 정도 숨 돌릴 공간과 시간은 있는 셈이다.

자동차를 고르는 기준 중에 '하차감'이란 게 있다. 자동차를 구매할 때 가격, 연비, 성능, 승차감은 들어 보았지만 하차감이란 말은 생소한 사람이 많을 거다. 요즘 젊은 사람들이 만든 신조어인 하차감이란 '차에서 내릴 때 주변 사람들에게 시선을 받아 우쭐해지는 기분'을 말한단다. 그런데 아직 중산층에겐 하차감은 다소 먼 이야기인 것 같다. 대부분 가격이나 연비 등 경제성을 가장 중요한 선택 기준으로 꼽았다. 반면 사회적 체면이나 디자인과 같은 심미성을 선택 기준으로 꼽은 사람은 거의 없었다. 이것은 중산층이 기러기 꿈을 꾸고 있지만, 거위로서 땅에 발을 꽉 붙이고 있음을 의미한다. 실제 중산층은 자동차도 중형차(2,000cc 급) 정도는 되어야 한다고 생각한 대로, 현실에서도 그 정도의 차량을 가장 많이 보유하고 있는 것으로 나타났다. 물론 자동차를 못 가진 중산층도 5명에 1명꼴로 있었지만, 대체로 그들이 생각했던 자동차를 타고 있었다.

넘사벽이라는 보이지 않는 장벽, 그렇지만 거위에겐 꿈이 있다. 그리고 차갑게 서 있는 운명이란 벽 앞에 당당히 마주칠 수 있는 용기도 있다. 이제 그 꿈을 믿고, 거위를 지켜보자.

기러기처럼 날 지도 모르니….

Summary 💬

◉ **중산층, 현재를 가지고 미래를 판단**
  - 대한민국 중산층이 생각하는 바람직한 중산층의 소득은 월평균 511만 원
  - 현재 받고 있는 소득과 질서 있는 정비례 관계, 현재의 눈높이로 미래를 판단
  - 중산층의 실제 월 소득은 366만 원, 이상과 현실의 괴리도 28%
  - 30대(33%), 미혼(39%), 1인 가구(50%), 하위 소득일수록(46%) 괴리도 커

◉ **중산층이 생각하는 이상적인 중산층 자산은 '하늘의 별 따기'**
  - 중산층이 생각하는 이상적인 중산층의 자산은 6억 4,200만 원
  - 그러나 실제 중산층의 자산은 1억 7,600만 원으로 이상과 현실은 3.5배 차이

◉ **번 만큼 쓰고 싶다**
  - 중산층이 생각하는 이상적인 중산층의 생활비는 월 339만 원
  - 실제 중산층의 생활비는 월평균 220만 원 수준에 불과. 현실은 이상의 65% 수준
  - 중산층의 현재 소득 수준과 이상적인 생활비가 유사, 즉 번 만큼 쓰고 싶어

◉ **중산층이 생각하는 이상적인 집은 32.9평**
  - 거의 모든 계층과 층위에서 선호하는 집 크기는 33평 수준
  - 실제 중산층의 집은 평균 28.3평으로 괴리도 크지 않아

◉ **중형차는 몰아야 중산층**
  - 중형차(쏘나타급) 이상은 되어야 한다고 생각하는 중산층은 무려 10명 중 9명(87%)
  - 실제 중산층이 가장 많이 보유한 차는 중형차(24%)이지만, 중형차 미만도 28%나
  - 중산층 중에 자동차 없는 '뚜벅이'도 5명 중 1명(19%)

◉ **해외여행 가고 싶다. 그러나 현실은 국내여행**
  - 중산층이라면 해외여행 정도는 다녀와야. 절반 이상(56%)
  - 해외여행에 대한 선호는 30대, 미혼, 1~2인 가구, 고학력, 고소득일수록 높아
  - 실제 중산층은 국내여행이 절반 이상(55%), 심지어 아예 여행을 못 간 '방콕'도 18%

※이번 장에서 '이상과 현실' 차이를 나타낸 그래프들은 대략적인 양의 차이를 보여주기 위해
  단순화했으며, 정확한 수치는 본문을 참조하시기 바랍니다.

중산층은 없다

중산층, 현재를 가지고 미래를 판단하다

자고이래로 인간의 장수에 대한 욕망은 집요했다. '늙으면 죽어야지'는 3대 거짓말 중 늘 첫 번째로 꼽히는 거짓말이다. 철학자 스티븐 케이브Steven Cave는 죽음의 패러독스Mortality Paradox를 이야기하면서 인간은 죽을 수밖에 없는 존재라는 것을 알면서도 영원할 것을 믿는다고 말했다.[7] 실제 육체적 불멸을 꿈꾸었던 고대 이집트인들은 미이라를 만들었고, 그들의 불멸의 체계를 뒤흔들었던 '네페르티티Nefertiti'[8]를 그들의 역사 속에서 완전히 지워 버리려고 했다. 진시황제도 불로불사를 꿈꾸며 그의 충신이었던 서복徐福을 동쪽의 신산으로 보냈지만 결국 돌아오지 않았고, 그를 기다리던 진시황은 결국 50세에 죽음을 맞이하였다.

---

7 《불멸에 관하여》, 스티븐 케이브, 2015

8 이집트 제18왕조의 왕 아크나톤의 왕비

현실로 돌아와서, 불멸은 아니더라도 현실적으로 네페르티티나 진시황제보다 오래 살고 있는 사람들의 '장수의 조건'은 무엇일까? 흔히 100세 이상 장수하는 인구 비율이 월등히 높은 지역을 블루존Blue Zone[9]이라고 한다. 블루존에 사는 100세 이상 고령자들의 공통점은 무엇일까? 사실 많은 사람들은 장수비결을 음식에서 찾으려고 한다. 음식이 신체에 영양을 공급하는 핵심 공급원이니 어쩌면 당연한 것일지도 모른다. 그러나 전 세계에 분포되어 있는 블루존에서 공통된 음식을 찾기가 사실 쉽지 않다. 굳이 말하라고 하면, 블루존 고령자들은 예외 없이 소식小食을 한다. 일본 오키나와에서는 '하라하치부腹八分'라고 하여 배가 80% 정도만 차면 그만 먹는 식습관을 가지고 있으며, 이탈리아 사르데냐의 할아버지 목동들도 평생 살이 찐 적이 없다고 한다. 세계 블루존 지역은 대부분 고원지대 등 척박한 땅이어서 먹을 것이 풍족하지 않은 삶을 살았기 때문이 아닐까?

100세시대를 살아가면서 행복한 삶의 필수조건은 무엇일까? 우선 '일'이다. 일본 오키나와의 고령자들은 '이키가이生き甲斐, 살아가는 이유'라고 하는 삶에 대한 목적을 자신의 역할, 일에서 찾는다. 사실 오키나와의 말에는 '퇴직'이라는 의미의 단어가 없다. 사르데냐의 목동 할아버지들은 평생 산비탈을 오르내리며 양떼를 몰며 몸을 움직였고, 미국 로마

---

9   이탈리아 의학 통계학자인 자니페스 박사가 만든 용어로 쉽게 말해서 '장수마을'이다. 전 세계적으로 5대 블루존이 있는데 그리스 이카리아, 일본 오키나와, 이탈리아 사르데냐, 미국 로마린다, 코스타리카 니코야 반도 등이다.

린다의 장수마을에는 90대 의사가 수술에도 참여하고, 100세의 할머니가 자원봉사를 하면서 살아간다. 중남미 니코야 반도의 고령자들은 자신이 살아야 하는 이유를 '인생의 계획plan de vida'이라고 부른다. 자신이 필요한 존재임을 느끼는 과정이다. 그들은 평생 육체 노동을 즐겁게 해왔으며 일상적인 허드렛일에서 즐거움을 찾는다.

다음은 '관계'이다. 자신을 둘러싼 가족, 이웃, 지역과의 강한 유대감, 소속감이 그들의 행복한 삶을 지탱해준다. 이탈리아 사르데냐에서는 노인을 위한 장기요양시설이 아예 없다. 그래서 자식들은 그들의 부모들이 요양시설로 들어간다면 '가족의 수치'라고 생각한다. 사르데냐의 젊은 세대들은 자신을 키워준 부모와 조부모에게 애정이라는 빚을 지고 있다고 생각한다. 사르데냐에서는 "아케아Akea"라고 인사를 한다. 그 의미는 '100세까지 사세요'라는 뜻으로 이미 그들의 지역사회에서 장수는 당연한 삶의 축복으로 받아들이고 있는 것이다. 오키나와 할머니들은 '모아이模合'라는 친목계를 통하여 인간적인 유대를 쌓는다. 소속감과 연대감을 높이는 사회적인 네트워크인 셈이다. 니코야 반도의 장수마을에는 독거노인이 없다. 대부분 많은 자손들과 한집에서 살며 가족의 보살핌 속에 유대감을 가지며 살고 있다.

그런데 이들 블루존의 고령자들은 경제적인 독립, 즉 자급자족적 경제생활이 가능하다는 것이 현재의 한국 사회 고령자와 다른 점이다. 한국은 빠르게 산업화되면서 도시화의 진행 속도가 그 어느 나라보다 빨라서 상당수의 중산층이 은퇴 이후 자급자족적 경제생활이 불가능한 환경이다. 행복한 노후의 본질적인 기반은 재정적인 안정에서 출발한다는 점을 인식해야 한다. 그런 점에서 중산층이 생각하는 바람직한 중산층의 소득과 자신들의 실제 소득 간의 비교는 이상과 현실을 알아볼 수 있는 중요한 기준이 될 수 있다.

대한민국 중산층이 생각하는 바람직한 중산층의 소득은 평균 511만 원이었다. 가장 많이 선택한 소득구간도(32%) 500만~550만 원 구간으로 한국의 중산층은 대략 500만 원 정도의 월수입, 연봉 기준으로 대략 6,000만 원 정도는 되어야 중산층이라고 생각하는 것이다. 실제 사회생활이 상대적으로 많은 남자가(514만 원) 여자보다(507만 원) 조금 많이 예상하였다. 특히 연령대와 가구원수에 따라 확연하게 정비례 관계가 나타났다. 30대(506만 원)보다 40대(509만 원)와 50대(519만 원)가 생각하는 바람직한 중산층의 소득이 더 많았는데, 이는 현재 자신이 받은 월 소득의 기반 위에서(30대 339만 원, 40대 379만 원, 50대 382만 원) 바람직한 중산층의 소득을 추론할 결과가 아닌가 싶다. 더구나 연공서열이 여전히 존재하는 한국 사회에서 소득의 수준이 나이와 밀접한 관련을 가진다는 점에서 나이가 많을수록 현재 받는 월 소득도, 그들이 생각하는 바람직한 중산층의 월 소득도 모두 많아지는 정비례 관계를 가지는 것은 어쩌면 당연한 결과이다.

이러한 관계는 가구원수에서 더욱 명확하게 나타났다. 1인 가구의 실제 월평균 소득보다(209만 원) 3인 가구가 많았고(359만 원), 이런 정비례 관계는 이어져 5인 가구의 실제 월평균 소득이(438만 원) 가장 많았다. 가구원수가 많으면 일하는 사람이 많아, 소득이 많아지는 것은 당연한 일이다. 이들이 생각하는 바람직한 중산층의 소득 역시 가구원수와 정비례 관계를 가지고 있었다. 1인 가구가 생각하는 바람직한 중산층의 월평균 소득 416만 원보다, 3인 가구(509만 원)가 더 많았고, 이런 정비례 관계는 이어져 5인 가구가 생각하는 중산층의 월평균 소득(579만 원)이 가장 많았다. 이것은 가구원수가 많은 가구일수록 중산층의 기준에 대한 눈높이가 높아진다는 것을 의미하는 것이다. 반면 학력과 바람직한 중산층의 소득과의 관계는 일률적이지 않았다. 즉, 현실의 소득이 학력과 대체로 정비례하는 관계를 가져 학력이 높을수록 현실 소득도 높지만, 이상적인 중산층의 소득에 대해서는 다른 양상을 보였다. 이는 학력이 현재의 소득을 결정짓는 변수는 될지언정 본인이 생각하는 이상적인 소득에는 영향을 주지 않는다는 것을 의미한다. 즉 바람직한 중산층의 소

소득에 대한 이상과 현실

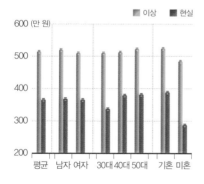

자료: NH투자증권 100세시대연구소

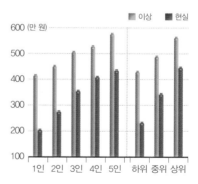

자료: NH투자증권 100세시대연구소

득이 그들의 꿈이라면, 그 꿈은 학력에 지배되지 않고 있다는 것이다.

현재의 소득과 바람직한 중산층의 소득에 대한 생각은 각 소득 층위별 소득과도 거의 정비례하였다. 하위 중산층(235만 원), 중위 중산층(346만 원), 상위 중산층(448만 원)의 현재 월 소득과 바람직한 중산층의 소득은 하위 중산층(431만 원)과 중위 중산층(493만 원), 상위 중산층(566만 원)의 순과 같았다.

이러한 현재 소득, 연령별, 가구원수, 소득층위와 중산층이 이상적으로 생각하는 중산층의 소득 간 정비례 관계는 중산층의 판단 기준이 현재의 자신의 상황에 근거하고 있음을 잘 보여 주고 있다. 즉 젊을수록, 1인 가구일수록, 소득이 낮을수록 그들이 생각하는 바람직한 중산층의 소득도 낮은 것이다. 결국 중산층이 가지고 있는 바람직한 중산층의 소득에 대한 생각은 '현재가 미래를 판단하는 기준'이라는 점이다.

이상은 높은데 현실은 너무 낮다

중산층의 문제는 이상과 현실이 너무 동떨어져 있다는 사실이다. 대한민국 중산층이 생각하는 바람직한 중산층의 소득은 평균 511만 원이지만, 그들의 실제 월평균 소득은 366만 원이다. 그들이 이상적으로 생각하는 소득에 비해 현실에서 받는 소득은 72% 수준에 불과하다. 그들이 가장 많이 선택한 실질 소득 구간은(32.2%) 300만~400만 원 구간으로 한국의 중산층은 연봉 기준으로 대략 4,000만 원을 겨우 넘는 수준인 것이다. 이상(중산층이 생각하는 바람직한 중산층의 소득)과 현실(중산층의 실제 소득)의 괴리도는 28%(100-72)이다. 이것보다 더 크게 벌어지게 되면 그야 말로 중산층이란 계층은 그들에게 '넘사벽'이 된다. 괴리도가 커지면 커질수록 그들의 꿈은 멀리 있으며, 상대적 박탈감도 커질 것이다. 사실 빈곤층이 생각하는 이상적인 중산층 소득은 374만 원으로 중산층의 실질 소득(366만 원)과 거의 유사하다. 즉, 현재 중산층들의 실질 소득은 빈곤층들의 관점에서 볼 때 중산층의 소득으로 적당한 수준이라는 것이다.

그러나 중산층의 눈높이에서 이상과 현실의 괴리도는 컸다. 특히 젊은 층일수록, 미혼일수록, 1인 가구일수록, 소득이 적을수록 컸다. 실제 30대의 경우 중산층의 월 소득에 대한 괴리도는 33%로, 금액 기준으로 167만 원이나 차이가 났다. 50대의 괴리도가 26%, 금액 기준 137만 원의 격차와 비교할 때 상당한 차이가 있음을 알 수 있다. 미혼의 괴리도 (39%, 금액 기준 189만 원 차이)가 기혼의 괴리도(25%, 금액 기준 131만 원 차이)보다 훨씬 컸다. 그만큼 기혼보다 미혼의 꿈이 큰 것이다. 아니 꿈보다 현실이 못 따라가고 있는 것이다. 이러한 현상은 가구원수 기준으로 보면 더욱 극명하게 나타난다. 4인 가구의 괴리도(23%, 금액 기준 122만 원 차이)에 비해 3인 가구의 괴리도(30%, 금액 기준 150만 원 차이)가 더 컸으며, 1인 가구의 괴리도(50%, 금액 기준 207만 원 차이)는 더욱 커졌다. 사실 괴리도가 50%라는 의미는 중산층이 현재 자신의 소득보다 2배는 더 벌어야 중산층이 된다고 믿고 있는 것이다. 그러니 1인 가구의 상대적 박탈감은 매우 큰 것이라고 볼 수 있다.

이상과 현실의 소득차이와 괴리도

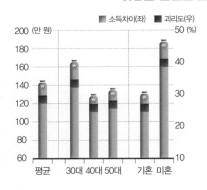

자료: NH투자증권 100세시대연구소

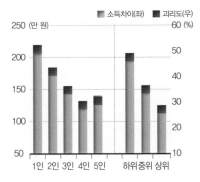

자료: NH투자증권 100세시대연구소

소득 층위별 괴리도 거의 유사하게 나타났다. 상위 중산층의 괴리도 (21%, 금액 기준 118만 원 차이)에 비해 중위 중산층의 괴리도(30%, 147만 원 차이)가 더 컸으며, 하위 중산층의 괴리도(46%, 금액 기준 196만 원 차이)는 더욱 크게 벌어졌다. 결국 30대, 미혼, 1인, 하위 중산층의 경우, 그들이 생각하는 중산층은 결코 가까이에 있지 않다. 그럼 그들의 이상이 지나치게 높은 것인가? 아니면 현실이 너무 낮은 수준에 있는 것인가? 상황에 따라 입장에 따라 다르겠지만, 그들의 현재 위치에 비해 그들이 생각하는 중산층, 즉 이상을 지나치게 높게 잡은 결과이다.

우리의 조사에 의하면 중산층의 평균적인 실제 월 소득은 거의 360~370만 원 수준이다.[10] 그런데 이번 중산층 보고서에서 본 30대의

---

10 〈2016 중산층보고서〉 374만 원, 〈2017 직장인보고서〉 369만 원, 〈2017 중산층보고서〉 366만 원

월평균 실제 소득은 339만 원, 미혼은 291만 원, 1인 가구는 207만 원, 하위 중산층은 235만 원으로 전체적인 평균 수준에 현저히 밑돌고 있다. 결국 30대 미혼의 1인 하위 중산층은 그들이 꿈꾸는 중산층의 수준도 높지만, 현재 그들의 현실적 수준이 너무 낮은 것도 이상과 현실의 괴리도가 커진 중요한 원인이다.

결국 그들의 이상이 너무 높고, 현실은 너무 낮기 때문에 자신들이 중산층이 아니라고 생각하고 있는 것이다.

부자도 없고, 중산층도 없다

"제가 한평생 서러운 일은, (…) 아버님 절 낳으시고 어머님 절 길러주신 은혜가 크지만, 아버님을 아버님이라 부르지 못하고, 형을 형이라 못하니, 제 어찌 사람이라 하겠습니까."

허균의 홍길동전에 나오는 대목이다. 아버지를 아버지라 부르지 못한 홍길동은 서얼이었다. 서얼은 양반의 소생이었지만, 사회 활동에서 각종 제한과 차별을 받았다. 그러나 임진왜란 이후, 조선후기에 정치·경제·사회적으로 큰 변화가 생기면서 양반과 상민 사이의 중간 계층으로 서얼과 중인, 특히 기술직에 종사하던 중인은 전문적 지식으로 재력을 축적하면서 확고한 조선시대 중간 계층으로 자리매김을 하였다. 굳이 조선시대의 중산층을 이야기하라고 한다면, 중인이나 서얼이 여기에 해당할 것이다. 예나 지금이나 중산층을 중산층이라 부르지 못하는 중산층들이 많다. 그만큼 중산층이 역사적으로도 현실적으로도 늘 '낀' 계층으로 살아왔기 때문일 것이다.

재미난 것은 부자도 자신을 부자라고 인식하지 못한다는 것이다. 자산 기준으로 상위 1%를 '부자'라고 한다면, 자산의 커트라인은 대략 9억 9,000만 원이다. 그리고 상위 1% 이상 부자들의 평균 자산은 약 24억 4,000만 원이다.[11] 그러니까 부자가 되려면 최소 10억 원 정도는 있어야 하고, 부자 소리를 제대로 들으려면 대충 25억 원 정도 있어야 한다는 것이다. 그런데 문제는 부자들 자신이 부자인 것을 모른다는 것이다. 10억~30억 원 정도의 부자들이 생각하는 부자의 최소한의 자산은 74억 원이었다. 무려 3.7배(중간값 기준)나 높은 수준이다.[12] 그리고 30억~50억 원을 가진 부자들도 129억 원 정도 있어야 부자라고 생각한다는 것이다. 이 역시 그들 자산보다 3.2배 높은 수준이다. 그 이상을 가진 부자들도 마찬가지였다. 심지어 100억 원 이상을 가진 부자들조차 부자의 최소 자산 기준을 215억 원으로 생각하여, 결국 우리나라에는 부자가 없는 꼴이 되었다. 참으로 어이가 없지만, 우리나라에는 부자 중에 스스로 부자라고 생각하는 하는 사람은 없다.

그럼 중산층은 어떨까? 우리나라 중산층이 생각하는 이상적인 중산층의 자산은 평균 6억 4,200만 원이었다. 연령과 소득 수준에 확연하게

---

11 《한국의 부의 불평등》, 김낙년, 2015
12 〈Korea Wealth Report〉, 하나금융경영연구소, 2015

정비례 관계가 나타났다. 30대(5억 8,200만 원)보다 40대(6억 2,000만 원), 그리고 50대(7억 2,300만 원)가 생각하는 바람직한 중산층의 자산이 더 많았다. 그리고 각 소득 층위별로 생각하는 자산도 정비례하였다. 하위 중산층(5억 5,300만 원), 중위 중산층(6억 3,500만 원), 상위 중산층(6억 9,000만 원)으로 점점 높아졌다. 사실 이러한 결과는 지극히 당연한 결과이다. 자산이라는 것이 기본적으로 소득이 쌓여서 자산이 되는 것이고, 오랫동안 쌓일수록 많아지는 것이기 때문이다. 결국 현재 자신이 받은 월 소득의 기반 위에서(하위<중위<상위 중산층) 얼마나 오랫동안 쌓았는지 여부가(30대<40대<50대) 그들이 생각하는 중산층의 자산을 판단하는 중요한 기초가 되는 셈이다.

그러나 교육 수준, 가구원수와 바람직한 중산층 자산과의 관계는 일률적이지 않았다. 즉, 현실의 자산이 학력과 가구원수와 정비례하는 관계를 가져, 학력이 높을수록 가구원수가 많을수록 자산도 많았지만,[13] 그들이 생각하는 이상적인 중산층의 자산에 대해서는 다른 양상을 보였다. 이는 교육 수준이나 가구원수가 현재의 자산에 영향을 주는 중요한 요인이지만, 중산층이 생각하는 이상적인 중산층 자산과는 큰 관련이 없음을 의미한다.

중산층의 자산에서도 그들의 이상과 현실은 너무나 멀리 떨어져 있다. 대한민국 중산층이 꿈꾸는 이상적인 중산층의 순자산은 평균 6억 4,200

---

13 우리는 이를 '부의 순환고리'라 부른다. 즉 학력–직장–소득–자산–소비로 이어지는 순환고리이다.

만 원이지만, 그들의 실제 순자산은 1억 7,600만 원이다. 중산층이 생각하는 이상(중산층이 생각하는 바람직한 중산층의 자산)과 현실(중산층이 보유하고 있는 실제 자산)의 괴리도는 무려 73%이다. 즉, 이상적으로 생각하는 중산층 자산에 대비해 현실에서 그들이 보유하고 있는 자산은 27% 수준에 불과하다. 쉽게 말해서 현재 순자산의 거의 3.5배 정도는 있어야 중산층이라고 생각하는 것이다. 그야말로 '넘사벽'이다. 게다가 그들이 가장 많이 선택한 실제 자신들의 자산도 1억~1억 5,000만 원 구간인 것을 보면 그들이 생각하는 이상적인 중산층의 자산 수준은 사실 '하늘의 별 따기'인 셈이다.

그럼 빈곤층은 어느 정도일까? 빈곤층이 생각하는 이상적인 중산층 자산은 5억 4,400만 원이다. 고소득층이 생각하는 중산층 기준도 8억 2,800만 원이다. 모두 자신들의 현재 자산 상태가 중요한 것이 아니라 일정하게 특정 자산대를 염두에 두고 있는 것이다. 중산층이 이상적인 자산 수준으로 가장 많이 꼽은 수준은 거의 5억 원대(27.7%)와 10억 원대(20.7%)에 집중되어 있다. 결국 중산층이 생각하는 이상적인 자산 수준은 본인의 현재 자산 상태와 무관하게 직관적 혹은 맹목적으로 생각하고 있는 것이 아닌가 싶다.

이런 양상은 특히 젊은 층일수록, 미혼일수록, 1~2인 가구일수록, 소득이 적을수록 강하게 나타났다. 30대의 경우 이상적인 중산층의 자산과 현재 본인의 자산 수준 간의 괴리도가 81%로, 소득금액 기준으로 4억 7,200만 원이나 차이가 났다. 이것은 현재 본인 자산의 5배 이상 수준을 적정한 중산층 자산으로 보고 있는 것이다. 50대의 괴리도 역시 69%로 3배 이상 차이가 나서 사실상 비교하는 것 자체가 의미가 없었다. 다만 중산층 전체가 그들의 이상향을 현실과 상관없이 그리고 있는 상황에서 30대, 미혼, 1~2인 가구, 소득이 적을수록 그 정도가 더 심하다는 것이다. 어찌 보면 현실적 기반이 취약한 계층이 그리는 이상향의 그림일수록 좀 더 황당하게 느껴질 수밖에 없는 것이다.

　결국 중산층은 현실적이고 구체적인 월 소득과 달리 자산에 대해서는 그야말로 그들이 꿈꾸는 이상적인 중산층의 자산을 그리고 있다. '이 정도는 되어야 중산층이다'라고 생각하는 것이다. 문제는 그것이 현실과 너무나도 격차가 크다는 것이다. 마치 홍길동이 아버지를 아버지라 부르지 못하듯, 중산층 자신을 중산층이라고 영영 못 부를 수준인 것이다.

자산에 대한 이상과 현실

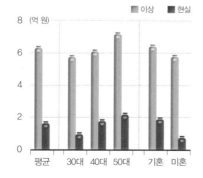

자료: NH투자증권 100세시대연구소

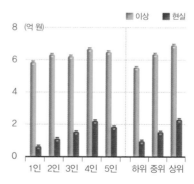

자료: NH투자증권 100세시대연구소

번 만큼 쓰고 싶다?

이제 중산층의 실질적인 생활로 들어가보자. 그들의 소비생활, 즉 생활비로 통칭되는 소비의 수준을 중산층은 어느 정도가 적당하다고 생각할까? 대한민국 중산층은 한 달에 생활비로 339만 원 정도가 적당하다고 생각하고 있다. 실제 그들이 가장 많이 선택한 생활비도(26.4%) 300만 원으로 한국의 중산층은 대략 340만 원 정도를 한 달에 써야 중산층으로서의 소비생활을 영위할 수 있다고 보는 것이다. 실제 소비생활을 주도하는 여자가(348만 원) 남자보다(330만 원) 조금 더 지출이 필요하다고 예상하였다.

이상적인 중산층의 생활비 역시 소득이나 자산과 마찬가지로 나이가 많을수록, 가구원수가 많을수록, 소득이 높을수록 정비례 관계가 나타났다. 30대(313만 원)보다 40대(348만 원)와 50대(356만 원)가 생각하는 바람직한 중산층의 생활비가 더 많았는데, 이는 현재 자신이 받은 월 소득이 나이가 많을수록 높기 때문에 그 기반 위에서 바람직한 중산층의 생활비를 추론한 결과로 보인다. 그러나 중산층의 실제 소득이 30대 339만 원, 40대 379만 원, 50대 382만 원인 점을 고려해보면, 사실상 자신의 소득과 맞먹는 수준의 소비를 적정한 중산층의 소비라고 생각하고 있는 것이다. 어찌 보면 현재 버는 돈만큼 쓰고 싶은 것이다.

이상적인 중산층의 생활비는 가구원수와 확연한 정비례 관계가 나타났다. 1인 가구가 생각하는 이상적인 월평균 생활비보다(272만 원) 2인 가구가 많았고(301만 원), 이런 정비례 관계는 이어져 5인 가구의 실제 월

평균 소득(403만 원)이 가장 많았다. 가구원수가 많으면 당연히 생활비가 많이 들기 때문에 자신의 가족수를 염두에 두고 중산층의 이상적인 생활비를 예상한 결과로 보인다. 이는 기혼이(352만 원) 미혼보다(294만 원) 더 많은 액수를 중산층의 이상적인 생활비로 예상한 것과 같은 이유이다. 마찬가지로 소득 층위별로 예상한 바람직한 중산층의 생활비도 질서 있는 정비례 관계를 보였다. 하위 중산층(290만 원), 중위 중산층(336만 원), 상위 중산층(366만 원)으로 점점 많아졌다. 이 역시 그들의 현재 소득 수준이 바람직한 중산층의 생활비를 결정하는 근거가 되고 있음을 의미한다. 실제 이상적인 중산층의 생활비로 모든 중산층이 300만 원을 가장 많이 선택했지만, 하위 중산층에서 두 번째로 많이 선택한 것은 250만 원이었다. 반면 중위 중산층이 두 번째로 많이 선택한 것은 400만 원이었으며, 상위 중산층의 2~3번째 선택은 400만 원과 500만 원이었다.

한편 학력과 바람직한 중산층의 생활비와의 관계는 일률적이지 않았다. 즉, 현실의 생활비가 학력–직장–소득–자산–소비로 이어지는 '부의 순환고리'에 영향을 받지만, 그들이 생각하는 이상적인 중산층의 생활비에 대해서는 교육 수준은 무차별적이었다. 즉 큰 영향을 못 미쳤다.

그럼 과연 중산층이 생각하는 이상적인 중산층의 생활비는 현실적인 그들의 생활비와 얼마나 일치할까? 이 역시도 이상과 현실이 너무나 멀리 떨어져 있었다. 대한민국 중산층이 꿈꾸는 이상적인 중산층의 생활비는 339만 원이지만, 그들의 실제 생활비는 220만 원에 불과했다. 이는 그들이 현실에서 소비하고 있는 생활비가 이상적인 생활비의 65% 수준인 것이다. 즉 중산층이 생각하는 이상(중산층이 생각하는 바람직한 중산층의 생활비)과 현실(중산층이 보유하고 있는 실제 자산)의 괴리도는 35%(100-65)이다. 중산층이 생각하는 이상과 현실에서의 자산의 괴리도(73%)보다는 낮지만, 소득의 괴리도(28%)보다는 분명히 높은 수준이다.

중산층 생활비에서의 이상과 현실의 괴리도는 남성보다 여성이, 젊은 층일수록, 미혼일수록, 1~2인 가구일수록, 소득이 적을수록 강하게 나타났다. 여성의 경우, 이상적인 중산층의 생활비와 현재 본인의 생활비 간 괴리도가 39%(금액 기준으로 135만 원 차이)로, 남성의 괴리도 31%보다 더 컸다. 이는 실제 살림살이를 담당하는 여성들이 현실의 생활비에 대한 불만과 아쉬움이 이상적인 생활비에 투영된 것이 아닌가 싶다. 연령별로도 30대의 괴리도(39%, 121만 원 차이)가 가장 컸다. 소득 층위별로도 하위 중산층의 괴리도가 45%(130만 원 차이)로 가장 컸으며, 상위 중산층(31%)보다 괴리도가 훨씬 컸다. 이러한 결과는 소득 수준이 낮은 30대나 하위 중산층이 실제 자신의 낮은 소득 수준에 따라 현실의 생활비가 적음에도 불구하고(30대 평균 192만 원, 하위 중산층 평균 160만 원) 이상적인 중산층의 생활비로 모두 300만 원 안팎을 선택한 결과이다(30대 313만 원, 하위 중산층 290만 원). 이는 현실의 낮은 생활 수준과 무관하게 이상적인 중산층의 생활비에 본인의 희망사항을 투영시킨 결과로 보인다.

이러한 현상은 미혼 가구와 1~2인 가구에서 더욱 극명하게 나타난다. 미혼 가구의 중산층 생활비에 대한 이상과 현실의 괴리도는 48%(142만 원 차이)로 기혼 가구 32%보다 훨씬 크다. 사실상 미혼 가구는 현재 소비

생활비에 대한 이상과 현실

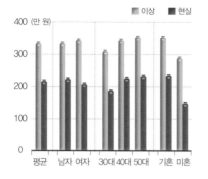

자료: NH투자증권 100세시대연구소

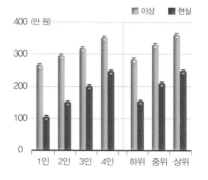

자료: NH투자증권 100세시대연구소

수준보다 2배를 더 소비해야 중산층이라고 믿는 것이다. 1인 가구의 괴리도는 무려 59%(160만 원 차이)로 4인 가구의 괴리도 29%와 매우 큰 격차를 보였다. 2인 가구의 괴리도 48%(144만 원 차이)로 결코 낮지 않았다. 미혼 및 1~2인 가구가 이렇게 큰 괴리도를 보이는 것은 현실에서의 낮은 소득과 소비 수준에도 불구하고 이상적인 중산층의 생활비를 거의 300만 원 수준으로 삼고 있기 때문이다(미혼 294만 원, 1인 272만 원, 2인 301만 원). 즉, 30대나 하위 중산층과 같이 본인의 낮은 현실 생활 수준과 상관없이 이상적인 중산층의 생활비에 본인의 희망을 담은 것으로 보인다.

중산층이라면 33평에는 살아야

그 옛날 인도에 설산雪山이라는 산이 있었다. 산이 매우 높아 뼛속까지 얼 정도로 추웠으며, 그 이름대로 일 년 내내 눈이 녹은 적이 없었다. 그곳에 한고조寒苦鳥라는 새가 있었다. 그런데 이 한고조는 둥지를 틀지 않는 떠돌이새여서, 밤이 되면 추위를 참지 못해 수컷이 '죽을 것 같다'며 운다. 그러면 암컷이 '날이 밝으면 꼭 둥지를 짓자'며 응답한다. 그런데 아침에 해가 떠오르면 그 따뜻함에 한밤중의 괴로움도 내던지고, '오늘 죽을지 내일 죽을지 모르는 무상한 몸, 안온을 위해 둥지를 짓다니' 하면서 게으름을 피웠다. 그러나 또다시 밤이 오면 뼈마디가 얼어붙는 고통을 당하며 일생을 헛되이 보냈다.

중산층에게 집은 너무 중요한 자산이다. 단순한 자산을 넘어 안식처이자 삶의 터전이다. 설산의 한고조처럼 생각하는 중산층은 없겠지만, 시대가 바뀌면서 주거에 대한 인식과 흐름도 바뀌고 있다. 1980년대 이전에는 3대가 모여 사는 대가족 중심의 일반주택이 대표적인 모습이었지만, 이후 도시화가 빠르게 진행되면서 2대가 사는 소가족 중심의 아파트가 일반적인 형태로 등장하였다. 그러나 1인 가구가 우리나라에서 가장 많은 가구 형태로 등장하면서 다세대주택, 오피스텔 등 다양한 형태의 주택 및 주거문화가 만들어지고 있다.

그럼 중산층들의 주거, 특히 주택에 대한 생각은 어떨까? 먼저 중산층에게 가장 이상적인 주택의 크기에 대해 알아보았다. 대한민국 중산층은 집의 크기가 32.9평(109㎡)은 되어야 한다고 생각한다. 즉 대략 33평 정도에는 살아야 중산층이라고 생각하는 것이다. 실제 가장 많은 사람들이 30~35평을 선택했고(41%), 그 다음으로 35~40평을 선택해(25%), 우리나라 중산층 3명 중 2명이 30~40평 정도가 중산층이 살기에 가장 적당하다고 생각한다. 중산층이 보유해야 할 집의 수준에 대한 생각은 빈곤층이나 고소득층이 크게 다르지 않다. 즉, 빈곤층에서도 중산층은 32평 정도는 되어야 한다고 생각하고 있으며, 고소득층도 34평 정도를 적정한 중산층의 집으로 보고 있다. 즉, 중산층이 생각하는 중산층이 보유해야 할 적정한 집의 크기인 33평과 거의 일치하는 생각이다.

그러나 중산층이 생각하는 이상적인 중산층의 집 크기에 대한 선호는 소득, 자산, 생활비와는 완전히 다른 결과를 보여주고 있다. 즉 성별, 연령별, 학력별, 가구 인원수별, 소득별로 집 크기에 대한 선호는 거의 같았다. 남자(32.6평)와 여자(33.2평)의 이상적인 중산층이 가져야 할 집의 크기는 거의 차이가 없었다. 연령별로도 큰 차이가 없었으며, 기혼자(32.8평)와 미혼자(33.1평), 소득 층위별로 거의 대부분이 33평을 중심으로 정규분포를 이루었다. 다만 가구원의 수가 늘수록 이상적인 중산층의 집 크기에 대한 선호가 조금씩 늘어 1인 가구 31.6평, 2인 가구 32.4평, 4인 가구 33.3평, 5인 가구 34.3평 순으로 커졌다. 사실 집의 크기라는 것은 편의공간으로서 인원이 많을수록 커지는 것이 당연하다. 따라서 아마도 이상적인 중산층의 집 크기를 고려하면서 현재의 가구원수를 염두에 두었기 때문인 것으로 보여진다.

그러면 중산층이 생각하는 이상적인 집과 그들의 현실적인 집은 얼마나 차이가 날까? 우선 현재 중산층이 살고 있는 집을 살펴보면, 중산층의 평균은 28.3평으로, 중산층의 절반 이상이(53.3%) 30평 미만의 주택에 살고 있다. 30평 이상에 거주하는 중산층은 기혼일수록, 나이가 많을수록, 학력이 높을수록, 가구원의 수가 많을수록, 소득이 높을수록 많았다. 실제 기혼자의 50%가 30평 이상의 주택에 거주하는 반면 미혼자의 34%만이 30평 이상에 살고 있었으며, 50대의 56%에 비해 30대 35%만이 30평 이상의 주택에 거주하고 있었다. 교육 수준별로도 대학원졸 63%에 비해 고졸자의 37%만이 30평 이상에 살고 있으며, 상위 중산층의 56%가 30평 이상에 살고 있는 반면, 하위 중산층의 33%만이 30평 이상 주택에 거주하고 있다. 당연하게 들리겠지만 가족의 수가 많을수록 30평 이상의 주택에 거주하고 있는데, 1인 가구의 겨우 7%, 2인 가구의 27%, 3인 가구의 42%, 4인 가구의 60%가 30평 이상에 살고 있다.

중산층이 생각하는 이상적인 중산층의 집과 그들의 현실적인 집과의 괴리는 얼마나 클까? 앞에서 살펴본 중산층의 이상과 현실을 비교하는 주요 변수였던 소득, 자산, 생활비에서 관찰되었던 과도한 괴리도와 달리, 이상과 현실의 격차가 그리 크지는 않았다. 즉 이상적인 중산층의 집은 32.9평이었지만 실제 그들이 살고 있는 집의 크기는 28.3평으로 괴리도는 14% 정도(4.6평 차이)였다.

그러나 중산층으로서 보유하면 적당한 이상적인 집과 실제 그들이 사는 집과의 차이는 젊을수록, 미혼일수록, 1인 가구일수록, 소득이 낮을수록 더욱 크게 나타났다. 30대의 경우 괴리도가 20%(6.5평 차이)로 가장 컸는데, 이는 40대(13%)와 50대의 괴리도 9%(3평 차이)와 비교해볼 때 이상과 현실의 차이가 상당히 큰 편이었다. 미혼 가구의 괴리도 역시 26%(8.7평 차이)로 기혼 가구보다 2배 이상 괴리도가 컸다(괴리도 11%, 3.5평 차이). 특히 1~2인 가구가 생각하는 중산층의 집과 그들이 사는 집과의 차이가 컸다. 1인 가구는 현재 평균 17.9평에 살고 있으면서 31.6평이 중산층에 어울리는 집이라고 하여 괴리도가 무려 43%(13.6평 차이)나 되었으며, 2인 가구는 평균 24.4평에 살면서 중산층이 되려면 32.4평 정도에는 살아야 한다고 하여 괴리도가 25%(8평 차이)였다. 이는 4인 가구가 현재 평균 30.9평에 살면서 33.3평이 중산층에 적당한 집이라고 하여, 괴리도가 7%(2.3평 차이)밖에 되지 않는 것과는 크게 대비되는 부분이다. 하위 중산층의 괴리도도 23%(7.4평 차이)로 상위 중산층 괴리도 10%(3.3

주택에 대한 이상과 현실

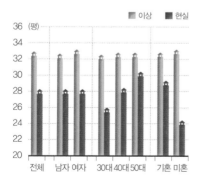

자료: NH투자증권 100세시대연구소

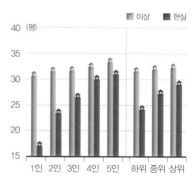

자료: NH투자증권 100세시대연구소

평 차이)보다 2배 이상 크게 나타나며 이상과 현실의 격차를 보였다.

30대, 미혼, 1~2인 가구, 하위 중산층…. 이를 관통하는 단어는 '취약계층'이라는 말이다. 즉, 이들의 삶은 같은 중산층이라고 하더라도 소득이나 자산 측면에서 상대적으로 취약한 계층인 것이다. 그렇지만 이들의 꿈만은 취약하지 않았다. 중산층 내 거의 모든 그룹과 층위에서 이상적인 중산층의 집의 크기를 33평 정도로 꼽았다. 다만 이들 취약계층이 현재 살고 있는 현실의 집이 상대적으로 작기 때문에 이들의 꿈과 현실의 괴리도가 크게 벌어진 것이다. 결국 그들의 괴리도를 줄이는 유일한 방법은 꿈을 낮추는 것이 아니라 현실의 집 크기를 키워가는 것이다.

중형차는 몰아야 중산층, 그러나 뚜벅이가 5명 중에 1명

중산층에게 부동산인 집 다음으로 중요한 동산은 자동차이다. 자동차 역시 집만큼이나 부의 척도이자 지위를 상징하는 의미 있는 자산이다. 오죽하면 '하차감'이란 말이 나왔겠는가?

중산층이 중산층으로서 당연히 보유해야 할 수준의 차량은 '중형차(쏘나타급)' 정도는 되어야 한다는 생각이 가장 많았다(45%). 그러나 중형차를 포함하여 중형차 이상을 선택한 사람이 87%로 우리나라 중산층 중에서 최소한 중형차, 그리고 그 이상 등급의 자동차를 보유해야 한다고 믿는 사람이 10명 중에 무려 9명이나 되었다. 실제 남자일수록, 젊을수록, 소득이 높을수록, 준대형차(그랜저급) 이상을 중산층이 보유해야 할 자동차로 꼽았다. 사실 이는 상당 부분 직관적으로 이해가 가는 대목이다. 우선 '자동차는 남자들의 로망'이라고 할 정도로 자동차에 대한 선택권은 다른 소비재와 달리 여성이 아니라 남성들이 쥐고 있는 경우가 많다(남자의 37%가 준대형차 이상을 선호하는 반면 여자는 33%가 선호). 특히 이런 현상은 젊은 연령대에서 더욱 잘 관찰된다(30대의 38%에 비해 50대 33%가 준대형차 이상을 선호). 여기에 현실적으로 준대형차 이상의 자동차를 구매하거나 유지하려면 상당한 비용이 소요되기 때문에 당연히 소득이 낮은 하위 중산층(32%)보다 상위 중산층(37%)에서 더욱 선호하고 있다.

그런데 다소 의외의 결과도 있다. 우선 교육 수준이다. 고졸의 38%가 중산층이 타야 할 이상적인 차량을 준대형차(그랜저급)로 꼽은 반면, 일반대졸은 34%, 대학원졸은 30%가 선호했다는 점이다. 이는 아마도 학력에 대한 콤플렉스를 자동차로 대신하려는 의도가 아닌가 싶다. 다시 말해서 학력이 낮을수록 '하차감'을 더욱 중시한다는 의미이다. 가족 구성원수에서도 일률적이지 않은 결과가 나왔다. 1인 가구의 34%, 2인 가구의 35%, 3인 가구의 30%가 중산층이 보유할 이상적인 차량을 준대형차로 선택하여 뚜렷한 특징이 없었지만 4인 가구의 37%, 5인 가구의 42%가 선택하였다. 이는 현실적으로 가족 구성원수가 많을수록 큰 차가 필요하기 때문이 아닌가 싶다. 즉 이상적인 중산층의 자동차를 선택하면서 현재 자신의 상황, 즉 가족수를 자연스럽게 염두에 둔 결과로 보인다.

그럼 실제 중산층들은 어떤 자동차를 보유하고 있을까? 대한민국 중산층이 가장 많이 보유하고 있는 자동차는 중형차이다(23.9%). 중산층의 절반이(52%) 준중형차(아반떼급)와 중형차, 중소형 SUV(투싼급)를 보유하고 있었다. 그러나 2,000cc급 미만의 자동차를 보유한 중산층도 28%나 되었으며, 특히 자동차가 없는 '뚜벅이' 중산층도 19%나 되었다. 즉, 그들이 생각하는 이상적인 중산층의 보유 차량과 실제 현실에서 그들이 타는 자동차는 상당히 달랐다. 앞서 이상적인 중산층의 보유 차량을 남자일수록, 젊을수록, 준대형차(그랜저급) 이상을 꼽았지만 현실에서는 그렇지 않았다. 실제 준대형차를 타는 데 있어 남자와 여자의 차이가 거의 없었으며, 오히려 남자의 16%(여자 23%)는 자동차를 보유하지 않은 뚜벅이인 것으로 나타났다. 연령별로도 오히려 나이가 젊을수록 자동차가 없는 경우가 더 많았는데 30대(25%), 40대(17%), 50대(16%) 순으로 자동차를 보유하지 않은 것으로 나타났다. 특히 교육 수준과의 관계는 극명하

자동차에 대한 이상과 현실

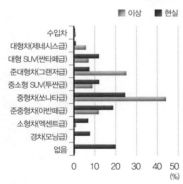

자료: NH투자증권 100세시대연구소

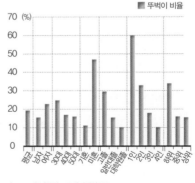

자료: NH투자증권 100세시대연구소

게 갈렸다. 이상적인 중산층 자동차로 준대형차 이상을 선호하는 비율에서 고졸이 가장 높았지만, 실제로는 고졸(29%)이 일반대졸(16%), 대학원졸(10%)에 비해 자동차가 없는 '뚜벅이'들이 가장 많았다. 그리고 준대형차를 이상적인 자동차로 선호하는 비율이 상대적으로 낮았던 대학원졸(30%)이 실제로는 가장 높은 보유 비율(27%)을 보였으며, 준대형차를 가장 많이 선호했던 고졸(38%)이 현실에서는 상대적으로 낮은 보유 비율(19%)을 보였다.

남자, 30대, 고졸이 꿈꾸는 이상적인 중산층의 자동차와 실제 그들의 자동차 보유 현황이 크게 다른 것은 자동차 역시 그들의 꿈이 크게 반영된 결과로 보인다. 자동차가 주는 상징적인 의미, 즉 부의 상징이자 지위를 암시하는 중요한 징표, 동산 중에 가장 비싼 물건 등등 자동차가 우리 사회에서 함의하는 것은 생각보다 꽤 크다. 그래서 그들은 여기에 로망을 걸고, 꿈을 심고 있는지도 모른다.

한편 기혼 여부, 소득과 가구원수에서는 상당한 정비례 관계가 관찰되었다. 즉, 기혼자의 경우 중형차 이상을 보유한 경우가 61%인 반면, 미혼자는 24%에 불과하였으며, 특히 자동차가 없는 뚜벅이는 기혼자가 11%인 데 반해 미혼자는 무려 47%나 되었다. 통상적으로 기혼자에 비해 미혼자가 가족수가 적고, 소득도 낮기 때문에 자동차 보유에 대한 필요성을 덜 느끼고, 경제적인 이유도 반영된 것으로 보인다. 소득 층위별로도 실제 보유차량은 질서 있는 정비례 관계를 보였다. 중산층의 이상적인 자동차로 준대형차(그랜저급) 이상을 선호한 비율의 순서대로 실제 보유도 유사하였다. 즉, 소득이 낮은 하위 중산층보다(16%) 중위(18%) 혹은 상위 중산층(22%)에서 더욱 선호하고 있다. 자동차의 종류를 결정하는 데에서 구매 및 유지 비용 등 경제적인 비용문제 외에도 현실적으로 가족 구성원이 다 탈 수 있어야 한다는 실질적인 문제도 존재한다. 그런 차원에서 가족 구성원수에 따른 자동차 보유 상황은 매우 강한 정비례 관계를 보여주고 있다. 자동차가 없는 뚜벅이 비율이 1인 가구(60%), 2인 (33%), 3인(18%), 4인(10%) 순이었으며, 중형차 이상을 보유한 비율이 4인 가구(67%), 3인(50%), 2인(33%), 1인(17%) 순이었다. 특히 5인 가구의 경우 대형 SUV(싼타페급)를 보유한 중산층이 많아 확실히 자동차를 보유하는 데 있어 가족 구성원수가 현실적인 고려사항임을 알 수 있다.

이상적인 중산층의 자동차는 중형차 정도는 되어야 한다는 생각이 가장 많았지만(45%), 중형차 이상을 선택한 사람을 모두 합하면 무려 87%

중산층의 중형차 이상 보유비율

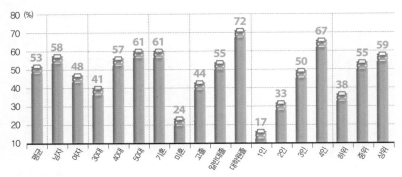

자료: NH투자증권 100세시대연구소

에 달한다. 실제 대한민국 중산층이 가장 많이 보유하고 있는 자동차는 중형차(쏘나타급)이지만, 자동차가 없는 '뚜벅이' 중산층도 19%나 되었다. 현실세계에서 중산층의 자동차 보유는 소득과 기혼, 가족수에 가장 크게 영향을 받는다. 자동차 구매 비용이나 유지 비용이라는 경제적인 문제에서 소득수준이 당연히 가장 큰 영향을 미친다. 여기에 결혼을 통해 가족 구성을 한 사람과 그로 인하여 가족 수가 늘어날수록 자동차의 크기가 커질 수밖에 없는 현실이다. 젊을수록, 미혼일수록, 1~2인 가구일수록 소득이 낮을수록 자동차가 없는 뚜벅이 비율이 높다. 모두 소득이나 자산에 영향을 받는 계층이다. 결국 경제력이 가장 크게 작용하는 것이다. 교육 수준이 낮은 계층이 이를 만회하기 위해 꿈을 크게 키워보지만 현실에서는 역부족이다. 그게 현실이다.

해외여행이 좋다 그러나 현실은 국내여행

소득 수준이 높아지면서 삶의 질을 결정하는 요소로 여가생활의 비중이 커지고 있다. 특히 돈과 시간 모두 있어야 가능한 여행은 사회·문화적 관점에서 중요한 중산층 기준이다. 우리나라 중산층이 생각하는 '중산층이라면 이 정도의 여행은 다녀야 한다'의 수준은 어느 정도일까? 그리고 실제로는 얼마나 여행을 다닐까?

대한민국 중산층이 '중산층으로서의 삶을 살기 위해' 다녀야 할 여행수준은 '해외여행 연 1회'였다(35%). 국내여행 모두 합친 비율(44%)보다는 적었지만, 해외여행을 모두 합친 비율(56%)이 더 많았다. 바야흐로 이젠 해외여행 시대인 것이다. 중산층의 절반 이상이 '적어도 해외여행 정도는 다녀와야' 중산층이라고 믿고 있는 것이다.

해외여행에 대한 선호도는 젊을수록, 미혼일수록, 가족 구성원수가 적을수록, 교육 수준이 높을수록, 소득이 높을수록 더 높은 것으로 나타났다. 여행이 가지는 속성상 경제적·시간적 이유 등이 모두 반영된 결과로 보인다. 우선 중산층이 즐겨야 할 여행의 수준이 해외여행이라고 생각하는 연령대는 젊을수록 많은 것으로 나타났다. 실제 30대가 해외여행을 선택한 비율이 62%인데, 40대(58%)와 50대(51%)는 상대적으로 낮았다. 이는 미혼자와 1~2인 가구들의 선호도에서도 잘 나타난다. 미혼자들의 중산층이 영위해야 할 여행을 해외여행으로 꼽은 비율(60%)이 기혼자(55%)보다 높았다. 가족 구성원의 수에 따른 해외여행을 선호하는

여행에 대한 이상과 현실

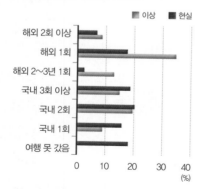

자료: NH투자증권 100세시대연구소

여행 못 간 방콕형의 비율

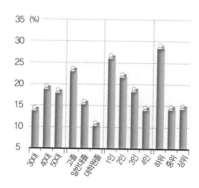

자료: NH투자증권 100세시대연구소

비율에서도 특히 1인 가구(70%)가 높았는데 2인(59%), 3인(57%), 4인(52%) 등 가족 구성원수가 많아질수록 해외여행에 대한 선호도는 상대적으로 떨어졌다.

사실 30대, 미혼, 1~2인 가구는 상당 부분 같은 집단의 다른 표현이다. 일반적으로 30대 중 미혼 가구가 가장 많고, 이에 따라 상당수가 1~2인 가구인 경우가 많기 때문이다. 1990년대 X세대 이후 30대, 미혼, 그리고 1~2인 가구들은 개방적이고 독립적인 세대들이다. 외국어 사용 비율도 높고 실제 해외여행 등 해외 생활 경험이 많은 세대들이다. 이러한 그들의 행동 양식을 생각해볼 때 이들 그룹에서 중산층이 즐겨야 할 여행으로 해외여행을 많이 꼽는 것은 당연한 일이다.

한편, 교육 수준과 소득이 높을수록 해외여행을 선호하는 비율이 높았다. 중산층이라면 해외여행 정도는 다녀와야 한다고 생각한 중산층은 대학원졸이 61% 수준인 반면 일반대졸(57%), 고졸(53%) 순으로 낮았다. 소득 층위별로도 질서 있게 선호 비율이 나타났다. 상위 중산층이 해외여행을 선호하는 비율이 59%인 데 반해 중위 중산층(58%)과 하위 중산층(48%)은 상대적으로 낮았다. 사실 우리나라에는 학력–직장–소득–자산–소비의 '부의 순환고리'가 강하게 형성되어 있다. 교육 수준이 높을수록 좋은 직장에 다니고 이에 따라 소득도 높으며 그 소득이 쌓여 큰 자산을 형성하고, 그로 인해 소비 수준도 높다는 순환고리이다. 이런 '부의 순환고리'를[14] 고려할 때 교육 수준이 높은 중산층과 소득 수준이 높은 중산층은 사실상 유사한 집단이다. 따라서 이들 그룹이 해외여행을 선호하는 것은 여유있는 경제력이 뒷받침된 결과로 보인다. 더구나 학력과 소득이 높을수록 여가시간이 많다는 점에서, 이들은 시간적 여유까지 상대적으로 많아 해외여행에 대한 선호도가 높은 것으로 보인다.

그렇다면 실제 중산층들은 최근 1년간 어떤 여행을 다녀왔을까? 대한민국 중산층은 실제 국내여행(55%)을 가장 많이 다녀왔다.[15] 심지어 여행을 못 다녀온 방콕형[16] 중산층도 18%나 되었다. 그들이 꿈꾸던 해외여행과는 상당한 차이가 나는 셈이다. 중산층의 절반 이상이(56%) '적어도 해외여행 정도는 다녀와야' 중산층이라고 생각하던 것과 달리 실제로는 여행을 못 갔거나, 가더라도 국내여행을 다녀온 사람이 4명 중 3명쯤(73%) 되는 것이다. 실제 거의 대부분의 그룹에서 중산층은 해외여행보다 국내여행을 더 많이 다녀와서 그들이 생각하는 꿈과 현실은 꽤 동떨어져 있는 것으로 보인다. 심지어 방콕형 중산층도 중산층 5명 중에 1명 정도이니, 괴리도는 꽤 커 보인다.

실제 최근 1년간 여행을 한 번도 못 간 방콕형 중산층은 미혼일수록, 학력이 낮을수록, 1~2인 가구일수록, 소득이 낮을수록 그 비율이 높았

---

14 학력-직장-소득-자산-소비의 '부의 고리'는 부모 세대에서 자녀에 대한 교육으로 이어져 '부의 순환고리'를 이루게 된다.

15 국내여행 다녀온 횟수인 1회, 2회, 3회 이상을 모두 합한 비율

16 여행을 가지 못하고 '방에 콕 처박혀 있는다'는 의미의 신조어

다. 특히 미혼(26%)과 1인 가구(27%)에서 여행을 못 다녀온 방콕형 중산층의 비율이 가장 높았는데, 이는 중산층이라면 당연히 '해외여행 정도는 다녀와야 한다'는 미혼(60%), 1인 가구(70%)의 높은 비율과 비교할 때 매우 충격적인 것이다. 그 외에도 2인 가구(23%)와 3인 가구(19%)에서도 방콕형 중산층의 비율이 가장 높았으며, 학력별로도 고졸(24%) 방콕형 중산층의 비율이 가장 높았으며, 하위 중산층의 경우 거의 3명 중 1명(30%)이 해외여행은커녕 국내여행 한 번 못 간 것으로 나타났다. 소위 중산층 내에서도 '상대적 취약계층'으로 분류되는 미혼, 1~2인 가구, 고졸 가구의 경우 그들이 꿈꾸던 중산층의 삶과 실제 그들이 살고 있는 현실적인 여가생활의 격차가 매우 큰 것으로 보인다.

그럼 중산층의 절반 이상이(56%) '적어도 해외여행 정도는 다녀와야' 중산층이라고 생각하던 것처럼 실제 해외여행은 얼마나 다녀왔을까? 당연해 보이지만 교육 수준이 높을수록, 소득이 높을수록 실제 해외여행을 다녀온 사람의 비율은 높았다. 학력별로는 대학원졸이 최근 1년간 해외여행을 다녀온 비율 38%로 가장 높았으며, 일반대졸 31%, 고졸 17% 순이었다. 소득 층위별로 상위 중산층이 34%로 해외여행을 가장 많이 다녀온 반면, 중위 중산층은 26%, 하위중산층은 16%에 불과하였다. 여기에서도 소위 학력-직장-소득-자산-소비로 이어지는 '부의 순환고리'가 확인된 셈이다. 학력이 높을수록, 좋은 직장과 높은 소득을 얻고, 그것을 바탕으로 자산이 형성되며 소비력도 커져 해외여행을 많이 다니는 것이다.

중산층의 해외여행 비율

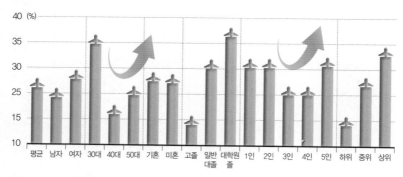

자료: NH투자증권 100세시대연구소

　반면 연령별, 가족 구성원수별 그룹에서는 'U자형'의 다른 양상을 보였다. 즉, 연령대별로 30대의 실제 해외여행을 다녀온 비율이 36%로 꽤 높은 반면 40대에는 뚝 떨어졌다가(20%), 다시 50대(26%)에 많아진 것이다. 이는 사회적 경제활동이 가장 왕성한 시기이자 주택 구입, 자녀 교육 등 지출이 가장 많은 시기인 40대에서 여가생활을 여유롭게 충분히 하지 못하고 있음을 보여주는 결과이다. 실제 연령별 '방콕형' 중산층의 비율이 40대가 가장 높았으며(20%) 30대와 50대는 오히려 낮았다. 이러한 'U자 커브'는 가족 구성원수에서도 나타난다. 즉, 1~2인 가구에서 해외여행을 다녀온 중산층에 비해(각 31%) 3~4인 가구의 해외여행 비율은 낮았지만(26%, 25%), 다시 5인 가구(31%)에서는 많아지는 현상이 나타났다. 이는 1~2인 가구의 생활 양태와 3~4인 가구의 경제력, 특히 5인 가구의 경제력이 어우러진 결과로 보인다. 즉, 30대와 1~2인 가구는 상당히 중복되는 집단이다. 이들의 생활 양태는 개방적이고 독립적인 세대들로서 실제 그들이 평상시 생각해온 '중산층이라면 당연히 해외여행을 즐겨야 한다'는 것을 실천에 옮긴 것으로 보인다. 그러나 가족의 구성원이 많아지면서(3~4인 가구) 앞서 40대가 여가생활을 여유롭게 충분히 하지 못한 것처럼, 해외여행을 갈 수 없는 상황이 된 것으로 보여진다. 실제 3인 가구의 경우 여행을 가지 못한 방콕형이 여러 여행 형태에 비해 가장 많았다. 그러나 상대적으로 소득이 높은 5인 가구의 경우 해외여행 비율이 높아지면서 'U자 커브'를 완성하고 있다.

여기서 주목할 것이 1~2인 가구의 양극화이다. 즉, 1~2인 가구는 그들 그룹에서 여러 가지 여행의 형태 중 여행을 가지 못한 방콕형이 다른 여행 형태에 비해 가장 높았음에도 불구하고(1인 가구 27%, 2인 가구 23%) 해외여행을 다녀온 비율도 각 31%로 방콕형을 압도하였다. 그뿐만 아니라 가족 구성원별 비교에서도 3~4인 가구보다 더 많은 비율이 해외여행을 다녀왔다. 이는 1~2인 가구가 양극화되어 나눠지고 있음을 의미한다. 즉 중산층 내 취약계층으로서의 1~2인 가구와, '여유 있는 싱글족' 및 '딩크DINK족'으로[17] 양극화되고 있음을 의미하는 것이다. 학력이 낮거나 소득이 낮은 1~2인 가구는 여행을 가지 못하는 방콕형으로 전락하지만, 학력이 높고 소득이 높은 싱글족이나 딩크족은 해외여행을 즐기는 삶을 살고 있는 것이다.

---

17 딩크족(DINK, Double Income No Kid): 가정을 이룬 두 사람이 벌지만 아이를 갖지 않고 여유로운 생활을 추구하는 신세대 가정을 의미한다.

대한민국 중산층의 여유 있는 삶, 특히 여행으로 대표되는 여가생활에서 이상과 현실의 격차는 꽤 컸다. 중산층의 절반 이상이 '적어도 해외여행 정도는 다녀와야' 중산층이라고 생각하던 것과 달리 실제로는 여행을 못 갔거나, 가더라도 국내여행을 다녀온 사람이 4명 중 3명이나 되었

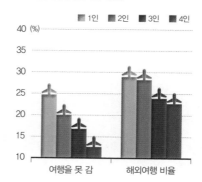

1~2인 가구의 양극화

자료: NH투자증권 100세시대연구소

다. 심지어 방콕형 중산층도 중산층 5명 중에 1명 정도였으며, 중산층 내 '상대적 취약계층'으로 분류되는 미혼, 1~2인 가구, 고졸 가구의 경우 그들이 꿈꾸던 이상과 현실의 차이가 특히 컸다. 여가생활에서도 '부의 순환고리'가 확인되어 학력이 높을수록, 소득이 높을수록 해외여행을 많이 다니는 것으로 확인되었다. 연령별, 가족 구성원수별로는 'U자형' 커브가 나타났는데, 여기에서 40대와 3~4인 가구의 고단함을 느낄 수 있다. 특히 1~2인 가구는 중산층 내 취약계층으로서의 1~2인 가구와, '여유 있는 싱글족'과 '딩크DINK족'으로 양극화되고 있어 중산층 내에서도 삶이 극명하게 나뉘고 있다.

중산층
트렌드
2017

Summary

◉ **중산층: 절반 이상이 4년제 일반대 졸업**
- 학력 분포: 고졸 21.3%, 전문대졸 17%, 일반대졸 53.8%, 대학원졸 8%
- 가족 인원수 분포: 1명 6.8%, 2명 13.4%, 3명 28.8%, 4명 42.8%, 5명 8.2%
- 층위별 분포: 하위 중산층 19.5%, 중위 중산층 39.2%, 상위 중산층 41.3%

◉ **중산층 노후 빈곤화: 중산층 10명 중 최소 4명, 최대 6명 노후에 빈곤층 될 것**
- 노후 예상 월 소득: 100만 원 미만 37.5% → 빈곤층 유력, 100만~150만 원 21.4%→ 빈곤층 가능
- 하위 중산층의 노후 예상 월 소득: 100만 원 미만 65.5% → 빈곤층 유력
- 현 고소득층의 62.9%와 22.9%는 노후에 중산층과 빈곤층으로 각각 하락할 수 있어
- 현 40대 중산층의 6.9%와 50대 중산층의 7.1%는 과거 빈곤층에서 중산층으로 이동

◉ **소득차이의 발생 원인: 떠오르는 수저론과 전통의 학력주의**
  [수저론의 확산]
- 고소득층이 된 이유: 부모가 부자여서 72.3%, 본인의 노력 때문으로 생각 27.7%
- 빈곤층이 된 이유: 부모가 가난해서 54.5%, 본인의 노력 부족 때문으로 생각 45.4%
  [공고한 학력주의]
- 층위별 일반대졸 비율: 하위 중산층 45.5%, 중위 중산층 49.5%, 상위 중산층 61.7%
- 층위별 고졸 비율: 하위 중산층 32.5%, 중위 중산층 20.9%, 상위 중산층 15.6%

중산층의 소득기준
(만 원)

구분	빈곤층	중산층	고소득층
1인 가구 기준	~ 96	97 ~ 290	291 ~
2인 가구 기준	~ 136	137 ~ 410	411 ~
3인 가구 기준	~ 167	168 ~ 502	503 ~
4인 가구 기준	~ 193	194 ~ 580	581 ~
5인 가구 기준	~ 216	217 ~ 649	650 ~

자료: 통계청(2015)(1,000원 이하 절사)
중산층: 중위소득의 50~150% 사이의 소득을 올리는 계층

'학력'과 '부모'가 만드는 계층사회

맛집은 왜 붐비나

사람들의 호기심은 다양하다. 진실과 사실에 대해 궁금해 하기도 하고, 사람의 사상이나 사고에 대해 궁금해 하기도 한다. 때로는 사람 자체가 궁금증의 대상이 되기도 한다. 진실과 사실에 대한 호기심은 물리학, 천문학 등과 같은 자연과학의 발전을 가져왔고 사고나 사상에 대한 궁금증은 철학, 윤리학 같은 인문학의 출발점이 됐다.

이 중 사람에 대한 궁금증이 가장 원초적인 호기심이다. 거대한 군집을 이루고 주위 사람과 끊임없이 소통하고 관계를 형성해 나가는 우리 인간에게 가장 첫 번째 호기심의 대상은 바로 인간 그 자체다. 아주 간혹 어떤 사람은 사과는 왜 땅으로 떨어지는지 궁금해 하기도 하고, 어떤 사람은 땅이 정말 평평한지 의문을 가지기도 한다.

또 굳이 특별한 누군가가 아니더라도 우리들 대부분은 평생에 한 번쯤은 도대체 나는 왜 존재하는지 심각한 고민에 빠지기도 하고, 인생의 목적이 무엇인지 방황하며 사고思考의 바다에서 허우적대기도 한다. 진실에 대한 특별한 궁금증은 소수가 하는 경우가 많고, 사고에 대한 궁금증은 누구나 하지만 일생 중 한때에 그치는 경우가 많다.

하지만 사람에 대한 궁금증은 어떤 특별한 사람이 하는 것도 아니고, 평생에 한 번 정도 고민하고 마는 것도 아니다. 누구나 시시때때로 떠올리는 아주 보편적이고 원초적인 궁금함이다. 다른 사람은 뭘 먹고, 뭘 보고, 어떤 것을 입으며 어떻게 생활하고 있는지, 대체 머릿속으로는 무슨 생각을 하고 있는지 궁금할 때가 한두 번이 아니다.

그러다 그 궁금증에 대한 해답의 일단이 드러나기라도 하면, 1,000만 관객을 향해 치닫는 영화의 흥행 속도는 좀처럼 줄지 않게 되고, 맛집으로 소문난 집에는 굳이 줄을 서면서까지 돈을 보태 더 부자로 만들어 준다. 베스트셀러에 오른 책은 더 잘 팔리는 선순환 고리가 생기고, 화제의 드라마는 한 번쯤 챙겨봐야 한다.

재화든 상품이든 정치인이든 사람들의 관심이 집중되면 그동안 관심이 없었던 사람들까지도 관심을 갖게 되면서 새로운 수요가 창출된다. 소위 입소문을 타고 수요가 수요를 낳는 고리가 형성되는 것이다. 경제학자나 정치학자들은 이를 두고 '밴드웨건Bandwagon 효과'라느니 '편승 효과'라느니 하며 개념화하지만 그냥 쉽게 '친구 따라 강남 가는 것'으로 생각하면 된다. 주변의 사람들이 하는 행동과 사고가 궁금하고 그 행동과 사고에 따라서 나도 비슷한 방식으로 반응을 보이게 되는 것이다.

우리 주변의 사람 3명 중 2명(67.4%)은 중산층이다.[18] 그래서 중산층의 생활과 사고방식에 대한 호기심은 바로 나에 대한 호기심이기도 하고, 그래서 나와 직접적인 비교도 가능하다. 비교를 통해 그와 유사해지려는 경향을 알게 모르게 띠게 된다. 학자들은 이를 다수의 무리 속에 속함으로써 안정감을 느끼고 싶어하는 생존본능이라 해석하지만 우리들은 그런 것은 잘 모르겠고 그냥 궁금해 하며, 그냥 따라 할 뿐이다.

그래서 100세시대연구소는 이러한 궁금증에 기반해 우리 주변의 절대 다수를 차지하고 있는 중산층의 생활방식과 생각들을 다양한 질문을 통해 알아봤다. 1,000명이 넘는 중산층을 대상으로 한 것이기에 상당 부분 우리나라 중산층의 평균적인 모습을 비교적 정확하게 추출해 냈을 것으로 생각한다.

이 평균적인 모습과 자신의 상황을 비교함으로써 어떤 이는 무리 속에 속해 있다는 안정감을 획득할 수도 있고, 또 어떤 사람은 무리 속에서 다소 떨어져 있음을 확인하고 당혹감을 느낄 수도 있다. 안정감이든 당혹감이든 그 자체로 주변 사람에 대한 원초적인 궁금증은 상당 부분 해소가 될 수 있다.

설문은 총 1,025명을 대상으로 실시됐으며, 특정 성별이나 연령에 의한 편향을 막기 위해 성별, 연령별 균형을 맞췄다. 설문 분석 과정에서

---

18 〈소득분배지표〉, 통계청, 2015

설문 개요

1. **주제**: 중산층 생활실태 조사
2. **기간**: 2016년 10월 17일~10월 21일
3. **대상**: 중산층 1,025명
   (남 513명, 여 512명)
4. **방식**: 이메일을 활용한 온라인 설문
5. **주관**: NH투자증권 100세시대연구소
6. **실시**: 마크로밀엠브레인

자료: NH투자증권 100세시대연구소

설문 대상자의 연령별 분포

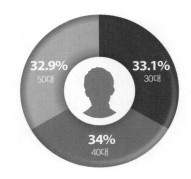

자료: NH투자증권 100세시대연구소

간간이 등장하는 빈곤층과 고소득층과의 비교를 위해서 이들에 대해서 도 각각 253명과 272명에 대해 똑같은 설문을 실시했다.

설문 결과에 대한 분석은 기본적으로 성(남·녀)과 연령(30·40·50대), 결혼 여부, 학력, 가구 인원수, 중산층 내의 층위(상·중·하)를 기준으로 실시했으며, 성과 연령에 따른 기준 외에는 특별히 설문집단의 균형을 고려하지 않았다.

중산층 내의 층위 기준은 중산층 내에서도 생활방식이나 사고방식의 차이가 있는지 확인하기 위한 것이다. 중산층의 소득 구간을 나눠서 상 위 33.3%에 해당하면 '상위 중산층', 하위 33.3%에 해당하면 '하위 중 산층'이라 칭했고, 그 중간에 해당하는 중산층은 '중위 중산층'으로 칭 했다.

평균의 함정, 중산층을 세분화하다

평균이란 것은 많은 것을 시사하지만, 거꾸로 많은 것을 감추기도 한다. '일반 4년제 대학을 졸업하고 결혼을 해서 4명의 가족과 생활하는 사람'. 이번 설문을 통해 드러난 가장 보편적이고 평균적인 중산층의 모습이다. 중산층의 53.8%는 일반 4년제 대학을 졸업했으며, 77.9%는 결혼을 했고, 42.8%는 4명의 가족과 함께 살고 있었다.

하지만 이는 거꾸로 중산층의 절반 가까이는 4년제 대학을 다니지 않았음을 의미하는 것이고, 절반 이상의 많은 중산층이 4명이 아닌 1명 혹은 2, 3명의 가족과 함께 살고 있음을 의미하는 것이기도 하다. 실제로 중산층의 21.3%에 해당하는 적지 않은 사람들이 고졸 이하의 학력을 가지고 있으며, 3인 이하의 비교적 단출한 가족을 구성한 중산층도 49%나 됐다. 가족 인원수별로 보면 4인 가족을 구성한 중산층이 42.8%로 가장 많지만, 이보다 더 많은 49%의 중산층은 4인 가족이 아닌 것이다.

평균은 여러 사물이나 수치의 각각 다른 질과 양을 고르고 평평하게 만든 것이다. 여러 사물이나 수치의 전체적인 모습과 특징을 한눈에 파악하는 데 유용하다. 하지만 각각의 사물이나 수치가 가진 고유한 특성과 질이 무시되는 단점이 존재한다. 위에서처럼 중산층의 평균은 4인 가족이지만 더 많은 중산층이 4인 가족이 아닌 것이 현실이다.

소득을 기준으로 한 중산층 내에서도 비슷한 문제점이 존재한다. 중산층의 스펙트럼은 매우 넓다. 사전적으로 중산층의 정의는 월 소득이 중위소득의 50~150%에 해당하는 사람들이다. 중위소득이란 우리나라

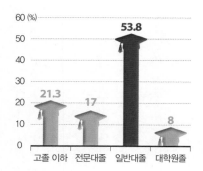

중산층의 학력별 분포

고졸 이하 21.3
전문대졸 17
일반대졸 53.8
대학원졸 8

자료: NH투자증권 100세시대연구소

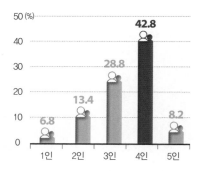

중산층 가구의 가족 인원수별 분포

1인 6.8
2인 13.4
3인 28.8
4인 42.8
5인 8.2

자료: NH투자증권 100세시대연구소

가구의 월 소득을 1등부터 100등까지 순서대로 세웠을 때 정확하게 가운데에 위치한 50번째 가구의 소득을 의미한다. 4인 가족을 기준으로 했을 때 우리나라의 중위소득은 387만 원이므로,[19] 4인 가족이 중산층이 되기 위해서는 387만 원의 50%에 해당하는 194만 원 이상을 벌어야 한다. 387만 원의 150%에 해당하는 581만 원 이상을 벌면 고소득층이고, 50%를 벌지 못하면 빈곤층이 된다.

결국 4인 가족이 월 194만~580만 원 사이의 소득을 올리면 중산층이 되는 셈이다. 상단과 하단의 차이가 무려 400만 원에 가깝다. 하단인 194만 원도 중산층이고, 상단인 580만 원도 중산층이다. 중산층이라고 다 같은 중산층이 아닐 수 있다는 의미다.

19 통계청, 2015

그래서 중산층도 세분화해서 볼 필요가 있다. 전체를 하나의 숫자로 평균화하는 것도 의미가 있지만, 이를 좀 더 세분화해서 보는 것도 분명히 의미가 있다. 중산층의 스펙트럼이 너무 넓다 보니 발생한 문제점이다.

그래서 중산층을 1/3(33.3%)씩 끊어서 분리하고 다양한 분석을 시도했다. 중위소득의 50~150% 사이의 소득을 올리면 중산층이라 했는데, 이를 다시 50~83.3%에 해당하는 중산층은 '하위 중산층', 83.3~116.7%에 해당하는 중산층은 '중위 중산층', 116.7~150%에 해당하는 중산층은 '상위 중산층'으로 세분화했다.

중산층을 3분위로 나눴을 때 가장 많은 층은 상위 중산층이었다. 중산층의 41.3%가 중산층 내에서도 비교적 소득이 많은 상위 중산층이었고, 중위 중산층과 하위 중산층은 각각 39.2%와 19.5%로 나타났다. 중산층의 절대다수가 그래도 평균 이상의 소득은 올리고 있다는 해석이 가능하다. 중위 중산층의 월평균 소득은 346만 원이었고, 상위 중산층의 월평균 소득은 448만 원으로 나타나 상위와 중위 중산층을 합한 80%가량의 중산층은 평균적으로 346만 원 이상은 벌고 있음을 알 수 있다.

문제는 20% 정도 되는 하위 중산층이다. 이들의 월평균 소득은 235만 원으로 나타나 상위나 중위의 중산층보다 각각 200만 원, 100만 원가량 소득이 적다. 같은 중산층이지만 다른 층위의 중산층보다 매월 100만 원 이상씩 소득 차이가 발생하고 있는 셈이다. 이들은 빈곤층과

중산층 내 층위별 분포 비율

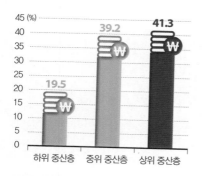

자료: NH투자증권 100세시대연구소

중산층의 층위별 월평균 소득

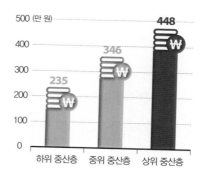

자료: NH투자증권 100세시대연구소

경계가 되는 중위소득 50% 근방에 위치한 중산층이어서 자칫 빈곤층으로 떨어질 수도 있는 '잠재적' 빈곤층이다.

소득에서 출발한 층위 간의 차이는 시간이 지나면서 결국 자산의 차이로 이어지기 마련이고, 소득과 자산의 차이는 결국 생활방식의 차이로 확대되는 것이 일반적이다. 이런 경로를 통해 중산층 내에서도 다양한 생활패턴과 사고방식이 존재하게 된다.

중산층 10명 중 최대 6명 빈곤층 될 것

소득의 차이는 결국 노후에까지 이어져 노후 삶의 모습마저 서로 다른 모습을 띄게 한다. 비단 삶의 방식을 바꾸는 선에서 그치는 것이 아니라 중산층의 37.5%는 노후에 아예 빈곤층으로 떨어질 가능성이 높은 것으로 나타났다.

자신의 노후 예상 월 소득을
묻는 질문에 50만~100만 원 사
이가 될 것이라 응답한 사람이
22%로 가장 많았고, 전혀 없거
나 50만 원이 채 안 될 것으로 응
답한 비율 역시 15.5%나 됐다.
37.5%의 중산층이 노후 월 소득
이 100만 원이 안 될 것으로 응

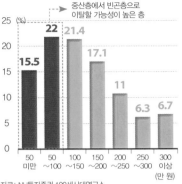

중산층의 예상 노후 월 소득

자료: NH투자증권 100세시대연구소

답한 셈인데, 이들의 예상이 맞을 경우 이들은 노후에 빈곤층이 된다.

부부가 단둘이 노후를 보낸다고 가정할 경우 노후에는 최소 137만 원
이상의 소득을 올려야 중산층의 지위를 유지할 수 있다. 2인 가구 기준
우리나라의 중위소득이 274만 원이므로[20], 2인 가구가 중산층이 되려면
274만 원의 50%에 해당하는 137만 원 이상의 소득을 올려야 한다. 이
소득을 올리지 못하면 빈곤층이 되는 것인데, 중산층의 37.5%가 137만
원도 아닌 100만 원의 소득도 안 될 것으로 예상하고 있다. 중산층 10명
중 4명 정도의 사람들이 노후에는 빈곤층으로 떨어진다는 얘기다.

노후 예상 월 소득이 100만~150만 원이 될 것으로 예상한 중산층도
21.4%나 됐는데, 이들은 빈곤층과 중산층의 경계에 해당하는 소득을 올

---

20 통계청, 2015

리는 층이어서 자칫 빈곤층이 될 수도 있는 잠재적 계층이다. 이 정도의 소득을 올리면서 혹여 노후에 부부가, 소득이 없거나 적은 1~2명의 자식과 같이 생활할 경우 이들 역시 빈곤층으로의 하락은 불가피하다. 3인 혹은 4인 가구의 중산층 기준은 더 높기 때문이다. 실제 3인 가구 기준으로 중위소득은 335만 원이고, 이 소득의 50%에 해당하는 168만 원이 빈곤층과 중산층을 가르는 기준이 된다. 따라서 3인 가구가 150만 원을 벌면 이들은 빈곤층이 되는 셈이다.

부부 중심의 2인 가구를 기준으로 삼든 3인 혹은 그 이상의 가구를 기준으로 삼든, 노후 월 소득이 100만 원이 되지 않으면 이들은 확실히 빈곤층이 되고, 3인 가구를 기준으로 한다면 150만 원을 벌더라도 빈곤층이 된다. 결국 100만 원 미만의 소득이 예상되는 37.5%의 중산층과 100만~150만 원 사이의 소득이 예상되는 21.4%의 중산층은 노후에 빈곤층으로 전락할 가능성이 큰 셈이다. 최소 37.5%에서 최대 58.8% 사이의 우리나라 중산층이 노후에는 빈곤층이 된다는 얘기다.

결국 50% 내외의 중산층이 노후에는 빈곤층이 될 수 있다는 것인데, 이 수치는 우리나라의 실제 노인빈곤율 49.6%(OECD, 2012)와 매우 유사한 수준이어서 합리적으로 믿음이 가는 수치다. 중산층 10명 중 적게는 4명, 많게는 6명 가까이가 노후에 빈곤층이 될 수 있음을 시사하는 대목이다.

특히 하위 중산층의 경우 빈곤층과 이웃해 있기 때문에 빈곤층으로 전락할 가능성이 높다. 실제 하위 중산층의 65.5%는 노후에 빈곤층으로 떨어질 수 있는 것으로 나타나 다른 층위의 계층보다 훨씬 높은 하락 가능성을 보였다.

하위 중산층의 65.5%가 은퇴 후 노후 예상 월 소득을 100만 원이 안 될 것으로 예상한 것인데, 이들은 현재도 빈곤층과 맞닿아 있는 계층이어서 이 수치에 대한 합리적 믿음은 다른 어떤 계층보다도 높다.

중위 중산층의 37.3% 역시 노후 예상 월 소득으로 100만 원이 안 될 것으로 응답해 적지 않은 사람들이 노후에 빈곤층이 될 가능성이 있다. 반면 상위 중산층의 경우 24.3%의 사람만이 은퇴 후 예상 월 소득이 100만 원이 안 될 것으로 응답해 상위 중산층답게 다른 계층에 비해 노후 빈곤층의 가능성이 가장 낮았다. 상위 중산층의 경우 현재 평균 월 소득이 400만 원이 넘고 상대적으로 다른 계층에 비해 여유가 있는 편이기 때문에 지금부터라도 노후준비에 힘쓴다면 24.3%의 수치마저도 크게 낮출 수 있다. 반면 현재 월평균 소득이 200만 원 초반에 불과한 하위 중산층의 경우 노후준비 여력이 상대적으로 작아서 이들의 빈곤층 전락 비율 65.5%는 실현 가능성이 꽤나 높은 편이다.

반면, 부부 기준으로 노후에 월 200만 원 이상의 소득을 올릴 수 있다면 빈곤층으로의 하락 가능성은 크게 낮아진다. 2인 가구의 빈곤층 기준 137만 원을 훌쩍 넘을 뿐 아니라, 각종 공공기관이나 연구소가 제시하고 있는 부부 기준의 적정 노후생활비 200만~250만 원도 어느 정도 충족하는 수준이다. 중산층 전체적으로는 24%에 해당하는 사람들

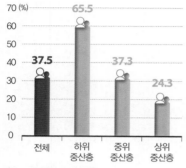

중산층의 빈곤층 하락 가능성

자료: NH투자증권 100세시대연구소
※노후 예상 월 소득이 '100만 원이 안 될 것이다'라고 응답한 비율

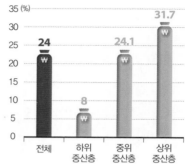

노후 월 소득을 200만 원 이상 예상한 비율

자료: NH투자증권 100세시대연구소

이 200만 원 이상의 소득을 올리며 노후에도 중산층의 지위를 유지하면서 비교적 안정적인 노후생활을 영위할 수 있는 것으로 나타났다.

물론 중산층 층위 간에는 큰 차이가 있었다. 하위 중산층의 경우 단 8%만이 200만 원 이상의 노후 월 소득을 예상한 반면, 상위 중산층은 31.7%의 사람들이 이같이 응답해 현재의 소득 차이가 노후에도 그대로 이어질 수 있음을 시사하고 있다.

노후 중산층 이탈은 고소득층이 메운다

현 중산층의 상당수가 노후에 빈곤층으로 전락한다면 중산층이란 계층은 노후에 공동화되는 것일까. 물론 그렇지 않다. 일부 빈곤층이 중산층으로 올라오고, 상당수의 고소득층이 중산층으로 하락하면서 중산층

이탈에 따른 공백이 메워질 것으로 보이기 때문이다. 노후가 되면 현재 빈곤층의 6%가 중산층으로 올라오고, 현 고소득층의 62.9%가 대거 중산층으로 하락하면서 중산층 이탈에 따른 공백이 상당 부분 채워질 것으로 보인다.

현 빈곤층의 6%가 노후 예상 월 소득이 150만~400만 원 사이가 될 것으로 예상했는데, 이 수준은 부부 기준 2인 가구가 중산층이 될 수 있는 소득기준에 해당하는 금액이다. 현 빈곤층의 6% 정도가 노후에 중산층으로의 계층 상승을 경험하게 된다는 의미다. 반면 92.5%라는 절대 다수의 빈곤층은 노후에도 여전히 빈곤층으로 남아 있을 가능성이 큰 것으로 나타났다. 92.5%의 빈곤층이 노후 예상 월 소득을 150만 원이 안 될 것으로 예상했다.

노후가 되면 상당수의 고소득층이 중산층으로 하락하면서 이들이 노후 중산층의 주축이 될 것으로 보인다. 62.9%의 고소득층이 노후 예상 월 소득을 2인 가구의 중산층 기준에 해당하는 150만~400만 원으로 예상한 것이다. 심지어 22.9%는 빈곤층에 해당하는 150만 원 미만의 소득을 예상하기도 했다. 이를 종합하면 현 고소득층 10명 중 8명 이상이 노후에 계층 하락을 경험하게 된다는 뜻이다. 반면 고소득층이 노후에도 그대로 고소득층으로 잔류할 가능성은 매우 낮았다. 2인 기준으로 고소득층이 되려면 최소 400만 원 이상의 소득을 올려야 하는데, 노후에도 이 정도 소득이 가능할 것으로 예상한 고소득층은 14.3%에 불과했다.

빈곤층의 노후 예상 월 소득

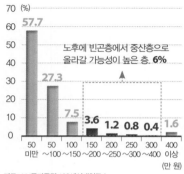

노후에 빈곤층에서 중산층으로 올라갈 가능성이 높은 층. **6%**

자료: NH투자증권 100세시대연구소

고소득층의 노후 예상 월 소득

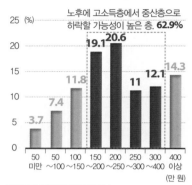

노후에 고소득층에서 중산층으로 하락할 가능성이 높은 층. **62.9%**

자료: NH투자증권 100세시대연구소

결국 우리나라 사람들은 노후가 되면 전반적으로 아래로의 계층 이동을 경험하게 된다는 결론이 가능하다. 설문결과에 따르면 고소득층은 62.9%가 중산층으로, 중산층은 최대 58.8%가 빈곤층으로 하락하고, 빈곤층은 92.5%가 계속해서 빈곤층으로 남게 된다. 반면 위로의 계층 이동은 매우 제한적인 수준에서 일어난다. 빈곤층의 6%가 중산층으로, 중산층은 겨우 1.4%만이 고소득층으로 이동하고, 고소득층의 14.3%만이 계속해서 고소득층의 지위를 유지하는 것으로 나타났다. 은퇴 이후에는 계층의 상향 이동보다는 하향 이동이 훨씬 많은 것인데, 이는 어쩌면 매우 당연한 현상이다. 은퇴했다는 것은 근로에 따른 소득이 사라진다는 의미여서 소득이 줄어들면서 자연스레 계층이 상승하기보다는 하락할 가능성이 크기 때문이다.

설문결과를 통해 현 중산층의 상당수는 향후 자신의 계층 상승이 힘들 것으로 보고 있음이 나타났다. 이는 과거의 경험칙에 근거한 것일 수 있다. 지금까지도 계층 상승이 힘들었는데, 미래라고 해야 뭐가 달라질 수 있겠느냐는 생각이 강할 수 있다는 것이다. 계층 상승이 얼마나 이뤄졌는지 파악해 보기 위해 현 중산층에게 과거 10년 전 소득이 어떻게 됐었느냐 물었다. 40대는 100만~200만 원, 50대는 200만~300만 원 사이였다고 응답한 사람이 가장 많았다. 연령이 높아질수록 소득도 높아지는 것이 통상적이므로 40대보다는 50대의 소득분포가 전반적으로 높게 나타났다. 30대의 경우 경제활동을 아예 하지 않았던 시기였을 수 있으므로 분석대상에서 제외했다.

분석의 핵심은 100만 원 이하의 소득을 올렸다고 응답한 사람들이다. 40대의 경우 6.9%, 50대는 7.1%였다. 현재 4인 가구의 빈곤층 경계는 193만 원이고, 3인 가구는 167만 원, 2인 가구는 136만 원이다. 그간의 물가 상승을 고려하더라도 10년 전에 100만 원도 안 되는 소득을 올렸다는 것은 가구 인원이 몇 명이었든 간에 이들이 당시에는 빈곤층이었을 가능성이 크다는 것을 시사한다.

40대의 6.9%, 50대의 7.1%는 과거 빈곤층에서 중산층으로 상승했다는 얘기다. 앞서 현 빈곤층 중 미래에 중산층으로의 계층 상승이 가능할 것으로 예상한 비율 6%와 매우 유사한 수치다. 결국 우리나라 사람 10명 중 1명도 안 되는 사람이 계층 상승을 경험했거나 경험할 수 있는 셈이다. 우리나라 사람들이 자신의 미래계층을 위로의 이동보다는 아래로의 이동을 예상하는 것은 이 같은 경험이 반영된 것일 수 있다.

과거 고소득층이었다가 중산층으로 하락한 사람은 빈곤층에서 중산
층으로 계층 상승을 경험한 사람보다 조금 더 많은 것으로 나타났다. 과
거 400만 원 이상의 소득을 올렸다면 이들은 그때 당시에는 고소득층이
었을 가능성이 크다. 400만 원이라면 지금 기준으로도 2인 가구가 고소
득층에 속하는 기준이기 때문이다. 10년 전 소득이 400만 원 이상이었
던 사람들은 40대가 9.5%, 50대는 17.5%나 됐다. 이는 곧 40대 중산층
의 9.5%와 50대 중산층의 17.5%는 계층 하락을 경험했을 가능성이 크다
는 의미다. 계층 상승보다 계층 하락이 보다 흔하게 이뤄지고 있음을 알
수 있다.

은퇴 후 근로소득 감소 등의 이유로 많은 사람들이 계층 하락을 경험
하는 것과 같은 특수한 상황을 제외하면, 평소에는 계층 상승이든 하락

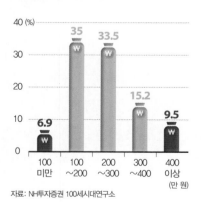

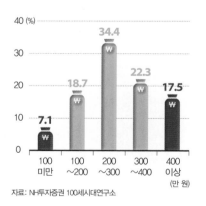

이든 계층 간 이동이 그리 활발하게 진행되지 않고 있다는 결론이 가능하다.

소득 차이 원인 - 수저론의 부상

그렇다면 계층 간 혹은 중산층 층위 간의 소득 차이는 왜 발생할까. 물론 한두 가지 이유로 이들 간의 소득 차이를 설명할 수는 없다. 거대한 사회 시스템 안에서 개인과 사회가 서로 영향을 주고받으며 형성된 차이기 때문에 어느 한 가지 이유로 이들 간의 소득 차이를 설명할 수는 없다. 사회의 구조적인 문제를 끌어들여야 비로소 제대로 된 설명이 가능하다.

물론 사회의 구조를 깊게 파지 않아도 소득 차이의 발생 원인으로 몇 가지를 합리적인 선에서 의심해 볼 수는 있다. 대표적인 것이 선천적인 영역에 해당하는 부모의 부富와 후천적인 영역에 해당하는 학력이다. 부모의 부가 클수록 자식의 부 역시 커질 가능성이 농후하고, 학력이 높을수록 소득 역시 높아질 것이란 합리적인 추론이 가능하다. 소위 '수저 계급론(이하 수저론)'은 실제 우리 사회에 엄연히 존재하는 현상이고, 학력 혹은 학벌에 따라 직장의 종류와 규모가 달라지는 '학력주의' 역시 분명히 존재하기 때문이다.

실제 이번 조사에서 수저론에 기반, 그리고 학력주의에 따라서 같은 중산층이라 해도 그들 간에 소득 차이가 발생함이 어느 정도 확인됐다.

수저론의 출발은 사실 수저론과는 정반대의 뜻을 지닌 '누군 태어날 때부터 금수저를 물고 태어나나?'라는 의문문에서 출발한다. '그렇지 않다'란 대답이 암묵적으로 이미 정해진, 그래서 태어나는 순간에는 너나 할 것 없이 모두가 평등하고 동일한 조건을 가지고 태어난다는 의미를 내포하고 있다. 어머니 배 속에 있다가 태어나는데 누구라서 금수저를 물고 태어나겠는가. 모든 사람은 평등하며 차별적이지 않고, 동일한 선상에서 인생을 시작한다는 매우 당연하고도 이상적인 가치를 담고 있는 말이다.

하지만 어느 순간부터 말의 뜻이 완전히 정반대로 변했다. 의문문이었던 것이 '누군 태어날 때부터 금수저를 물고 태어난다'라는 단정문으로 바뀌면서, 사람은 태어나는 순간부터 부모의 부나 사회적 지위에 따라 차별적이며 인생은 공평하지 않다는 '수저론'으로 변질된 것이다.

과거 '금수저를 물고 태어나는 사람은 없다'란 우리네 인식이 어느 순간부터는 '어떤 사람은 금수저를 물고 태어난다'로 완전히 바뀌었다. 개인의 노력을 중시하면서 비슷한 의미를 지녔던 '개천에서 용 난다'라는 과거 인식도 이제는 더 이상 '개천에서 용 안 난다'로 바뀐 지 오래다. 더 이상 개인의 힘만으로 용이 되는 시대는 갔다는 것이다.

추위와 눈으로 유명한 일본의 북부 지방에는 노천탕이 많아서 한겨울에도 많은 사람들이 옷을 벗고 야외에서 온천을 즐긴다. 우리 입장에서는 다소 생경한 광경이지만, 가만히 보면 낯선 풍경은 또 있다. 한 무리의 원숭이 떼도 사람과 같이 온천에 들어가 몸을 녹이고 있는 모습이다. 피식 웃음이 나기도 하고, 원숭이가 똑똑하네란 생각이 드는 순간 낯선 풍경은 눈에 또 들어온다. 온천에 들어가지 못하고 주변에서 바들바들 떨고만 있는 또 다른 무리의 원숭이가 있는 것이다. 수저론에 따르면 흙수저 원숭이들이다. 탕에 들어갈 수 있는 원숭

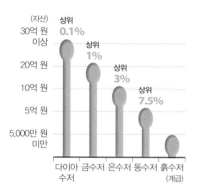

수저론 기준표

이는 소위 상류층의 지배계급과 그 새끼들에게만 국한되는 것이다. 같은 원숭이 새끼로 태어났지만 어떤 놈은 태어나자마자 탕에 들어갈 권리가 생기고 어떤 놈은 주변에서 벌벌 떨어야만 한다. 원숭이 같은 동물세계에서나 존재하는 것으로 여겼던 '수저론'이 우리 사회에서 보편적인 현상으로 공감을 얻고 있는 것이다.

빈부의 격차가 심화되고 부모가 지닌 부가 자식의 부로 되물림되면서 농담처럼 시작됐던 수저론이 이제는 자꾸만 불편한 진실로 다가온다.

수저론이 탄생할 만큼 사람들의 인식이 크게 바뀌었음은 이번 설문조사에서도 나타났다.

중산층에게 물었다. 고소득층은 왜 고소득층이 됐다고 생각하는가? '개인의 노력'과 '부모로부터 물려받은 부' 중에서 72.3%의 압도적인 중산층이 부모의 부 때문이라고 생각했다. 사람들이 이제 수저론을 우스

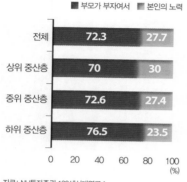

고소득층은 왜 고소득층이 됐을까?

■ 부모가 부자여서　■ 본인의 노력

	부모가 부자여서	본인의 노력
전체	72.3	27.7
상위 중산층	70	30
중위 중산층	72.6	27.4
하위 중산층	76.5	23.5

0　20　40　60　80　100
(%)

자료: NH투자증권 100세시대연구소

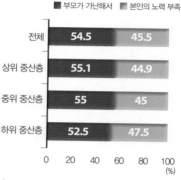

빈곤층은 왜 빈곤층이 됐을까?

■ 부모가 가난해서　■ 본인의 노력 부족

	부모가 가난해서	본인의 노력 부족
전체	54.5	45.5
상위 중산층	55.1	44.9
중위 중산층	55	45
하위 중산층	52.5	47.5

0　20　40　60　80　100
(%)

자료: NH투자증권 100세시대연구소

갯소리가 아닌 우리 사회에 분명히 존재하는 하나의 사회코드로 인식하고 있음을 알 수 있다.

중산층 내 층위 간에는 하위층일수록 부모의 부 때문에 고소득층이 부자가 됐다고 생각하는 비율이 조금씩이나마 높아지는 모습을 보였다. 소득이 적은 사람일수록 부의 축적 과정에서 부모의 부가 더 중요한 역할을 한다고 생각한 것이다. 수저론이 상대적으로 돈을 적게 버는 층에서 더 많은 지지를 받고 있는 것으로 해석될 수 있다.

'빈곤층은 왜 빈곤층이 됐다고 생각하는가?'라는 질문에도 수저론은 등장했다. '부모가 가난해서'라고 응답한 비율이 54.5%로 '본인의 노력 부족'을 꼽은 비율보다 높았다. 하지만 부자가 된 원인을 부모 탓으로 돌린 비율보다는 적었다. 사람들은 부든 가난이든 모두 부모의 영향이 크다고 생각하지만, 그래도 가난은 상대적으로 본인의 탓도 크다고 생각하고 있는 것이다. 부는 부모의 도움 없이는 쌓기 어렵다고 거의 확신하고 있는 듯하고, 가난은 부모와 자신의 탓 모두 있다고 생각하는 듯하다.

결국 층위 간 소득과 부의 차이는 상당 부분 부모로부터 발생한다고 생각하고 있는 셈이다.

소득 차이 원인 – 학력 學歷이 학력 學力인 시대

소득의 차이를 발생시키는 또 다른 원인은 학력이다. 학력은 본인의 후천적인 노력이 반영되는 요소인데, 이 노력의 정도에 따라 소득의 크기도 달라진다. 그 소득에 따라서 결국 계층도 결정된다.

실제 학력별 소득의 차이는 명확하다. 2015년 임금근로자의 월평균 임금총액은 274만 원이었다.[21] 중요한 것은 그 숫자가 아니라, 학력에 따른 임금의 차이가 명확하다는 점이다. 학력이 높아질수록 임금이 확실히 증가한다.

중졸 이하의 월 임금은 155만 원으로 전체 평균에 한참 미치지 못했고, 고졸의 임금 역시 212만 원으로 중졸보다는 많지만 전체 평균에는 미치지 못한다.

전문대를 졸업하면 전체 평균과 유사한 263만 원의 임금을 받는 것으로 나타났고, 일반대를 졸업하면서부터는 임금이 크게 뛰기 시작해 평균

---

21 고용노동부, 2015

을 훌쩍 넘긴다. 일반대졸의 임
금은 349만 원이었고, 대학원을
졸업한 사람들은 500만 원대에
달하는 고임금을 받고 있었다.

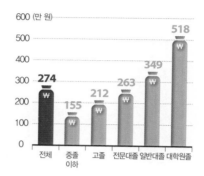

학력별 월 임금총액

자료: 고용노동부(2015), NH투자증권 100세시대연구소

학력學歷이 학력學力인 시대인
것이다. 본래 학력은 학교를 다
닌 경력에 불과한 것이었지만, 이
제는 그것이 소득 차이, 나아가
계층 차이를 만들어 내는 힘力이
되고 있는 것이다. 수저론에 이어 학력에 따라 사람을 차별하는 학력주
의學歷主意가 소득 차이를 확대시키고 있는 셈이다.

학력주의는 개인의 실력이나 능력, 노력보다는 그 사람의 형식적인 학
력을 보다 중시하는 관행이다. 학력주의는 우리 사회에서 수저론보다 훨
씬 오래됐고 뿌리가 깊다. 그래서 수저론보다 훨씬 더 공고하며 소득 차
이를 발생시키는 시스템도 보다 정교하게 작동하고 있다. 그렇다 보니 학
력주의란 것도 다양한 방식으로 분화해 있다. 학력주의는 수직적인 것
과 수평적인 것으로 나뉜다.

통상적인 학력주의는 초등학교에서부터 대학에 이르는 교육 과정별로
사람을 차별화하는 수직적인 학력주의를 뜻한다. 중졸보다는 고졸이 더
대우받고, 고졸보다는 대졸이 더 대우받는 것이다.

수직적인 학력주의에서 시작된 학력주의는 시간이 지나면서 수평적인

학력주의를 파생시켰다. 너도나도 고등학교에 진학하고 많은 사람들이 대학교를 졸업하면서 이제는 출신학교에 따라서도 서로 다른 가치를 부여하기 시작했다. 같은 고졸 혹은 대졸이라 하더라도 어느 학교를 나왔느냐에 따라서 사람을 차별적으로 대우하게 된 것이다. 소위 명문고, 일류대가 탄생했고, 이것이 학력주의의 작은 개념인 학벌주의學閥主義의 탄생이다.

부모로부터 받은 부의 크기와 본인의 노력에 따른 학력이 결합해 소득과 그에 따른 계층이 차별화되고 있는 셈이다.

결국 학력이 계층의 차이 만들어

학력에 따른 소득 차이는 다양한 수치를 통해 명확하게 드러나는 사실이다. 소득 차이에 이어 학력에 따른 계층 차이도 비교적 명확하다. 계층 구분의 기준이 소득인 점을 고려하면 매우 당연한 얘기다. 학력에서 소득, 소득에서 계층으로 이어지는 인과관계의 구조 속에서 학력이 직접적이지는 않지만 간접적으로 계층 형성에 영향을 미치고 있는 것이다.

'은퇴 후 어떤 계층이 될 것 같은가?'라는 물음을 통해 학력의 영향력을 분석해 봤다. 일단 전체적으로 보면 절반에 가까운 46.4%의 중산층이 은퇴하면 빈곤층이 될 것으로 예상했다. 앞서 중산층의 노후 예상 월 소득을 기준으로 도출한 이들의 노후 빈곤층 확률 37.5%와 다소 차이가 있다. 46.4%는 중산층이 노후에 빈곤층이 될 것으로 막연하게 예상한 수치고, 37.5%는 그들이 예상한 노후 월 소득을 기준으로 추론한 수치다. 후자가 좀 더 신뢰성이 가는 수치라 할 수 있지만, 결국 10명 중 4명 정도는 노후에 빈곤층이 될 것이라는 의미다. 즉 어떤 수치를 기준으로 하든 많은 중산층이 자신의 미래 모습을 다소 부정적으로 예측하고 있다는 사실은 변함이 없다.

그런데, 이 같은 예측도 학력에 따라 다른 모습을 보였다. 미래에 대한 계층 전망을 학력별로 세분화해서 보면 학력이 낮을수록 빈곤층이 될 것으로 전망한 비율이 높게 나타났고, 학력이 높을수록 빈곤층이 될 것으로 예측한 비율이 낮게 나타났다. 고졸 출신의 중산층 중 47.9%는 향후 자신이 빈곤층이 될 것으로 예상했지만, 대학원을 졸업한 중산층은 40.5%가 빈곤층이 될 것으로 예상했다. 자신의 학력을 의식한 상태에서 답한 것은 아니겠지만, 학력에 따른 차이가 사회 전체적으로 워낙 공고하다 보니 무의식적으로라도 학력을 바탕으로 한 현재의 위치가 자신의

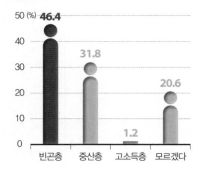

은퇴 후 나는 어떤 계층이 될 것 같은가?

자료: NH투자증권 100세시대연구소

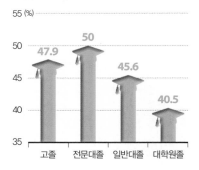

은퇴 후 빈곤층이 될 것으로 예상한 비율(학력별)

자료: NH투자증권 100세시대연구소

미래 전망에 영향을 주고 있는 것이다.

사실 미래에 대한 계층 전망은 말 그대로 전망이고 예상에 불과한 것이다. 실제로는 어떻게 될지 모르고, 자신의 노력 여하에 따라 얼마든지 달라질 수 있다. 하지만 이 같은 전망 속에도 학력에 따른 일정한 차이가 존재하는 것은 사람들이 학력에 따른 차이에 암묵적으로 동의하거나 이를 인정하고 있는 것으로 볼 수 있다.

학력별 미래의 계층 전망이 무질서하거나 일정한 패턴 없이 나타났다면, 학력은 계층 형성에 별 영향을 주지 않는 요소로 여기고 있는 것으로 해석할 수 있지만, 현실은 그렇지 않았다.

전망은 전망일 뿐이라고 애써 의미를 축소하려 해도 실제 현실의 계층도 사실 학력에 따라 차별화되고 있다. 중산층 층위별 학력의 구성을 보면 상위 계층일수록 일반대졸의 비율은 높고 고졸의 비율은 낮아지는 경향을 보였다. 거꾸로 하위층일수록 일반대졸의 비율은 줄고 고졸의 비율은 증가했다. 고졸이 차지하는 비율은 상위 중산층의 경우 15.6%의 소수에 불과했지만, 하위 중산층에서는 32.5%나 됐다. 반면 상위 중산층의 경우 일반대졸이 차지하는 비율은 61.7%나 됐지만, 하위 중산층에서 일반대졸의 비율은 45.5%로 절반에 미치지 못했다. 중산층의 53.8%가 일반대졸인데, 상위 중산층에서는 이 비율이 더 높게 나타난 것이다.

계층이 올라갈수록 학력 역시 같이 올라가는 경향을 뚜렷이 확인할 수 있고, 학력에 따라 소득이 차별화되고 있는 사회 현실을 고려하면 당연한 결과다.

중산층이 은퇴 후 미래를 부정적으로 보고 있는 데는 몇 가지 요인들이 있다. 가장 직접적이고 현실적인 이유는 앞서도 언급했었지만, 미래의 소득 규모를 매우 적게 예측하고 있다는 점이다. 미래에 대한 전망은 현실에 기반하고 있다는 점에서 현재의 노후준비가 매우 부실하다는 방증이다. 결국 현재 노후준비를 못 하고 있으니 미래의 계층 전망을 비관적으로 볼 수밖에 없는 것이다.

이유는 또 있다. 많은 중산층들이 자신은 중산층이 아니라고 생각하고 있는 점도 미래의 계층 전망을 어둡게 보는 이유다. 절반 이상의 중산층(56.5%)이 자신이 현재 중산층임에도 불구하고 자신은 중산층이 아니라 빈곤층이라고 생각하고 있다. 현재 빈곤층이라고 생각하는데 미래에 중산층 혹은 고소득층이 될 것으로 예상하는 건 어불성설이다.

중산층임에도 불구하고 자신을 빈곤층으로 여기고 있는 것은 우리나

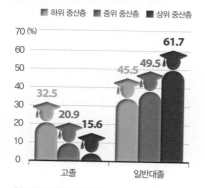

중산층 고졸과 일반대졸의 비율

■ 하위 중산층　■ 중위 중산층　■ 상위 중산층

70 (%)

61.7

45.5　49.5

32.5

20.9　15.6

고졸　　일반대졸

자료: NH투자증권 100세시대연구소

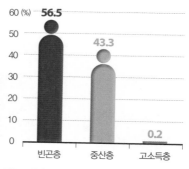

나는 현재 어떤 계층이라 생각하는가?

60 (%)　56.5

43.3

0.2

빈곤층　중산층　고소득층

자료: NH투자증권 100세시대연구소

라 사람들이 중산층의 기준을 과도하게 높게 잡고 있기 때문이다. 중산층의 적절한 소득기준을 묻는 질문에 64.9%의 사람들이 500만 원 이상이라고 응답했다. 사실 500만 원 정도의 소득은 3인 가구 기준으로 고소득층에 속할 수 있는 큰 금액이다. 많은 중산층들이 중산층의 기준을 높게 설정하고 있다 보니 자신은 중산층이 아니라 생각하고 있고, 이는 나아가 자신의 미래 계층 전망마저 어둡게 보는 이유가 되고 있다.

사실 학력은 쉽게 바꾸기 어렵다. 나이가 들어갈수록 더욱 그렇다. 젊은 시절의 학력이 평생 가는 경우가 많다. 그래서 학력에 따른 소득의 차이도 평생 가는 경우가 많다. 일종의 굴레인 셈이다. 그렇다고 학력 순서대로 계층이 결정되는 것은 아니다.

고졸의 30.2%는 하위 중산층이지만, 이보다 더 많은 39.1%는 중위 중산층이고, 심지어 30.7%는 상위 중산층이다. 같은 고졸이지만 70% 정도의 고졸이 중위 중산층 이상의 삶을 유지하고 있는 것이다. 학력의 차이는 있을지라도 얼마나 삶을 준비하고 마음을 다지느냐에 따라 계층은 얼마든지 바꿀 수 있다.

네스 호. 영국 스코틀랜드 지방에 있는 깊이가 300미터도 넘는 거대한 호수다. 호수 자체도 아름답지만, 이보다는 네시라는 괴물로 더 유명한 호수다. 네시라는 정체 불명의 동물은 여전히 확인된 바 없지만, 이를 믿는 사람도 있고 믿지 않는 사람도 있다. 영국 BBC방송이 이와 관련해 재밌는 실험을 했다. 호수 한가운데에 둥그런 통을 떠어놓고 이를 올렸다 내렸다를 반복하고 이곳을 찾은 관광객들에게 자신이 본 것을 그려보라고 했다. 둥그런 통은 멀리 떨어져 있었기 때문에 그것이 무엇인지는 정확히 알 수 없었다. 관광객이 그린 그림은 크게 두 부류였다. 네스 호의 괴물을 믿는 사람들은 네시의 머리를 그렸고, 이를 믿지 않는 사람들은 둥그런 통을 그렸다.

같은 물건을 보고 어떤 사람은 괴물의 머리를 그리고 어떤 사람은 그냥 통을 그린 것이다. 사람은 보는 것을 믿는 것이 아니라, 믿는 것을 본다는 사실을 증명한 실험이다. 마음속으로 믿는 것이어야 머리가 받아들이고, 이를 통해 행동이 나온다. 믿음의 옳고 그름을 떠나 이런 과정을 통해서 믿음은 더욱 공고히 되고, 행동 역시 이 믿음에 따라 더욱 분명해진다. 사람의 생각과 행동을 지배하는 것은 믿음이란 것이다.

믿음이 생각을 지배하고 생각은 행동을 지배한다. 믿음에 따라서는 자신의 처지와 상황, 굴레 등도 얼마든지 극복하고 바꿀 수 있다. 믿고 행동하면 바꿀 수 있다. 우리나라 직장인들 중 자산 관리 안 하고 있는 비율 38.6%,

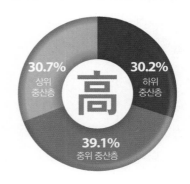

고졸은 주로 어느 층위에 속하는가?

30.7% 상위 중산층

30.2% 하위 중산층

39.1% 중위 중산층

高

자료: NH투자증권 100세시대연구소

노후준비를 안 하고 있는 비율 34.6%, 노후자금 목표금액을 생각해본 적 없다는 비율 22.8% 등은 모두 미래에 일어날 일을 믿지 않고 행동하지 않은 결과물이다.[22]

결국 노후준비든 인생을 대하는 방식이든 일단은 자신과 상황에 대한 믿음이 중요하다. 믿음을 바탕으로 행동하고 그것으로 현재가 바뀌면 자신의 미래에 대한 계층 전망도 좀 더 긍정적으로 바뀔 수 있다.

학력 외에도 계층 형성에 영향을 주는 요소는 또 있다. 혼인의 여부와 연령이 그것인데, 학력처럼 선행과 후행이 분명해서 명확한 인과관계에 있다고 규정할 수는 없지만, 상호 연관성은 꽤나 높은 요소들이다.

기혼과 미혼 중에서 계층 형성에 보다 긍정적인 영향을 주는 것은 기혼이다. 결혼을 하면 보다 상위 계층에 속할 가능성이 큰 것인데, 실제 하위 중산층에서 기혼자의 비율은 66.5%였지만, 중위 중산층과 상위 중산층을 거치면서 기혼자의 비율은 점차 증가해 상위 중산층에 이르면 이 비율이 82%까지 상승한다. 반면, 당연한 얘기겠지만 상위층으로 올라갈수록 미혼자의 비율은 떨어지는 추세를 보였다.

미혼이기 때문에 하층일 가능성이 높은 것인지, 하층이기 때문에 미혼일 가능성이 높은 것인지는 사실 명확하지 않다. 혼자 살면 소득과 지출이 아무래도 무계획적으로 이루어질 가능성이 크고, 그러다 보니 하

---

22 〈대한민국 직장인 보고서〉, NH투자증권 100세시대연구소, 2016

층으로 떨어진 것일 수도 있고, 소득이 낮다 보니 결혼 자체가 어려울 수도 있는 문제이기 때문이다. 혼인 여부와 소득의 규모가 서로에게 동시에 영향을 주면서 이 같은 상관성을 갖게 된 것으로 보는 것이 타당해 보인다.

연령도 계층 구성에 영향을 준다. 30대의 층위별 구성 비율을 보면 중위 중산층이 43.1%로 가장 많다. 반면, 40대와 50대는 상위 중산층의 비율이 가장 많고, 40대보다는 50대가 상위 중산층의 비율이 더 높다. 비율대로만 보면 30대는 중위 중산층일 가능성이 가장 높고, 40대는 중위 중산층 아니면 상위 중산층, 50대는 상위 중산층일 가능성이 크다.

사실 연령도 혼인 여부처럼 계층과 명확한 선행관계를 규정하기는 쉽지 않다. 그래도 혼인 여부보다는 더욱 선명한 선행관계를 추론할 수 있다. 소득이라는 것이 시간이 쌓이면서 형성되는 경력과 무관할 수 없기

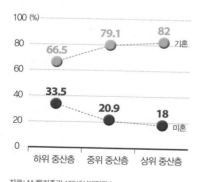

중산층의 기혼자와 미혼자 비율

자료: NH투자증권 100세시대연구소

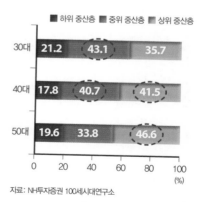

각 연령대의 층위 구성 비율

자료: NH투자증권 100세시대연구소

때문에 아무래도 나이가 들수록 소득 역시 증가하기 마련이다. 이 같은 점을 고려하면 연령이 계층 형성에 영향을 주고 있다고 봐도 무방하다.

소득이 아니라 시간이 축적돼야 쌓을 수 있는 자산을 중산층의 기준으로 삼았다면 연령과 계층 간의 인과관계는 훨씬 더 분명하게 나타났을 것이다.

소득의 차이는 '부모'와 '학력'에서 비롯

중산층은 우리 주변의 보통 사람들이다. 특별히 많은 소득을 올리는 사람들도 아니고, 지극히 평범한 사람들이 중산층이다. 중산층의 기준을 너무 높게 잡을 필요도 없고, 그래서 본인이 중산층이 아니라고 생각할 것도 없다.

하지만 중산층을 비롯해 계층을 가르는 기준인 소득이 본인의 의지로 어지간해서는 바뀌지 않는 현실은 씁쓸하다. 딱히 인정하고 싶지는 않지만, 우리의 소득 차이는 상당 부분 '부모'와 '학력' 때문이다.

부모의 부와 지위가 자식의 부로 이어지면서 태어날 때부터 출발선이 다르다고 여기는 '수저론'이 현실에서도 사람들의 머릿속에 엄연히 존재한다. 능력이 아닌 학력에 따라 소득이, 나아가 계층이 차별화되고 있는 학력주의는 수저론보다 훨씬 더 명확한 사실이다. 이번 설문결과만 놓고 본다면 수저론과 학력주의가 우리 사회의 계층을 형성하고 이를 공고히 하는 핵심 요인인 셈이다.

수저론과 학력주의가 우리 사회에 워낙 견고하게 자리를 잡고 있다 보니, 계층 간 이동이 활발하지도 않고 또 활발할 것으로 보이지도 않는다. 근로소득이 사라지는 은퇴 후 노후가 되면 계층 간 하락이동만이 활발하게 진행되고 있을 뿐이다.

현 중산층 10명 중 최대 6명은 은퇴 후 빈곤층이 될 가능성이 있고, 현 고소득층 10명 중 6명 이상은 은퇴 후 중산층, 2명은 빈곤층으로 하락할 가능성이 크다. 빈곤층 10명 중 9명 이상은 노후에도 그냥 빈곤층으로 남아 있어 노후에 계층 상승을 경험하는 사람은 지극히 제한적일 가능성이 크다.

경제활동을 완전히 그만두는, 그래서 이전보다 소득이 크게 줄어드는 은퇴 후라는 점이 전제되긴 했지만, 노후에 중산층을 포함해 우리들 대부분이 계층 하락을 경험할 수 있다는 얘기다. 노후준비에 대한 체계적인 계획과 그 계획의 철저한 실천만이 계층 하락을 막을 수 있다.

계층을 형성하는 데는 결혼의 여부나 연령도 어느 정도 영향을 미치지만, 이는 선행과 후행이 명확하지 않은 요소들이다. 결혼을 했기 때문에 중산층이 될 수 있었던 것인지, 중산층이기 때문에 결혼을 할 수 있었던 것인지 확실하지 않다는 얘기다. 서로가 서로에게 영향을 미치는 관계로 보는 것이 타당하다. 다만 연령은 나이 들수록 중산층 혹은 고소득층이 될 가능성이 크다는 점에서 연령이 계층 형성보다 선행한다고 보는 것이 타당하다.

중산층
트렌드
2017

중산충
트렌드
2017

PART
02

차별적인, 그러나 저렴한
(중산층 일상)

MIDDLE-CLASS
TREND
2017

Summary 💬

● **수면시간: 돈 많으면 잠도 더 잔다**
  - 중산층의 하루 평균 수면시간 6시간 24분, 소득이 많을수록 수면시간도 길어
  - 평균 수면시간: 빈곤층(6.2시간) < 중산층(6.4시간) < 고소득층(6.5시간)
  - 빈곤층일수록 더 많은 시간을 소득활동에 투여하기 때문으로 판단

● **아침식사: 돈 없으면 아침도 굶는다**
  - 빈곤층과 중산층, 고소득층의 아침식사 거르는 비율은 각각 39.5%, 30%, 26.8%
  - 빈곤층일수록 근로시간이 불규칙한 점이 반영된 것으로 보임
  - 연령대가 높아질수록, 가구 인원이 많아질수록 아침을 챙겨 먹는 비율도 증가

● **점심식사: 학력이 높으면 더 비싼 점심 먹는다**
  - 평균 점심식사 비용: 고졸(5,900원) < 전문대졸(6,000원) < 일반대졸(6,300원)
  - 학력 차이가 소득 차이와 직결되는 사회 현실을 감안할 경우 당연한 결과
  - 실제 빈곤층과 중산층, 고소득층의 평균 점심식사 비용은 각각 5,700원, 6,200원, 6,500원

● **교통수단: 빈곤층은 뚜벅이다**
  - 출퇴근 시 대중교통(자전거)을 이용하거나 걷는 비율이 빈곤층은 74.3%로 중산층(63.1%), 고소득층(55.1%)에 비해 높음
  - 대중교통 이용률: 여자(60.4%) > 남자(46.2%), 미혼(67.4%) > 기혼(49.2%)

● **저녁시간: 빈곤층은 저녁 있는 삶도 어렵다**
  - 평균 저녁시간: 빈곤층(1.7시간) < 중산층(1.9시간) < 고소득층(2.3시간)

● **스마트폰 사용시간: 소득보다는 성별, 연령, 결혼 여부 등 생활방식의 차이와 관련성 높다**
  - 하루 평균 스마트폰 사용시간: 30대(174분) > 40대(144분) > 50대(116분)
  - 하루 평균 스마트폰 사용시간: 여자(153분) > 남자(137분), 미혼(156분) > 기혼(142분)

● **돈 vs 건강: 빈곤층의 1인 가구 30대 남성이 건강보다 돈을 가장 중요하게 생각한다**
  - 100세시대에 가장 필요한 것으로 소득이 적은 빈곤층일수록 건강보다는 돈을 선택
  - 돈 선택 비율: 남자(40.4%) > 여자(37.7%), 미혼(45.4%) > 기혼(37.2%)

돈 많으면 잠도 더 잔다

중산층의 하루

6시간 24분을 자고 일어나, 아침은 안 먹거나 밥으로 간단히 해결하고 대중교통을 이용해 출근한다. 6,200원짜리 점심을 먹고 하루 일을 마치면 저녁에는 가족이나 친구와 1시간 57분을 보낸 후 잠자리에 든다.

중산층의 특성 요인과 일상과의 상관성

구분	전체 평균	성별	연령	결혼	학력	가구 인원수	소득
수면시간	6.4시간						⊕
아침 먹음	70%		⊕	○		⊕	⊕
점심비용	6,200원				⊕		⊕
자가용 이용률	37%	○		○	⊕		⊕
저녁시간	1.9시간	○					⊕
스마트폰 사용시간	145분	○	⊖	○		⊖	
돈 > 건강	39%	○	⊖	○	⊖	⊖	⊖

자료: NH투자증권 100세시대연구소
⊕ 정비례 관계가 있음 | ⊖ 반비례 관계가 있음 | ○ 관계가 있음

이번 조사를 통해 드러난 중산층의 평균적인 하루 모습이다. 이들의 하루는 성별, 연령, 학력, 가구 인원수, 소득 등의 일반적인 특성과 상당한 상관성을 지녔지만, 그 모습은 조금씩 달랐다. 이 중 일상의 차이를 만들어 내는 가장 큰 특성 요인은 학력과 소득이었다. 특히 소득은 일상의 거의 모든 영역에 영향을 미치고 있었다.

소득이 일상의 모습을 결정한다

중산층 내 각 개인 간 일상의 차이를 만들어 내는 가장 강력한 요소는 소득이었다. 비단 중산층뿐만 아니라 전 계층을 조사하더라도 일상의 차이를 만들어 내는 가장 강력한 요소는 소득으로 나타날 것이 분명하다.

우리의 일상이란 것은 사실 '소비의 연속'이다. 아침에 눈을 뜨면서부터 저녁에 잠들기까지 어떻게, 얼마나, 어디에 소비하느냐가 결국 일상의 모습이 된다. 소득이 많고 적음에 따라 일상의 모습이 달라질 수밖에 없고, 그래서 소득이 모든 특성에 앞서 우리 일상에 가장 강력한 영향력을 가질 수밖에 없는 구조다.

이번 조사에서 소득은 수면시간과 아침을 먹는 비율, 점심식사 비용, 자가용 이용률 등과 정비례 관계에 있었다. 반면 소득은 건강보다 돈을 중시하는 비율과는 반비례 관계를 가지고 있었다. 소득과 각 일상들이 갖는 관계의 방향성은 곰곰이 생각해 보면 매우 당연하다.

소득이 많을수록 식사를 챙겨 먹거나 식사에 더 많은 비용을 지출할 것이라든가, 자가용을 더 많이 이용할 것이라는 예상은 합리적이며 당연한 추론이다. 설문에도 그 같은 관련성이 그대로 나타난 것뿐이다. 소득이 많을수록 수면시간도 조금씩 늘어나는 추세를 보인 점은 다소 흥미롭다. 소득이 많은 사람의 일하는 시간이 상대적으로 적고 더 여유가 많기 때문으로 보인다.

소득 다음으로 일상에 큰 영향력을 가진 것은 학력이다. 소득만큼은 아니었지만, 학력 역시 개인 간 일상의 차이를 크게 벌려 놓고 있었다. 사실 앞서 개인 간 일상의 차이를 발생시키는 가장 큰 요인이 소득이라 했지만, 이 소득의 차이를 발생시키는 가장 강력한 요인이 학력이라는 점을 고려할 때 어떻게 보면 소득과 학력은 한 가지 특성 요인이라 할 수도 있다. 그래서 소득 다음으로 학력의 영향력이 큰 것도 어쩌면 매우 당연한 결과다.

학력은 소득과 마찬가지로 식사와 관련된 부분이나 자가용 이용률과 정비례 관계에 있었다. 다만, 수면시간과는 뚜렷한 관련성이 나타나지 않았다. 학력은 또 소득과 마찬가지로 건강보다는 돈을 중시하는 비율과 반비례하는 관계를 가지고 있었다. 즉 학력이 높을수록 돈을 중시하는 비율이 낮았다.

연령과 가구의 인원수도 일상의 많은 영역에 영향을 주고 있었다. 연령은 아침을 챙겨 먹는 비율과 정비례 관계에 있었고, 건강보다 돈이 더 중요하다고 응답한 비율과는 반비례하는 관계를 형성했다. 가구의 인원수도 연령과 동일한 특성을 보였다. 즉 가구의 인원수가 많을수록 더 많이 아침을 챙겨 먹고 있었고, 돈보다 건강을 더 중시했다.

그 밖에 성별과 결혼 여부에 따라서도 일상에 조금씩 차이가 발생했지만, 이들 특성 요인은 일상과 정비례 관계에 있다거나 반비례 관계에 있다는 식의 해석을 할 수는 없다. 그저 관련성이 있다, 없다는 식 정도의 분석이 가능할 뿐이다.

성별은 건강보다 돈을 선택하는 비율이나 저녁시간의 양과 상당한 관련성을 가지고 있었고, 결혼의 여부는 아침식사 비율, 자가용 이용률 등과 높은 상관성을 보였다. 남자는 건강보다 돈을 더 많이 선택했고, 여자에 비해 저녁시간이 짧았다. 기혼자는 미혼자에 비해 더 아침을 챙겨 먹고, 더 많이 자가용을 이용하는 것으로 나타났다.

돈 많으면 잠도 많이 잔다

중산층의 평균 수면시간은 6.4시간(6시간 24분)인 것으로 나타났다. 지난해 조사에서 나왔던 수치 6.7시간(6시간 42분)보다 대략 20여분 정도 적다.[1] 같은 중산층이긴 하지만 지난해와 설문 대상이 다른 데다, 이번에는 지난해와 달리 1인 가구를 조사 대상에 포함시킨 것이 이 같은 차이를 만들어 낸 것으로 보인다. 1년 사이에 중산층이 잠을 줄였다고 해석하는

---

1   〈2016 대한민국 중산층 보고서〉, NH투자증권 100세시대연구소

것은 무리가 있어 보인다. 잠은 생활에 필수불가결한 요소여서 짧은 기간에 어떤 추세를 가지고 계속 증가하거나 감소할 수 있는 성질의 것이 아니기 때문이다.

수면시간대별 분포를 보면, 6~7시간 정도를 자는 사람이 43.8%로 가장 많았다. 중산층의 절반 정도가 6시간대의 잠을 자고 있는 것이다. 다음으로는 5~6시간 사이의 잠을 잔다는 사람이 25.4%를 차지해 두 번째로 많았고, 7~8시간 잔다는 사람(20.4%)이 뒤를 이었다. 5시간 이하의 아주 적은 수준의 잠을 잔다는 사람(6.9%)과 8시간 이상의 많은 잠을 잔다는 사람(3.5%)은 소수에 불과했다.

사실 잠은 앞서 언급했던 것처럼 생존과 직결된 문제기 때문에 성별, 연령, 학력 등과 같은 일반적인 특성 요인과 뚜렷한 관련성을 갖기 어렵다. 특성과 상관없이 누구나 일정 수준의 잠은 꼭 자야 하기 때문이다.

중산층의 수면시간 분포

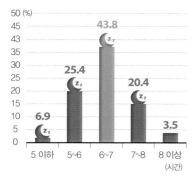

자료: NH투자증권 100세시대연구소

계층별 평균 수면시간

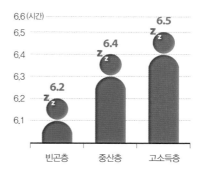

자료: NH투자증권 100세시대연구소

실제 이번 조사에서도 수면시간의 양은 대부분의 특성 요인과 큰 관련성이 없는 것으로 나타났다. 다만 수면시간은 다른 특성과 달리 소득과는 비교적 뚜렷한 상관성을 가지고 있어 눈에 띄었다.

수면시간과 소득은 정비례의 상관관계를 보였다. 소득이 많아질수록 잠자는 시간이 늘어나는 추세를 보인 것인데, 중위소득의 50%를 벌지 못하는 빈곤층의 평균 수면시간은 6.2시간이었지만, 중산층은 6.4시간, 고소득층은 6.5시간으로 나타났다. 소득이 적은 빈곤층이 각종 생산이나 소득활동 등에 상대적으로 더 많은 시간을 할애하려는 경향이 있고, 이 같은 경향은 수면시간이 줄어드는 결과를 발생시킨 것으로 추측된다. 물론 이들 간 절대적인 수면시간의 차이는 10~20분 정도에 불과하지만, 소득과 수면시간이 추세를 갖고 움직인다는 것이 의미있는 대목이다.

빈곤층은 돈이 없어 아침을 굶나?

중산층이 아침을 먹느냐, 안 먹느냐는 다양한 특성 요인에 의해 영향을 받고 있었다.

먼저 소득은 아침식사 여부에도 영향을 주고 있었다. 소득이 적을수록 아침을 안 먹고, 소득이 많아질수록 아침을 더 챙겨 먹는 것으로 나타났다. 소득과 아침식사 여부에 꽤나 뚜렷한 관련성이 확인된 셈이다.

빈곤층의 아침을 거르는 비율이 상대적으로 높은 것은 여러 해석이 가능하다. 일단 소득이 적어서 아침을 먹을 돈이 없다거나, 돈을 아끼려 일부러 안 먹는다거나 하는 식의 해석은 상당히 조심스럽다. 여기서 빈곤층은 상대적인 빈곤층이지 절대적인 빈곤층을 의미하는 것이 아니어서 이들이 아침을 못 챙겨 먹을 정도로 돈이 없을 거라는 해석은 위험하기 때문이다. 우리나라가 돈이 없어 밥을 굶을 정도로 가난한 나라가 아니란 얘

계층별 아침식사 거르는 비율

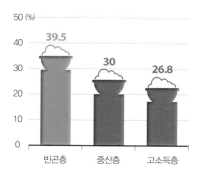

자료: NH투자증권 100세시대연구소

기다. 물론 일정 부분 영향을 무시할 수는 없지만, 다른 영향과 복합적으로 해석해야 한다.

아침식사를 거르는 빈곤층이 많은 요인으로는 이들의 근로시간이 규

연령별 아침식사 비율

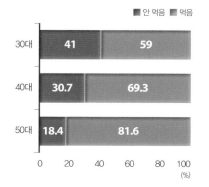

자료: NH투자증권 100세시대연구소

가구인원수별 아침식사 비율

자료: NH투자증권 100세시대연구소

칙적이지 않거나, 규칙적이더라도 출근이 매우 일찍 혹은 매우 늦을 가능성이 상대적으로 크기 때문일 수 있다. 근로시간이 불규칙하거나, 출근이 너무 이르거나 늦을 경우 아침식사를 챙겨 먹는 비율은 상대적으로 떨어질 수밖에 없다.

아침식사 여부는 연령이나 결혼 여부, 가구 인원수와도 상관성이 있었다. 연령이 높아질수록, 가구 인원이 많아질수록 아침을 먹는 비율이 증가했고, 미혼인 사람(56.8%)보다는 결혼한 사람(73.7%)이 훨씬 더 많이 아침을 챙겨 먹고 있었다. 결혼 안 하고 혼자 사는 젊은 사람일수록 아침을 거를 것이란 일반적인 사회통념과 상당 부분 일치하는 설문 결과다.

학력이 높으면 더 비싼 점심 먹는다

아침식사 여부에 이어 점심식사 비용도 소득과 뚜렷한 상관성을 보였다. 점심식사 비용으로 지출하는 비용을 계산해보니, 역시 소득이 많은 사람일수록 더 많은 비용을 지출하고 있었다.

당연한 얘기지만 소득은 고소득층이 가장 많고 중산층, 빈곤층으로 갈수록 적어진다. 중산층은 다시 상위 중산층에서 중위 중산층, 하위 중산층으로 갈수록 소득이 적어진다. 결국 고소득층, 상위 중산층, 중위 중산층, 하위 중산층, 빈곤층이 소득의 순서인 셈인데, 이들의 평균 점심식사 비용도 각각 6,500원, 6,400원, 6,100원, 5,800원, 5,700원으로 나타나 소득 순서와 똑같이 나타났다. 소득의 크기에 따라 점심식사 비용

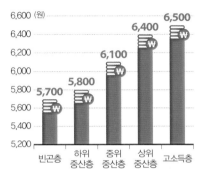

계층별 점심식사 비용

6,600 (원)
6,500
6,400
6,100
5,700 5,800

빈곤층 | 하위 중산층 | 중위 중산층 | 상위 중산층 | 고소득층

자료: NH투자증권 100세시대연구소

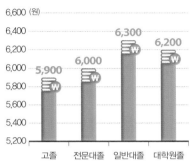

학력별 점심식사 비용

6,600 (원)
6,300
6,200
6,000
5,900

고졸 | 전문대졸 | 일반대졸 | 대학원졸

자료: NH투자증권 100세시대연구소

이 확실히 차별화되고 있음을 알 수 있다.

앞서 아침식사 여부와 소득 간의 관계를 분석하는 데 있어서는 그들 간의 직접적인 영향관계를 찾기보다는 생활패턴에 따른 간접적인 영향을 분석해야 하는 등 상당히 조심스러운 해석이 필요했다. 하지만 소득과 점심식사 비용의 관계는 보다 직접적이고 직설적인 해석이 가능하다. 즉 소득이 많기 때문에 점심식사 비용도 더 많이 지출한다는 당연한 추론이 가능하기 때문이다. 소득과 아침식사 여부는 직·간접적인 영향을 두루 고려해야 했던 것과 달리, 소득과 점심식사 비용 간의 관계는 직접적인 영향을 고려하는 것만으로도 충분하다는 얘기다. 비용은 곧 돈이니 당연한 결론이다.

점심식사 비용은 학력과도 높은 상관성을 보였다. 학력이 높아질수록 점심값도 대체로 증가하는 경향을 보인 것이다. 고졸 중산층의 점심식사 비용이 5,900원으로 유일하게 5,000원대를 기록한 것과 달리, 전문대와 일반대를 졸업한 중산층의 점심식사 비용은 각각 6,000원과 6,300원으로 나타나 학력이 올라갈수록 점심값도 올라갔다. 다만 대학원을 졸업한 중산층의 경우 점심값이 6,200원으로 나타나 일반대를 졸업한 중산층에 비해 조금 적었다. 일반대를 졸업한 중산층과 대학원을 졸업한 중산층 사이에서는 점심식사 비용 같은 아주 일상적이고 사소한 생활 영역에서의 차이는 크지 않을 수 있음을 시사한다.

그 외 점심식사 비용은 성별이나, 연령, 결혼 여부, 가구 인원수와는 별 관련성이 없었다. 비용이다 보니 소득적인 요소와 큰 관련성을 가질 수밖에 없는 것으로 보인다.

빈곤층은 뚜벅이다

중산층의 절반 이상은 출퇴근 시 대중교통을 이용하는 것으로 나타났다. 출퇴근 시 대중교통을 이용한다는 비율이 53.3%로 가장 높았고, 자가용을 이용한다는 비율은 37%, 걷거나 자전거를 이용한다는 비율은 9.8%를 기록했다.

2015년 조사에서는 자가용을 이용한다는 사람(44%)이 대중교통을 이용한다는 사람(43.2%)보다 근소하게나마 더 많았다. 1년 사이에 대중교통을 이용한다는 사람이 43.2%에서 53.3%로 크게 증가한 것인데, 사실 여기에 큰 의미를 두기에는 힘들어 보인다. 그 사이에 우리나라 대중교통

체계가 획기적으로 변한 것도 아닐뿐더러, 자가용을 이용하던 사람이 갑자기 자가용을 포기하고 대중교통을 이용하기도 쉽지 않기 때문이다. 설문대상의 차이로 보는 것이 타당해 보인다.

다만, 2015년 조사 때와 달리 1인 가구가 포함되면서 이들의 특성이 일부 반영된 결과일 수는

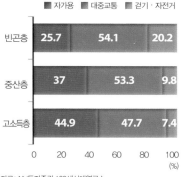

소득계층별 출퇴근 시 교통수단

■ 자가용 ■ 대중교통 ■ 걷기 · 자전거

	자가용	대중교통	걷기·자전거
빈곤층	25.7	54.1	20.2
중산층	37	53.3	9.8
고소득층	44.9	47.7	7.4

자료: NH투자증권 100세시대연구소

있다. 아무래도 혼자 사는 가구가 자산도 적고 이에 따라 자동차 보유율이 떨어질 가능성이 크기 때문이다. 하지만, 이번 조사에서 1인 가구가 전체의 6.8%에 지나지 않는 소수인 데다, 이들 모두가 대중교통을 이용한다고 응답한 것도 아니어서 1인 가구의 포함이 대중교통 이용률 상승에 크게 기여했다고 판단하기에는 힘들어 보인다.

한편 교통수단을 이용하는 데 있어서도 소득에 따른 차이가 뚜렷했다. 소득수준이 올라갈수록 자가용을 이용하는 비율이 증가하는 대신 대중교통을 이용하는 비율은 감소했다. 빈곤층 중에서 출퇴근 시 자가용을 이용한다는 비율은 25.7%에 그쳤지만, 고소득층은 44.9%나 됐다. 또 빈곤층 가운데는 출퇴근 시 걷거나 자전거를 이용한다는 비율이 20.2%나 됐다. 빈곤층의 경우 타 계층에 비해 집 근처 가까운 곳에서 아르바이트 같은 비정규직으로 근무하는 경우가 많거나, 직장이 멀면 자전

거나 대중교통을 더 많이 이용하고 있다는 얘기다.

이용하는 교통수단에는 소득 외에도 성별과 결혼 여부, 학력 특성도 영향을 주고 있었다.

남자의 경우 자가용을 이용하는 비율(45%)과 대중교통을 이용하는 비율(46.2%)이 거의 비슷한 것과 달리 여자의 경우는 대중교통을 이용하는 비율(60.4%)이 자가용을 이용하는 비율(28.9%)의 두 배도 넘었다. 자가용을 이용할 경우 운전을 해야 하는데, 남성 운전자에 비해 여성 운전자의 비율이 적은 데다, 성별에 따른 소득의 차이가 자가용 소유 여부에 영향을 준 결과로 보인다. 실제 2015년 기준으로 남성의 월평균 임금총액은 321만 원이었지만, 여성은 211만 원으로 100만 원 이상 차이가 나기 때문이다.[2]

결혼 여부에 따른 차이도 명확했는데, 기혼자(40.9%)가 미혼자(23.3%)에 비해 훨씬 더 많이 자가용을 이용하고 있었고, 미혼자는 70%에 가까운 사람들이 대중교통을 이용하고 있었다. 아무래도 수천 만 원의 목돈이 필요한 자가용은 미혼자보다는 기혼자가 더 많이 보유하고 있을 가능성이 높기 때문으로 보인다.

자가용을 구입하기 위해서는 일정 시간의 자산 축적 기간이 필요하다. 통상적으로는 미혼자보다는 기혼자의 나이가 더 많고, 더 많은 나이는 곧 더 많은 자산으로 이어질 가능성이 높다. 미혼자보다 기혼자가 더

---

2 〈고용형태별 근로실태 조사〉, 고용노동부, 2015

성별과 결혼 여부에 따른 출퇴근 교통수단

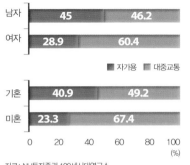

자료: NH투자증권 100세시대연구소

학력별 출퇴근 교통수단

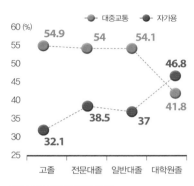

자료: NH투자증권 100세시대연구소

많이 자가용을 이용하는 것은 자산 축적 기간을 고려할 경우 당연한 결과다.

학력에 따라서도 이용하는 교통수단에 큰 차이를 보였다. 학력이 높아질수록 자가용을 이용하는 비율이 추세적으로 높아진 반면, 대중교통을 이용하는 비율은 감소하는 모습을 보였다. 특히 대학원을 졸업한 경우에는 유일하게 자가용을 이용하는 사람이 대중교통을 이용하는 사람보다 더 많았다. 고등학교나 전문대, 일반대를 졸업한 중산층은 자가용을 이용한다는 비율이 30%대였지만, 대학원을 졸업한 중산층은 유일하게 40%대를 기록했다.

학력의 차이는 곧 소득의 차이를 만들어 내고 소득의 차이는 다시 자가용 보유 여부나 활용 빈도에 영향을 미치면서 이용하는 교통수단에도 차이가 발생한 것으로 추측된다.

자가용 이용비율은 연령과는 상관성이 떨어졌다. 통상적으로는 연령이 높아질수록 자가용 이용비율도 높아질 것이란 생각이 드는데, 실제로는 차이가 딱히 크지 않았다. 출퇴근 시 자가용을 이용하는 30대는 32.7%였고, 40대와 50대는 각각 39.8%와 38.3%로 나타나 연령에 따라 자가용 이용비율이 추세적으로 높아지고 있다고 판단하기가 어려웠다.

빈곤층은 '저녁 있는 삶'도 어렵다

아침에 부랴부랴 일어나 정신 없이 출근해서 하루 업무를 마치면, 그제서야 겨우 자신만의 시간이 주어진다. 사실 시간은 하루에 24시간씩 누구에게나 공평하게 주어지지만, 마음대로 사용할 수 있는 시간은 별로 없다. 소위 '저녁 있는 삶'이 화두가 될 정도로 하루 일과를 모두 마치고 자신만의 온전한 시간을 갖는 것이 말처럼 쉽지 않기 때문이다. 생존을 위해서 꼭 필요한 잠자는 시간, 생활하기 위해서 꼭 필요한 업무시간 등을 빼고 나면 정작 자신을 위해 사용할 수 있는 저녁시간은 겨우 몇 시간에 불과하다.

그 저녁시간마저 소득에 따라

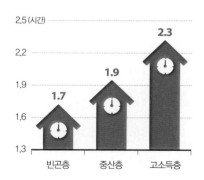

소득계층별 저녁시간

2.5 (시간)

빈곤층 1.7
중산층 1.9
고소득층 2.3

자료: NH투자증권 100세시대연구소

학력별 저녁시간

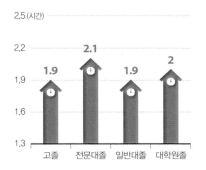

자료: NH투자증권 100세시대연구소

성별 저녁시간 분포

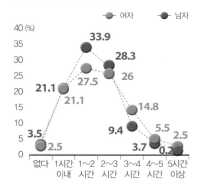

자료: NH투자증권 100세시대연구소

차별적이다. 빈곤층은 업무를 마친 이후 가족과 보내거나 친구를 만나는 등 사적으로 활용할 수 있는 시간이 1.7시간(1시간 42분)에 불과했지만, 고소득층은 2.3시간(2시간 18분)이나 됐다. 중산층은 1.9시간(1시간 54분)으로 빈곤층과 고소득층의 중간에 위치했다.

소득이 많을수록 저녁시간도 더 많은 셈인데, 앞서 살펴봤던 수면시간과 궤를 같이하는 결과로 보인다. 즉 빈곤층이 잠을 덜 자도 괜찮은 특별한 유전자를 가진 사람들이 아닌 한, 그들은 소득이 적다 보니 수면과 저녁시간을 줄여서라도 더 많이 소득활동에 종사하기 때문으로 판단할 수밖에 없다.

특이한 점은 지금까지 설문 결과들의 경우 소득과 관련성이 높으면 통상 학력과도 상당한 관련성을 가지는 것이 보통이었지만, 저녁시간과 관련한 설문은 그렇지 않았다. 학력과 저녁시간 사이에 이렇다 할 관련성이 눈에 띄지 않았다. 학력은 저녁시간의 많고 적음에 별 영향을 주는 요소가 아닌 것으로 보인다. 대신 성별에 따라서는 비교적 큰 차이를 보였다. 여자들의 저녁시간 평균이 2.1시간(2시간 6분)이었던 것과 달리 남자들의 저녁시간은 1.8시간(1시간 48분)으로 2시간이 안 됐다. 가정을 좀 더 돌보려는 여성의 성별 특징이 반영된 결과로 보인다.

30대 미혼 여성, 스마트폰 가장 많이 이용

일상에서 발생하는 많은 차이들이 소득과 직결됐지만, 스마트폰의 사용시간만큼은 소득과 별 관련성이 없었다. 스마트폰 사용시간은 오히려 연령과 성별, 결혼 여부, 가족 인원수 같은 생활방식이 각기 다를 것으로 추측되는 요소들과 관련성이 높았다.

스마트폰 사용시간과 관련성이 가장 명확하게 드러나는 요소는 연령이었다. 연령에 따라서 추세적이면서도 뚜렷한 차이를 보였는데, 젊을수록 스마트폰 사용시간이 길었다.

30대의 하루 평균 스마트폰 사용시간은 3시간에 가까운 174분에 달했지만, 50대는 2시간이 안 되는 116분에 불과했다. 40대는 그 중간인 144분이었다. 젊을수록 카카오톡 등 사회관계망서비스(SNS)를 더 많이 이용하고, 각종 어플리케이션 활용 빈도도 높기 때문으로 보인다. 여기에 나이가 많을수록 가족 인원수도 자연스레 많아질 가능성이 높은데, 나이가 들고 가족 인원수가 늘어나면서 이들과의 관계 형성에 좀 더 많

은 시간을 들이는 점도 반영된
것으로 보인다.

실제 가족 인원수가 늘어날수
록 스마트폰 사용시간은 줄어드
는 것으로 나타났다. 가족 인원수
가 2명일 때 스마트폰 사용시간
이 160분으로 가장 많았고, 이후
가족 인원수가 늘어날 때마다 사
용시간은 줄어들었다. 특이한 점

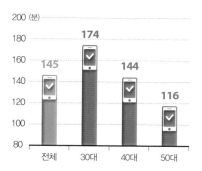

연령별 하루 스마트폰 사용시간

자료: NH투자증권 100세시대연구소

은 1인 가구였다. 혼자 사는 사람의 스마트폰 사용시간은 142분이었는
데, 이는 2인이나 3인 가구보다 적은 수준이었다. 혼자 살기 때문에 스마
트폰을 보고 있기보다는 좀 더 자유롭게 외부활동을 하면서 자연스럽게
스마트폰 사용시간이 줄어든 것으로 보인다.

여자가 남자보다, 미혼이 기혼보다 더 많이 쓰는 등 성별과 혼인 여부
에 따라서도 비교적 뚜렷한 차이를 보였다. 여자는 남자보다 16분 많은
153분을 스마트폰 사용에 쓰고 있었고, 미혼은 기혼보다 14분 많은 156분
을 스마트폰 사용에 할애하고 있었다.

미혼이 기혼에 비해 대체로 여유시간이 많은 점이 결혼 여부에 따른
스마트폰 사용시간의 차이를 만들어 낸 것으로 보이고, 전업주부의 영
향 등으로 여자가 남자보다 집에 머물며 여유 있는 시간을 보내는 경우
가 많고, 카카오톡 등 SNS 활용에도 보다 적극적인 점이 성별에 따른

가족 인원수에 따른 스마트폰 사용시간

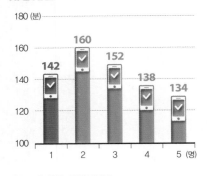

자료: NH투자증권 100세시대연구소

성별 및 혼인 여부에 따른 스마트폰 사용시간

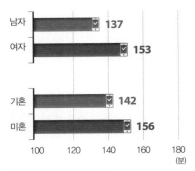

자료: NH투자증권 100세시대연구소

차이를 발생시킨 핵심 요인으로 보인다.

　남녀가 공히 스마트폰이 가장 필요한 곳으로 꼽은 곳은 전철이나 버스 같은 대중교통수단이었다. 남자는 41.2%, 여자는 41.8%가 이를 선택해 남녀 모두 대중교통을 이용할 때 스마트폰이 가장 필요하다는 데 이견이 없었다. 대중교통을 이용하면서는 딱히 할 것이 많지 않고 무료함을 달래기 위해서 많은 사람들이 스마트폰을 활용하는 것으로 보인다. 과거 같으면 지하철 안에서 독서를 하거나 신문을 보는 풍경을 쉽게 찾아 볼 수 있었지만, 요즘에는 남녀노소 가릴 것 없이 대부분의 사람들이 스마트폰을 만지작거리고 있다. 스마트폰이 가장 필요한 곳으로 화장실을 꼽은 기타 의견도 있었다. 남자는 10.4%가, 여자는 7.2%가 각각 화장실에서 스마트폰이 가장 필요하다고 응답했다.

　대중교통 다음으로 스마트폰이 가장 필요한 공간으로 꼽힌 곳은 집과 사무실이었는데, 여기에 대해서는 남성과 여성이 엇갈린 의견을 냈다. 집을 꼽은 남성은 16.7%에 불과했지만, 여성은 34.7%로 남성의 두 배 정도 됐다. 대신 사무실을 꼽은 비율은 남성이 21.3%로 여성의 응답 비율 11.4%보다 두 배 많았다. 아무래도 사무실보다는 집이 편한 공간이기 때문에 스마트폰을 사용하는 데 집이 편한 것은 당연하다. 이 같은 이유 등으로 인해 여성의 스마트폰 사용시간이 남성에 비해 길게 나타난 것이다.

스마트폰 기능 중 가장 자주 사용하는 기능으로 여자는 카카오톡 등 SNS를 42.2%가 꼽아 압도적인 1위를 차지했다. 카카오톡 등 SNS로 주위 사람들과 자주 소통하면서 자연스럽게 사용시간도 늘어나는 결과가 초래된 셈이다. 남성이 1위로 꼽은 기능은 뉴스 등을 찾아보는 것과 같은 검색 기능이었다. 29.9%의 남성이 검색 기능을 꼽았고, 다음으로는 통화 기능이 26.9%의 응답을 받아 두 번째로 많이 활용하는 기능으로

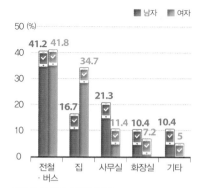

스마트폰이 가장 필요한 공간은?

■ 남자 ■ 여자

50 (%)

전철·버스 41.2 41.8
집 16.7 34.7
사무실 21.3 11.4
화장실 10.4 7.2
기타 10.4 5

자료: NH투자증권 100세시대연구소

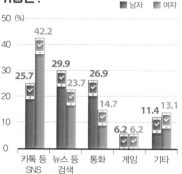

가장 자주 사용하는 스마트폰 기능은?

■ 남자 ■ 여자

50 (%)

카톡 등 SNS 25.7 42.2
뉴스 등 검색 29.9 23.7
통화 26.9 14.7
게임 6.2 6.2
기타 11.4 13.1

자료: NH투자증권 100세시대연구소

꼽혔다. 여성에게서 1위를 차지한 SNS 기능은 25.7%로 3위에 그쳤다. 검색이나 통화 등이 모두 단발적으로 끝나는 것들이어서 상대적으로 남성의 스마트폰 사용시간이 적을 수밖에 없는 구조다. 그 외 게임이나 동영상 시청, 쇼핑 등은 모두 5% 내외의 선택을 받아 소수 의견에 그쳤다.

돈 vs 건강, 중산층의 선택은?

중국 오吳나라의 장수 여몽呂蒙은 중국인들에게서 사랑과 미움을 동시에 받는 양면성을 가진 인물이다. 여몽은 두 가지 일화로 유명하다. 중국 사람들에게는 신으로까지 추앙받는 촉나라 장수 관우를 죽인 인물이 바로 여몽이고, 괄목상대刮目相對라는 고사성어의 주인공도 여몽이다. 단지 관우를 죽였다는 사실 때문에 제대로 된 평가를 받지 못하고 미움을 받기도 하지만, 한편으로는 괄목상대의 주인공으로서 존경의 대상이 되기도 하는 인물이 바로 여몽이다.

여몽은 본래 무예에는 처음부터 능했지만, 학문에는 약했다. 이에 주군 손권이 '학문을 소홀히 하지 말라'고 충고했고, 이후 여몽은 전쟁터에서도 책을 놓지 않아 매우 짧은 기간에 놀랄 만한 학식을 갖추게 됐다. 여기서 나온 말이 바로 '괄목상대'다. 눈을 비비고 볼 정도로 학식이나 재주가 짧은 기간에 크게 발전했을 때 쓰는 말이다.

요즘은 그야말로 괄목상대의 시대다. 눈을 감았다 뜨면 새로운 것이 생겨나고 기존의 것은 새로운 것으로 대체된다. 우리나라의 인구구조 변화 역시 괄목상대로 표현할 만한 것 중 하나다. 고령화사회(65세 이상 인구가 전체 인구의 7% 이상)에서 초고령사회(65세 이상 인구가 20% 이상)로 넘어가는 과정이 미국과 유럽 등에서 길게는 100년 이상 걸렸고, 지금까지 전 세계에서 가장 빨리 고령화가 진행됐다는 일본도 40년 가까이나 걸렸다. 하지만 우리나라는 불과 30년도 안 되는 사이에 압축적으로 진행될 것으로 보고 있다. 이미 지난 2000년에 고령화사회에 진입했던 우리나라는 2018년에 고령사회(65세 이상 인구가 전체 인구의 14% 이상)에 진입한 이후 2026년 정도면 초고령사회에 진입할 것으로 예상되고 있다. 괄목상대에서 뜻하는 발전의 과정은 아닐지라도 매우 짧은 순간의 커다란 변화임에는 틀림없다.

압축적으로 진행되는 고령화 시대를 살아가기 위해 준비해야 할 것은 많다. 단순히 재무적인 준비뿐만 아니라, 개인의 행복에 필요한 다양한 비재무적 준비도 동시에 이뤄져야 한다. 인간의 욕구 구조상 가장 기본적인 생존의 욕구가 달성되면 좀 더 고차원적인 가치에 대한 욕구가 증가하는 것은 당연한 일이다. 노후준비를 함에 있어서도 생존의 욕구를 충족시켜주는 재무적 준비뿐만 아니라, 자아실현과 같은 가치의 욕구를 충족시켜주는 비재무적 준비도 같이 고려해야 한다.

고령화는 여몽처럼 양면성을 가지고 있다. 여몽이 단지 관우를 죽였다는 이유로 미움의 대상이 되듯, 고령화 역시 단지 늙어간다는 것 때문에 심리적으로 거부의 대상이 되기도 한다. 하지만 여몽의 본래 자질과 사람됨은 존경의 대상이 되는 것처럼, 장수로 인해 길어진 시간은 이제껏

잊고 살았던 나 자신을 위해 온전히 쓸 수 있다는 측면에서 매우 의미 있는 시간이 될 수 있다. 고령화가 양면성을 가지고 있듯, 이에 대한 준비 역시 돈과 관련된 재무적인 측면과 돈이 아닌 일상생활과 관련된 비재무적인 측면 모두를 동시에 고려해야 하는 이유다.

그래서 우리들도 100세시대를 살아가기 위해서는 돈과 관련된 부분(재무)과 일상생활과 관련된 부분(비재무) 모두를 준비해야 한다. 이에 대해서 중산층은 어느 쪽에 더 많은 가치를 두고 있는지 알아보기 위해 '100세시대에 살면서 가장 필요한 것이 무엇이냐'고 물었다. 재무적 준비라고 할 수 있는 돈을 비롯해 건강과 가족, 친구, 여가 같은 비재무적 요소를 두루 포함시켰다.

결과는 양면성을 띠는 여몽처럼 매우 양면적이었다. 재무로 대표되는 돈과, 비재무로 대표되는 건강이 매우 팽팽한 의견을 보였다.

100세시대에 가장 필요한 것을 묻는 질문에 39%의 선택을 받은 돈이 1위에 올랐지만, 38.2%로 2위를 차지한 건강과 사실상 차이가 없었다. 중산층에게 있어서는 돈과 건강이 어느 것 하나 포기할 수 없는 대등한 가치를 지니고 있는 셈이다.

사실 100세시대를 살아가면서 돈과 건강은 행복을 위한 필수요소다. 둘 중 한 가지라도 결여됐을 때 행복하기란 쉽지 않다.

하지만 앞서 겉으로 보여지는 많은 일상적인 것들이 소득에 따라 차이가 났던 것처럼, 겉으로는 드러나지 않는 머릿속의 생각(돈이냐 건강이

냐?)까지도 소득에 따라 차이가
났다. 빈곤층과 중산층, 고소득
층 사이에서 돈과 건강을 대하는
생각의 차이가 분명했다. 생각이
란 것이 일상의 경험이나 감정을
기반으로 형성되는 것인 만큼 일
상의 차이가 생각의 차이로 이어
지는 것은 당연한 것이지만 왠지
쓸쓸한 느낌은 지울 수 없다.

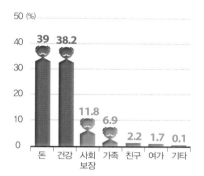

100세시대에 가장 필요한 것은?

자료: NH투자증권 100세시대연구소

빈곤층은 돈을 훨씬 더 중요하게 생각하고 있는 반면에, 고소득층은
건강을 보다 중시하고 있었다. 빈곤층은 건강(31.6%)보다 돈(51%)을 더 많
이 선택했고, 고소득층은 돈(36.8%)보다 건강(41.5%)을 더 많이 선택했다.
앞서 살폈던 것처럼 중산층은 둘의 가치를 비슷하게 보고 있었다. 소득
이 높을수록 돈보다는 건강에 좀 더 가치를 두는 경향이 있는 셈이고,
상대적으로 돈이 부족한 빈곤층은 당장의 생활에 필요한 돈에 더 많은
가치를 두고 있는 셈이다.

성과 연령에 따라서도 돈과 건강을 대하는 생각이 달라지는 등 돈과
건강에 대한 생각은 거의 모든 특성에 따라 차이를 보였다. 성에 따른
차이를 보면, 남자는 건강(32.9%)보다 돈(40.4%)을 더 필요한 것으로 꼽
았지만, 여자는 돈(37.7%)보다 건강(43.6%)을 더 필요한 것으로 꼽아 대조
를 보였다. 통상 남자가 돈을 버는 소득활동에 더 많이 종사하고, 여자

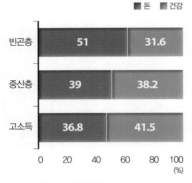

돈 vs 건강, 소득계층에 따른 선택 차이

■ 돈 ■ 건강

	돈	건강
빈곤층	51	31.6
중산층	39	38.2
고소득	36.8	41.5

0 20 40 60 80 100 (%)

자료: NH투자증권 100세시대연구소

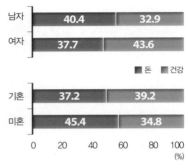

**돈 vs 건강,
성과 결혼 여부에 따른 선택 차이**

	돈	건강
남자	40.4	32.9
여자	37.7	43.6

■ 돈 ■ 건강

	돈	건강
기혼	37.2	39.2
미혼	45.4	34.8

0 20 40 60 80 100 (%)

자료: NH투자증권 100세시대연구소

는 가족을 돌보는 활동이 상대적으로 더 많은 점이 반영된 것으로 보인다. 자신의 생활 환경과 경험은 바로 사고의 체계에 영향을 주기 마련이다. 주변에서 보고, 배우고, 느낀 것은 당연히 사고의 바탕이 된다. 돈을 버는 소득활동에 더 많이 종사하는 사람은 돈을 더 중시하기 마련이고, 가족을 돌보는 활동이 더 많은 사람은 당연히 건강을 더 중시하기 마련이다.

결혼 여부에 따른 기혼자와 미혼자의 차이도 이 같은 방식으로 설명이 가능하다. 기혼자는 건강을 더 중시한 반면, 미혼자는 돈을 훨씬 더 중시했다. 똑같은 사람이지만, 단지 결혼을 하고 안 하고의 차이가 만들어 내는 간극은 역시 경험과 생활 환경의 차이로 설명할 수밖에 없다. 기혼자는 결혼을 했으니 배우자는 물론이고, 자녀도 있는 것이 보통이다. 가족이 생기고, 자녀들이 커가는 것을 보면서 자연스럽게 건강에 대한 가치가 올라가기 마련이다. 반면 혼자 몸만 생각하면 되는 미혼자는 상대적으로 건강에 대한 가치를 적게 둘 수밖에 없다. 미혼자는 열심히 돈만 벌면 된다고 생각하는 경우가 많다.

돈과 건강에 대한 생각은 연령과 가구 인원수에도 영향을 받고 있었다. 연령대가 낮을수록 돈을 더 중시하고, 연령이 높을수록 건강을 더 중시했다. 30대의 경우 돈을 택한 비율이 45.1%나 됐지만, 건강을 선택한 비율은 27.4%에 그쳤다. 40대는 비슷했고, 50대에 이르면 건강(48.8%)이 돈(31.5%)보다 훨씬 더 많은 선택을 받았다. 나이가 들면서 가족이 늘어나는 점이 반영된 것으로 보이고, 더불어 젊을수록 건강에 자신을 갖기 마련이므로 아무래도 건강의 가치를 소홀히 여기기 때문으로 보인다. 뭐든 그렇지만 막상 없어지거나 잃고 나봐야 그 가치나 소중함을 절실하게 느끼게 되는 경우가 많다. 건강도 마찬가지다. 건강의 가치도 아프고

돈 vs 건강. 연령에 따른 선택 차이

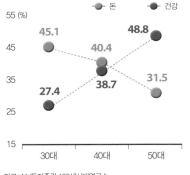

자료: NH투자증권 100세시대연구소

**돈 vs 건강.
가구 인원수에 따른 선택 차이**

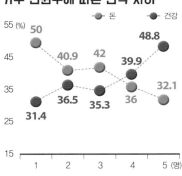

자료: NH투자증권 100세시대연구소

나서야 비로소 더 소중하게 느껴진다.

가구 인원수가 많아질수록 돈보다는 건강을 선택하는 비율이 많아졌는데, 이는 결혼과 연령 등이 복합적으로 작용한 결과로 보인다. 가구 인원이 1명인 경우는 돈(50%)을 선택한 사람이 건강(31.4%)을 선택한 사람을 압도했는데, 1인 가구가 통상 젊고 결혼을 안 했을 가능성이 크기 때문에 이 같은 결과가 나온 것으로 보인다. 이후 가족 인원수가 많아질수록 건강을 중시하는 경향이 나타났다. 가족 인원수가 늘어난다는 것은 결혼을 하고 나이가 늘어난다는 의미여서 앞서 살폈던 것처럼 건강을 생각하는 가치가 차츰 증가하게 된다.

개인 간 일상의 차이는 결국 소득과 학력에서 비롯

결과적으로 소득은 일상 모습을 좌우하는 가장 기본이 되는 요소다.

소득이 많은 사람은 소위 '저녁 있는 삶'을 살 가능성이 높다. 소득이 많을수록 저녁시간이나 수면시간 등에 더 많은 시간을 투여함으로써 상대적으로 보다 여유 있는 삶을 살고 있었고, 소득이 적어질수록 더 많은 시간을 노동시간에 투여함으로써 그 같은 여유시간도 줄어드는 것으로 나타났다. 결국 소득이 많아질수록 저녁 있는 삶을 살 가능성도 높아지는 것이다.

소득이 많으면 점심식사 비용과 자가용 이용률이 증가하는 등 매우 당연한 인과관계 역시 설문 결과에서 확인됐다. 또 소득이 많은 사람들은 돈이 많기 때문인지 돈보다는 건강을 더 중시하는 경향을 보였다.

학력에 따른 생활패턴의 차이 역시 소득에 따른 생활패턴의 차이와 상당히 유사한 모습을 보였다. 학력이 소득에 영향을 미치고, 소득이 일상에 영향을 미치는 구조기 때문에 학력이 일상에 미치는 영향은 소득이 일상에 미치는 영향과 상당 부분 유사할 수밖에 없다.

성별이나 결혼 여부 같은 요소는 일상과 관계의 방향성을 논할 수 있는 요소들은 아니지만, 다양한 일상에 분명한 영향을 미치고 있었다. 남자일수록 더 많이 자가용을 이용하고 건강보다 돈을 더 중시했다. 반면 여자는 자가용을 덜 이용하는 대신 저녁시간이 보다 더 많았고, 돈보다는 건강을 더 중시했다.

기혼자는 아침을 더 많이 챙겨 먹거나 자가용을 더 많이 이용했으며, 돈보다는 건강을 더 중시했다. 반대로 미혼자는 상대적으로 아침을 먹거나 자가용을 이용하는 비율이 떨어졌고, 건강보다는 돈을 더 중요하게 생각했다.

연령과 가구 인원수도 일상에 상당한 영향을 주는 요소들이다. 연령이 높아질수록 아침을 더 챙겨 먹고 있었으며, 건강을 보다 중시했다. 반면 젊을 사람일수록 아침 먹는 비율이 떨어졌고, 건강보다는 돈에 더 많은 가치를 두고 있었다.

성별이나 연령은 자연발생적인 것으로 바꾸고 싶다고 해서 의지대로 바꿀 수 있는 것이 아니다. 결혼과 가구 인원수는 인위적인 것이긴 하지만 어느 누구에게 특별히 치우쳐 있다고 볼 수 없는 비교적 공평한 특성 요인들이다. '3포 시대'라 해서 많은 젊은이들이 연애를 비롯해 결혼과 출산을 포기한다고 하지만, 그래도 여전히 우리 주변의 대부분은 결혼을 하고 가족을 꾸린다.

반면, 소득과 학력은 다른 특성 요인이다. 이는 자연발생적인 것도 아니며 누구에게나 공평하게 주어지는 요인도 아니다. 후천적이며 불공평하다. 따라서 우리가 어쩔 수 없는 자연발생적인 요소와 누구에게나 공평하게 주어지는 요소들을 제외하면 개인 간에 발생하는 일상의 차이 대부분은 소득과 학력이 만들어 내고 있다고 해도 과언이 아니다.

중산층
트렌드
2017

Summary 💬

● **대한민국 중산층의 사회·문화적 수준은 어느 정도일까?**
  - 우리나라 중산층은 인터넷 이용, 해외여행, 선거 참여 등 3가지 항목에서 절반 이상이 해당
  - 소득 수준이 높을수록 더 많은 항목에 해당: 고소득층(5개) > 중산층(3개) > 빈곤층(2개)

● **경제적인 여유가 문화생활을 결정한다**
  - 선호하는 문화생활: 영화 관람(40.4%) > 여행(29.5%) > 독서(11.5%)
  - 문화생활 횟수: 중산층의 절반(54.6%)이 월 1회 문화생활을 하고 있어
  - 중산층 10명 중 2명(20.5%), 빈곤층 10명 중 4명(42.7%)이 문화생활을 하지 않아

● **영화를 볼까, 여행을 갈까? 소득이 많을수록 여행 선호**
  - 영화 선택 기준: 선호하는 장르(38.9%) > 기분에 따라(17.8%) > 작품성(14.6%)
  - 여행 : 지난 1년간 국내여행(54.7%)이 해외여행(27.2%)보다 2배 많아
  - 중산층 10명 중 2명(18%), 빈곤층 절반 이상(56.5%)이 지난 1년간 여행을 못 가

● **여가생활은 TV 시청이 가장 많고 인터넷·SNS, 산책·운동을 많이 해**
  - 좋아하는 운동: 중산층은 저비용의 산책·조깅, 등산을 가장 선호
  - 중산층 10명 중 2명(21.1%), 빈곤층 10명 중 4명(36%)이 하고 있는 운동 없어

● **쇼핑은 스타일만큼 가성비도 중요**
  - 여성은 스타일, 남성은 가격을 더 중시
  - 의류 구매는 아웃렛·할인매장(45.7%), 인터넷·모바일·홈쇼핑(40.4%)을 많이 이용

● **집은 평균 28.3평이지만, 19평 이하도 10명 중 2명**
  - 중산층 절반 이상(53.3%)이 29평 이하에 거주
  - 30평 이상 주택에는 기혼자, 40~50대, 가구원수가 많을수록, 소득이 높을수록 많이 거주
  - 중산층 10명 중 2명(17.9%), 빈곤층 절반(47%)이 19평형 이하 주택에 살아

● **중산층 자가용 10대 중 4대가 쏘나타급 이상**
  - 중산층의 자가용: 중형차 이상(42.8%) > 준중형차 이하(38.2%) > 없다(19%)
  - 중산층 10명 중 2명(19%), 빈곤층 절반(52.6%)이 자가용 없어

알뜰한 중산층

대한민국 중산층의 사회·문화적 수준은 어느 정도일까?

우리나라는 전 세계에서 성공적으로 산업화와 민주화를 이룬 나라로 인정받고 있다. 1960년대까지만 해도 의식주 해결이 삶의 목표였던 국민들에게 일상생활 속에서 여가란 개념을 갖기는 쉽지 않았다. 1960년대 이후 지속적인 경제발전으로 국민들의 소득 수준이 증가하고 어느 정도 경제적인 여유가 생기면서 여가·문화생활에 대한 관심이 크게 증가하였다.

우리나라 중산층은 이제는 옷을 살 때 스타일과 브랜드를 중시하게 되었고, 음식을 고를 때도 맛과 분위기를 중요하게 여기고, 아울러 남들보다 멋지게 휴가를 보내기 위해 돈과 시간을 투자한다. 주 5일제 근무가 확산되어 여가시간이 증가함에 따라 국민들의 여가활동이 양적, 질적으로 크게 개선되고 있다. 자가용의 보급이 확대되면서 여행이 보편화되었고 각종 테마파크, 캠핑 등의 다양한 여가활동을 즐길 수 있게 되었다.

우리 사회의 허리를 이루는 중산층은 누구인가? 중산층은 '중간 정도'의 사회경제적 지위를 가지고 있는 층이다.

OECD에서 제시하는 중산층의 기준은 '중간소득계층'이다. 중위 소득값의 50%에서 150% 사이의 사람을 중산층이라고 정의할 때 중산층은 소득분포 여하에 따라 그 크기가 달라지는 상대적 계층이라 할 수 있다. 실제로 OECD 방식인 소득 수준만으로 중산층을 구분할 경우 국민들이 피부로 느끼는 중산층 개념과 괴리될 수 있다. 계층이 소득이나 자산만으로 결정되는 것은 아니기 때문이다. 중산층을 결정하는 요소에 직업, 교육 수준, 문화 수준 등의 변수들을 통합적으로 고려하여야 한다.

미국의 오바마 정부에서는 중산층을 정의하기 위해 주택 소유, 자녀의 대학 교육, 의료보험, 퇴직연금, 가족 휴가 등의 요소를 고려했다. 프랑스의 퐁피두 정부에서는 1개 이상의 외국어 구사 능력, 스포츠를 하나 정도는 즐기고 있는지, 연주할 줄 아는 악기가 있는지, 남들과는 다른 맛을 낼 수 있는 요리 솜씨를 갖추고 있는지, 약자를 위한 봉사 활동을 하고 있는지 등을 중산층의 요건으로 삼았다.

따라서 중산층을 단순한 중간 소득계층이 아닌 포괄적 속성을 포함하는 개념으로 삼기 위해서

사회·문화적 관점의 중산층 구분 기준

1. 인터넷을 이용할 수 있다
2. 해외여행을 다녀온 적이 있다
3. 선거에는 항상 참여한다
4. 잘하는 요리가 있다
5. 정기적으로 하는 스포츠가 있다
6. 1개 이상의 외국어를 구사할 수 있다
7. 악기를 하나 연주할 수 있다

자료: NH투자증권 100세시대연구소

그들의 여가·문화생활에 대한 이해가 중요하다. 우리는 이상적인 중산층의 기준을 보고자 사회·문화적 관점의 중산층 구분 기준에 우리나라 중산층이 어느 정도 해당되는지를 조사하였다.

대한민국 중산층은 인터넷 이용, 해외여행, 선거 참여 등 3가지 항목에서 중산층의 절반 이상이 해당된 반면 고소득층은 인터넷 이용, 해외여행, 선거 참여, 요리 가능, 스포츠 활동 등 5가지 항목에서 절반 이상이 해당되었다. 그러나 빈곤층은 인터넷 이용, 선거 참여 2가지 항목에서만 절반 이상이 해당되는 것으로 나타났다. 이러한 결과는 소득 수준이 높을수록 사회·문화적 관점의 중산층 구분 기준에 더 많이 해당되는 것으로 보인다.

사회·문화적 관점의 중산층 기준 해당비율(소득계층별)

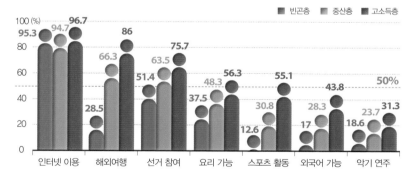

자료: NH투자증권 100세시대연구소

대한민국 중산층, 인터넷 이용·해외여행·선거 참여 비율 높아

사회·문화적 관점의 중산층 구분 기준 중에서 대한민국 중산층은 '인터넷을 이용할 수 있다'는 비율(94.7%)이 제일 높았다. 우리나라는 IT 강국답게 인터넷을 이용할 수 있다는 비율이 90%를 상회하였으며, 특히 30대에서 50대까지 연령대별로 고른 분포를 보여 젊은 세대나 나이 많은 세대나 비슷하였다.

다음으로 중산층은 '해외여행을 다녀온 적이 있다'는 비율(66.3%)이 높았다. 대한민국 중산층 3명 중 2명은 해외여행 경험이 있는 것으로 보인다. 해외여행을 다녀온 적이 있다는 비율은 연령이 젊을수록, 가구소득이 많을수록, 교육 수준이 높을수록 더 높은 것으로 나타났다. 요즘 젊은 세대는 기존 세대와는 달리 저렴한 게스트하우스나 민박으로 숙박 비용을 아끼면서 해외 배낭여행을 즐기고 있다.

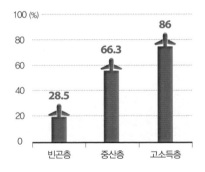

해외여행을 다녀온 적이 있다 (소득계층별)

자료: NH투자증권 100세시대연구소

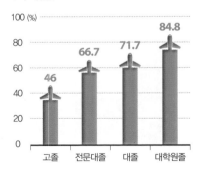

해외여행을 다녀온 적이 있다 (학력별)

자료: NH투자증권 100세시대연구소

한편 고소득층(86%)과 빈곤층(28.5%) 간에는 해외여행을 다녀온 비율에서 큰 차이가 있는 것으로 나타났다. 고소득층은 경제적인 여유와 시간적인 여유가 풍부하기 때문에 해외여행을 갈 수 있지만, 빈곤층은 대부분 경제적인 여유가 없기 때문에 비용이 많이 드는 해외여행을 쉽게 갈 수 없는 상황이 반영된 결과로 보인다.

대한민국 중산층은 '선거에는 항상 참여한다'는 비율(63.5%)도 높아, 중산층의 정치에 대한 관심은 꽤 높은 것으로 보인다.

연령대별로는 50대(69.1%)의 선거 참여 비율이 30대(58.7%)보다 더 높은 것으로 나타났다. 연령대가 높을수록 선거 참여 비율이 더 증가하는 것으로 보인다. 인구고령화가 급격하게 진행되면서 노인인구가 증가함에 따라 향후 선거에서 연금이나 노인복지를 요청하는 실버 세대의 정치적인

선거에 항상 참여한다(연령대별)

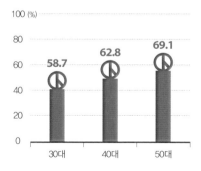

자료: NH투자증권 100세시대연구소

선거에 항상 참여한다(소득계층별)

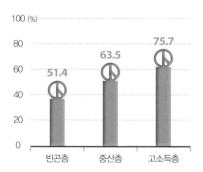

자료: NH투자증권 100세시대연구소

파워가 더 증가할 것으로 예상된다.

소득계층별로는 고소득층(75.7%)이 빈곤층(51.4%)보다 선거에 항상 참여한다는 비율이 더 높은 것으로 나타났다. 빈곤층의 경우에도 선거에 항상 참여한다는 비율이 절반 수준이지만, 고소득층이 선거에 더 적극적으로 참여하며 투표 권리를 행사하고 있는 것으로 보인다.

'잘하는 요리가 있다', 절반에 살짝 못 미쳐

대한민국 중산층의 '잘하는 요리가 있다'는 비율(48.3%)은 절반에 살짝 못 미쳤다. 성별로 보면 남성(40%)의 비율이 여성(56.6%)보다 낮았기 때문이다.

최근 들어 TV 프로그램 중 '삼시세끼', '냉장고를 부탁해', '수요미식회' 등 소위 '먹방'이라고 하는 요리 프로그램이 인기를 끌고 있다. TV 프로그램에서 먹방이 많은 이유는 1인 가구가 증가하면서 간편한 조리법에 대한 관심이 증가하고, 소득 증가로 외식을 많이 하기 때문에 맛집에 대한 관심도 증가하는 것으로 보인다. 스타 셰프가 연예인처럼 인기를 얻으면서 요리사가 인기 직업으로 부상하고 있다. 그러나 불과 수십년 전만 해도 남자가 부엌에 들어가는 것을 금기시하던 분위기였다. 이러한 이유로 아직까지는 중산층 남성들이 '잘하는 요리가 있다'고 답한 비율이 낮은 것으로 보인다.

소득 수준별로는 고소득층(56.3%)이 중산층(48.3%)과 빈곤층(37.5%)에

잘하는 요리가 있다(성별)

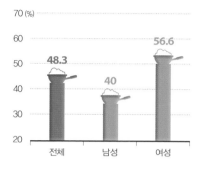

자료: NH투자증권 100세시대연구소

잘하는 요리가 있다(소득계층별)

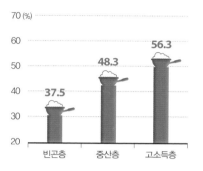

자료: NH투자증권 100세시대연구소

비해 요리를 잘하는 사람의 비율이 높았다. 소득이 적을수록 식사는 맛 중심이 아니라 끼니를 때우는 수준을 벗어나기가 힘들다. 그러나 소득이 많을수록 외식을 하거나 모임을 할 때 맛집을 찾아다니고, 분위기 있는 레스토랑에서 식사를 할 기회가 많아 요리에 대한 관심 또한 증가한 이유 때문으로 보인다.

　연령대별로는 중산층과 빈곤층은 잘하는 요리가 있다는 비율이 연령대별로 고른 분포를 보여 젊은 세대나 나이 많은 세대나 비슷하였다. 그러나 30대 고소득층의 경우에는 '잘하는 요리가 있다'는 비율이 74.4%로 크게 높아 시대의 변화상을 보여주고 있다.

'스포츠 활동', '외국어 구사' 10명 중 3명 수준

대한민국 중산층은 10명 중 3명만 정기적으로 운동을 하는 것으로 나타났다. 성별로는 남성(39.8%)이 여성(21.9%)보다 정기적으로 스포츠를 하는 비율이 더 높았다. 연령대별로는 50대가 정기적으로 운동을 하는 비율이 더 높았는데, 이는 연령이 많을수록 건강관리를 위해 정기적으로 운동을 하는 사람들이 증가하기 때문인 것으로 보인다.

소득계층별로는 고소득층(55.1%)과 빈곤층(12.6%) 간에는 정기적으로 스포츠를 하는 비율에서 큰 차이가 있는 것으로 나타났다. 특히 빈곤층은 10명 중 1명만 정기적으로 운동을 하는 것으로 보인다. 돈이 거의 들지 않는 산책·조깅, 등산 등의 운동이 있기 때문에 비용문제로 운동을 안 하는 것으로 보기는 어렵다. 다만 빈곤층의 경우에는 육체 노동을 많이 하고, 근로시간이 상대적으로 길어 운동할 시간적 여유가 적어 여가

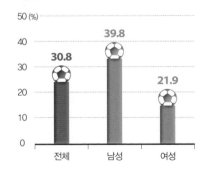

**정기적으로 스포츠를 한다
(성별)**

자료: NH투자증권 100세시대연구소

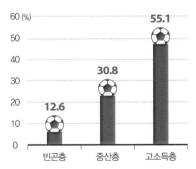

**정기적으로 스포츠를 한다
(소득계층별)**

자료: NH투자증권 100세시대연구소

시간에 휴식을 더 선호하는 것으로 보인다. 반면 고소득층은 화이트칼라가 상대적으로 많기 때문에 여가시간에 스포츠를 더 선호하는 것으로 볼 수 있다.

대한민국 중산층 10명 중 3명만이 외국어로 의사소통이 가능한 것으로 나타났다. 이는 학교에서 영어를 수십 년간 배워도 영어를 사용할 수 있는 경로가 없어 수십 년간의 공부가 무용지물이 된 셈이다.

연령이 젊을수록, 교육 수준이 높을수록, 가구소득이 많을수록 외국어를 할 수 있는 사람의 비율이 높았다. 특히 30대 고소득층의 경우에는 외국어를 할 수 있는 사람의 비율이 47.6%로 높았다. 이는 50대가 문법 위주로 학습한 반면 30대는 회화와 듣기 등 다양한 시청각 자료를 이용한 외국어 공부를 해 외국어 구사 능력이 더 높은 것으로 보인다.

외국어를 할 수 있다(연령대별)

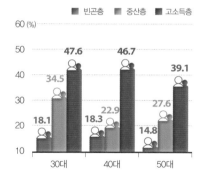

자료: NH투자증권 100세시대연구소

외국어를 할 수 있다(학력별)

자료: NH투자증권 100세시대연구소

학력이 높을수록 외국어를 할 수 있다는 비율이 더 높은 것으로 나타났다. 이는 외국인과 의사소통이 가능하려면 장기간의 외국어 공부가 필요한데 학력이 높을수록 더 긴 시간 동안 외국어 공부를 할 수 있었기 때문에 직관적으로 당연한 결과이다. 또한 학력이 높을수록 전문직과 화이트칼라가 더 많고, 이들은 직장에 다니면서 외국어를 계속 공부하거나 사용할 기회가 상대적으로 많기 때문인 것으로 보인다.

'악기 연주', 10명 중 2명으로 가장 낮아

사회·문화적 관점의 중산층 구분 기준 중에서 대한민국 중산층은 '악기를 하나 이상 연주할 수 있다'의 비율(23.7%)이 가장 낮았다. 현재의 40~50대가 학창시절인 1970~1980년대에는 악기를 배울 만큼 경제적인

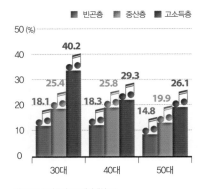

악기 연주가 가능하다(연령대별)

자료: NH투자증권 100세시대연구소

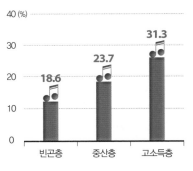

악기 연주가 가능하다(소득계층별)

자료: NH투자증권 100세시대연구소

여유가 있는 가정이 많지 않았다. 그러나 30대(고소득층)의 경우에는 악기를 연주할 줄 아는 비율이 40.2%로, 연령이 젊을수록 악기 연주가 가능한 사람의 비율이 상대적으로 높았다.

고소득층(31.3%)은 빈곤층(18.6%)에 비해 악기 연주를 하는 사람의 비율이 높았다. 악기를 연주하려면 오랜 시간 꾸준히 연습해야 하고, 악기 구입비와 레슨비 같은 금전적인 투자가 이루어져야 하기 때문에 경제적인 여유가 필요하기 때문인 것으로 보인다.

중산층이 선호하는 문화생활은 영화, 여행

2015년에 문화·예술 공연, 전시회 및 영화를 한 번이라도 관람한 사람의 비율은 3명 중 2명(66.8%)으로, 사회 전반적으로 문화·예술 관람 인구는 지속적으로 늘어나고 있다[3].

대한민국 중산층이 선호하는 문화생활은 '영화 관람(40.4%)'이 가장 많았다. 다른 여가활동에 비해 접근성이 가장 좋고, 돈이 적게 들기 때문인 것으로 보인다. 영화 관람 다음으로는 '여행(29.5%)'을 선호하는 것으로 나타났다. 중산층의 자가용 보유 비율이 높아지고, 여행을 가고 싶을 때 언제든 편리하게 떠날 수 있는 등 여러 여건이 좋아졌기 때문으로 보인다. 그러나 '연극·뮤지컬 관람(4.2%)', '전시회·미술관 관람(3.2%)'의

---

3   사회조사 결과, 통계청, 2015

문화 및 예술 관람 비율

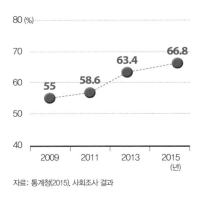

80 (%)

70 ····· 63.4 ····· 66.8

60 ····· 58.6

55

50

40

2009　2011　2013　2015
　　　　　　　　　　　　(년)

자료: 통계청(2015), 사회조사 결과

중산층이 선호하는 문화생활

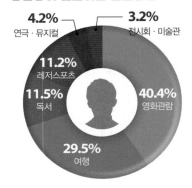

4.2%
연극·뮤지컬

3.2%
전시회·미술관

11.2%
레저스포츠

40.4%
영화관람

11.5%
독서

29.5%
여행

자료: NH투자증권 100세시대연구소

비율은 낮았다. 이는 연극·뮤지컬이 영화보다 상대적으로 돈이 많이 들고 접근성이 떨어지기 때문이라고 판단된다.

소득이 많을수록 여행 선호

빈곤층은 영화(44.3%)를 선호하는 비율이 여행(21.7%)보다 2배나 많은 반면에, 고소득층은 영화(35.3%)와 여행(35.3%)에 대한 선호도가 같았다. 빈곤층은 경제적인 이유 때문에 비용이 많이 드는 여행보다 돈이 적게 드는 영화를 더 선호하는 것으로 보인다. 중산층의 경우에는 영화(40.4%)를 선호하는 비율이 여행(29.5%)보다 더 높은 것으로 나타났다. 이는 중산층의 소득이 고소득층보다 낮아 돈이 많이 드는 여행에 대한 선호도가 상대적으로 떨어지는 것으로 보인다.

한편, 연령이 젊은 30~40대는 영화를 더 선호하였고, 50대는 영화(34.4%)와 여행(32.6%)에 대한 선호도가 비슷한 수준으로 나타났다. 30~40대는 자녀들이 초·중·고등학교에서 한창 공부하는 나이이기 때문에 시간과 비용을 절약할 수 있을 뿐만 아니라, 편이성과 접근성이 좋은 영화를 더 선호하는 것으로 보인다. 그러나 50대는 자녀들이 성장하여 경제적인 여유와 시간적인 여유가 있는 나이로, 여행에 대한 선호도가 영화와 비슷한 수준으로 올라온 것으로 보인다.

경제적 여유가 여가·문화생활을 결정한다

문화생활 중에서 돈이 적게 드는 것은 영화와 독서이다. 영화는 빈곤층(44.3%)이 고소득층(35.3%)보다 선호하는 비율이 더 높았다. 당연한 이야기이지만 빈곤층은 소득이 적기 때문에 돈이 적게 드는 영화를 보거나 독서를 하며 문화생활을 하는 것으로 보인다. 또한 미혼일수록 영화, 독서, 연극·뮤지컬 관람 등을 더 선호하는 것으로 나타났다. 이는 미혼인 경우 돌봐야 할 자녀가 없으므로 기혼자보다 문화생활을 할 수 있는 여가시간이 더 많기 때문으로 보인다.

문화생활 중에서 돈이 많이 드는 것은 여행, 레저스포츠, 뮤지컬 관람 등 이다. 여행은 고소득층(35.3%)이 빈곤층(21.7%)보다 선호하는 비율이 더 높았다. 고소득층은 경제적인 여유가 있기 때문에 비용에 부담을 가지지 않고 여행, 레저스포츠 같은 다양한 취미·문화생활을 즐기고 있는

문화생활에 대한 선호도
(소득계층별)

■ 영화 ■ 여행 ■ 독서 ■ 레저스포츠

자료: NH투자증권 100세시대연구소

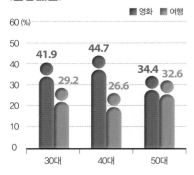

문화생활에 대한 선호도
(연령대별)

■ 영화 ■ 여행

자료: NH투자증권 100세시대연구소

것으로 보인다. 이에 반해 중산층은 제한된 경제력 때문에 돈이 적게 드는 영화를 가장 선호한다고 볼 수 있다. 결국, 경제적 여유가 여가·문화생활을 결정하는 것으로 보인다.

성별로는 남성은 레저스포츠를 선호하는 비율이 더 높은 반면에, 여성은 연극·뮤지컬 공연을 더 선호하는 것으로 나타났다. 남성은 일반적으로 활동적인 여가활동을 선호하는 반면에, 여성은 연극·뮤지컬 공연 같은 문화생활을 더 좋아하고 있는 것으로 보인다.

중산층 절반이 한 달에 한 번꼴로 문화생활한다

대한민국 중산층의 월평균 문화생활 횟수는 월 1회(54.6%)가 가장 많았다. 그 다음으로 없다(20.5%), 월 2회(17.6%), 월 3회(4.2%), 월 4회 이상

(3.1%)의 순이었다. 우리나라 중산층의 절반(54.6%)이 월 1회 문화생활을 하고 있다. 월평균 문화생활 횟수가 '없다'라고 대답한 비율이 두 번째로 높았는데, 중산층 10명 중 2명은 문화생활을 하지 않고 있는 것으로 보인다.

월평균 문화생활 횟수가 '없다'고 대답한 비율은 남성이 여성보다 더 많았다. 또한 소득 수준별로는 빈곤층(42.7%)이 고소득층(10.7%)에 비해 문화생활을 하지 않는 비율이 더 높은 것으로 나타났다. 우리나라 중산층의 10명 중 2명(20.5%)이 문화생활을 하지 않고 있는 데 반해, 빈곤층 10명 중 4명(42.7%)이 문화생활을 하지 않고 있어 빈곤층의 비율이 상대적으로 훨씬 높았다. 빈곤층은 의식주 같은 필수생활비를 지출하고 나면 경제적으로 여유가 없어, 문화생활을 하지 못하는 사람이 많은 것으로 생각해 볼 수 있다.

중산층의 문화생활 횟수(월평균)

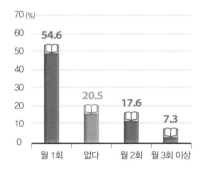

자료: NH투자증권 100세시대연구소

문화생활을 하지 않는다

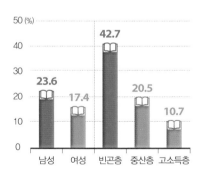

자료: NH투자증권 100세시대연구소

영화는 좋아하는 장르를 골라 본다

한국 영화 중 누적 관객수 1,000만 명을 돌파한 영화는 모두 14개이다. 예전에는 할리우드 영화와 홍콩 영화가 인기를 끌었는데, 최근에는 한국 영화가 큰 인기를 끌고 있다. 한국 영화 중 누적 관객 수 역대 1위는 명량(1,761만 명), 2위는 국제시장(1,426만 명), 3위는 베테랑(1,341만 명)이다. 누적 관객 1,000만 명 이상 영화가 14개나 될 정도로 이제 영화는 우리나라 국민들이 가장 선호하는 여가·문화생활이 되었다.

대한민국 중산층의 영화를 선택하는 기준은 '선호하는 장르의 영화를 선택한다(38.9%)'가 가장 많았다. 영화 장르는 일반적으로 액션, 모험, 코미디, 로맨틱 코미디, 로맨스(멜로), 애니메이션, 공상과학 등으로 분류되고 있다. 사람들마다 선호하는 영화 장르가 있기 때문에 본인이 선호하는 장르의 영화를 즐겨 보는 것으로 나타난다.

중산층은 '선호하는 장르의 영화(38.9%)' 다음으로 '기분에 따라(17.8%)', '작품성(14.6%)', '박스오피스 상위권 영화(14.6%)', '좋아하는 감독과 배우(11%)'의 순으로 영화를 선택하였다. 그러나 고소득층은 선호하는 장르의 영화(39%) 다음으로 작품성(16.9%), 박스오피스 상위권 영화(16.5%), 기분에 따라(14%)의 순으로 기분에 따라 영화를 선택하는 비율이 더 낮은 것으로 보인다. 사실상, 영화 선택의 기준이 없다고 보여지는 '기분에 따라', '박스오피스 상위 영화', '시간대가 맞는 영화'를 합한 비율은 30대(35.4%)가 가장 높았다. 20~30대는 영화를 가장 많이 보는 시기이다. 이들은 데이트를 하거나 친구를 만날 때 같이 밥 먹고, 영화 보

1,000만 명 돌파 한국 영화

연도(년)	작품명	관객 수(만 명)
2003	실미도	1,108
2004	태극기 휘날리며	1,174
2005	왕의 남자	1,051
2006	괴물	1,091
2009	해운대	1,132
2012	광해	1,232
2012	7번방의 선물	1,281
2012	도둑들	1,298
2013	변호인	1,137
2014	명량	1,761
2014	국제시장	1,426
2014	암살	1,270
2015	베테랑	1,341
2016	부산행	1,104

자료: NH투자증권 100세시대연구소

중산층의 영화를 선택하는 기준

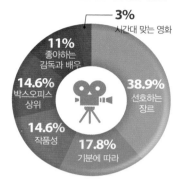

- 3% 시간대 맞는 영화
- 11% 좋아하는 감독과 배우
- 14.6% 박스오피스 상위
- 38.9% 선호하는 장르
- 14.6% 작품성
- 17.8% 기분에 따라

자료: NH투자증권 100세시대연구소

고, 차 한잔 하며 상영되고 있는 영화 중 가장 마음에 드는 작품을 그때 그때 상황에 맞춰 골라 보기 때문에 특별한 기준 없이 영화를 선택하는 것으로 보인다.

소득이 적을수록, 1인 가구일수록 여행 못 간다

해외여행이 대중화되면서 해외여행을 주제로 한 TV 프로그램이 인기를 끌고 있다. '걸어서 세계 속으로(KBS)'는 2005년부터 10년 이상 세계의 다양한 도시를 여행하며 그들의 역사와 문화, 삶의 모습들을 담고 있다. '세계테마기행(EBS)'은 2008년부터 현지 언어를 말할 수 있는 배낭여행자가 세계의 자연경관과 문화유적지를 찾아다니며 다양한 방식으로 살아가는 현지인들의 숨은 일상까지 생생히 보여준다. '꽃보다 할배', '꽃보다 청춘(tvN)'은 연예인들이 해외 배낭여행을 하며 펼쳐지는 이야기로 많은 인기를 끌었다. 해외여행을 꿈꾸지만 경제적 부담과 시간 부족으로 해외여행을 떠나지 못하는 중산층들이 TV에서 해외여행 프로그램을 보며 대리만족을 하고 있는 것으로 보인다.

중산층의 여행에 대한 선호도는 '해외여행 연 1회 이상(34.6%)'이 가장 높았으며, 해외여행(56.4%)을 국내여행(43.6%)보다 더 선호하였다. 그러나 중산층이 지난 1년간 실제 다녀온 여행횟수는 국내여행 2회(20.3%), 국내여행 3회 이상(18.6%), 해외여행 1회(17.7%)의 순이었다. 중산층이 지난 1년간 실제 다녀온 여행 횟수는 국내여행(54.7%)이 해외여행(27.2%)보다 2배 더 많은 것으로 나타났다. 대한민국 중산층의 56.4%가 해외여행을 꿈꾸지만 현실은 경제적 부담과 시간 부족으로 해외여행을 떠나지 못하고 국내여행을 2~3회 가고 있는 것으로 보인다.

'여행을 못 갔다'는 비율은 소득이 적을수록, 교육 수준이 낮을수록, 1인 가구일수록 더 높은 것으로 나타났다. 우리나라 중산층은 지난 1년간 10명 중 2명(18%)이 여행을 못 간 반면에, 빈곤층은 절반 이상(56.5%)이 여행을 못 간 것으로 나타나 빈곤층의 비율이 훨씬 더 높았다. 여행은 의식주와는 달리 필수생활비가 아니기 때문에 소득이 부족한 빈곤층이 여행에 대한 지출이 쉽지 않은 것으로 보인다. 한편 고소득층은 여행을 못 간 비율이 8%에 불과해 고소득층은 10명 중 1명만 여행을 못 간 것으로 나타났다.

고졸(24.2%)이 대학원졸(11.4%)에 비해 '여행을 못 갔다'는 비율이 훨씬

더 높은 것으로 나타났다. 학력이
낮을수록 여행을 못 간 비율이
더 높은 것으로 보인다. 학력이
소득에 영향을 주기 때문에 결국
소득 수준의 차이가 여행 횟수를
결정하는 것으로 보인다.

중산층의 지난 1년간 여행횟수

자료: NH투자증권 100세시대연구소

1인 가구(27.1%)는 4인 가구
(15%)에 비해 '여행을 못 갔다'는
비율이 더 높은 것으로 나타났
다. 1인 가구는 소득이 적고 주거비용 부담이 크기 때문에 경제적 여유
와 시간적 여유가 부족한 반면, 4인 가구는 소득 수준이 높으며 가정을
이루고 가족을 서로 배려하기 때문에 여행을 가는 비율이 더 높은 것으
로 보인다.

소득 수준에 따라 비용이 많이 드는 해외여행에서 큰 차이가 발생하
는 것으로 보인다. 고소득층은 지난 1년간 10명 중 5명(50%)이 해외여행
을 다녀왔지만 중산층은 10명 중 3명(27.2%), 빈곤층은 겨우 10명 중 1명
(10.7%)만이 해외여행을 다녀온 것으로 나타났다. 고소득층은 경제적인
여유와 시간적인 여유를 모두 가지고 있어 지난 1년간 절반(50%)이 해외
여행을 다녀온 반면, 빈곤층은 겨우 10명 중 1명만 해외여행을 다녀 온
것으로 보인다.

지난 1년간 국내외 여행 경험 비율 (소득계층별)

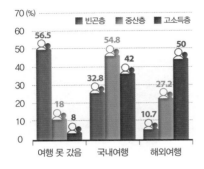

여행을 못간 비율(가구원수)

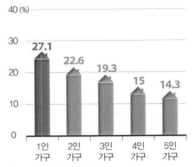

4시간 52분, 중산층의 하루 여가시간

수면·식사·외모관리 등 개인 유지를 위해 필수적으로 필요한 시간을 '필수시간'이라 하며, 일·학습 등 꼭 해야 할 의무가 부여된 시간을 '의무시간'이라고 한다. '여가시간'은 필수, 의무시간이 아닌 개인이 자유롭게 사용 가능한 시간이다.

대한민국 성인(20세 이상)의 여가시간은 4시간 52분으로, 1999년 이후 비슷한 수준을 유지하고 있다. 성인 남녀의 여가시간은 남성이 더 많은데 남녀의 여가생활시간 차이는 감소하고 있는 것으로 보인다. 의무시간의 감소는 주 5일 근무제 실시 등에 영향을 받았으며, 필수시간의 증가는 주로 식사 및 간식시간과 외모관리 등 기타 개인 유지시간이 증가한

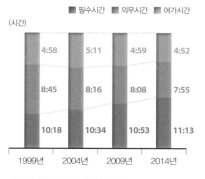

성인(20세 이상)의 시간활용 변화

■ 필수시간 ■ 의무시간 ■ 여가시간

(시간)

	1999년	2004년	2009년	2014년
여가시간	4:58	5:11	4:59	4:52
의무시간	8:45	8:16	8:08	7:55
필수시간	10:18	10:34	10:53	11:13

자료: 통계청, 한국인의 생활시간 변화상

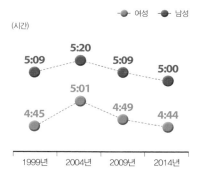

성인 남녀의 여가생활시간의 변화

● 여성 ● 남성

(시간)

여성: 5:09 (1999년), 5:20 (2004년), 5:09 (2009년), 5:00 (2014년)
남성: 4:45 (1999년), 5:01 (2004년), 4:49 (2009년), 4:44 (2014년)

자료: 통계청, 한국인의 생활시간 변화상

것에 기인한 것으로 보인다4.

여가활동은 삶을 풍요롭게 하며, 여가활동에 대한 만족은 전반적인 삶의 행복과 관련이 있으므로 중요하다. 힘든 노동을 한 이후 산책·운동, 수면을 통해 육체적·정신적 피로함으로부터 회복할 수 있고 TV 시청, 인터넷·SNS, 게임을 통해 기분 전환도 하고 독서 등으로 자기개발도 할 수 있다.

대한민국 중산층의 여가활동은 TV 시청(61%)이 가장 많았다. 그 다음으로 인터넷·SNS 검색(47.7%), 산책·운동(22%), 수면(18.6%) 등을 하며 여가시간을 보내는 것으로 나타났다. 우리나라 중산층은 여가시간이 생기면 TV를 보거나 인터넷과 SNS 검색으로 기분 전환을 하며, 특별히 개

---

4 〈한국인의 생활시간 변화상(1999~2014년)〉, 통계청

인적으로 즐기는 취미활동을 적극적으로 하지는 않는 것으로 보인다. 소득 증가로 여가가 대중화되고 선택의 기회는 확대되었지만, 대한민국 중산층은 경제적인 제약 때문에 아직 TV 시청, 인터넷·SNS 검색, 산책·운동 같은 휴식의 여가활동 비중이 큰 것으로 보인다.

연령대별로는 나이가 많을수록 TV 시청, 인터넷·SNS 검색, 산책·운동을 더 많이 하며, 나이가 젊을수록 가족·지인과 수다, 수면, 게임을 더 많이 하는 것으로 나타났다. 이는 나이가 많을수록 집에 있는 시간이 늘어나기 때문에 TV를 시청하는 시간이 늘게 되고, 건강관리를 위해 운동을 많이 하기 때문이다. 또한 젊을수록 직장에서 일이 많고 활동량이 많기 때문에 여가시간에 수면으로 휴식을 취하는 경우가 많고, 여가시간의 활용 방법도 젊은 층일수록 게임을 많이 하는 것으로 보인다. 소득 수준별로는 고소득층은 TV 시청, 산책·운동, 가족·지인과 수다를

대한민국 중산층의 여가활동(중복 선택)

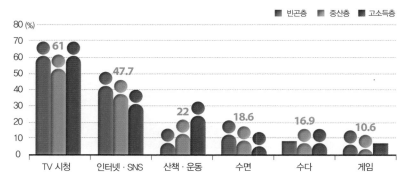

자료: NH투자증권 100세시대연구소

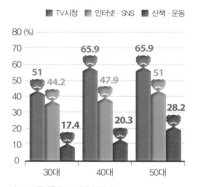

나이가 들수록 많이 하는 여가활동

■ TV시청 ■ 인터넷·SNS ■ 산책·운동

- 30대: 51, 44.2, 17.4
- 40대: 65.9, 47.9, 20.3
- 50대: 65.9, 51, 28.2

자료: NH투자증권 100세시대연구소

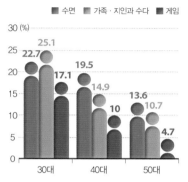

젊을수록 많이 하는 여가활동

■ 수면 ■ 가족·지인과 수다 ■ 게임

- 30대: 22.7, 25.1, 17.1
- 40대: 19.5, 14.9, 10
- 50대: 13.6, 10.7, 4.7

자료: NH투자증권 100세시대연구소

많이 꼽은 반면에, 빈곤층은 TV 시청, 인터넷·SNS, 수면, 게임을 많이
한다. 빈곤층은 여가시간에 수면으로 휴식을 취하는 비율이 상대적으로
높았으며, 혼자 조용히 인터넷·SNS 또는 게임을 하며 여가시간을 보내
는 것으로 나타났다.

중산층은 저비용의 산책·조깅과 등산을 선호

대한민국 중산층은 운동 중에서 저비용의 산책·조깅(57.1%)과 등산
(36.1%)을 가장 선호하는 것으로 나타났다. 그 다음으로 중산층은 어
느 정도 비용이 드는 스포츠인 헬스·에어로빅(14.3%), 수영(11.4%), 요가
(10.3%), 테니스·배드민턴(9.8%) 등의 다양한 운동을 즐기고 있는 것으로
보인다. 그러나 중산층은 고비용 운동인 골프(6%), 스키(1.2%)에 대한 선

호도는 낮았다. 골프와 스키는 기량을 습득하려면 레슨이나 이용료 등 비용이 많이 드는 운동이기 때문으로 보인다. 또한 '하고 있는 운동이 없다(21.1%)'는 중산층의 비율이 높았는데 우리나라 중산층 다섯 명 중 한 명은 특별히 하는 운동이 없는 것으로 나타났다.

운동 중에서 돈이 적게 드는 것은 산책·조깅, 등산, 축구·야구 등 이다. 산책·조깅과 등산은 돈이 거의 들지 않고 특별한 훈련을 필요로 하지 않는 운동이다. 빈곤층이 하고 있는 운동 중 가장 좋아하는 운동은 산책·조깅(51.4%), 없음(36%), 등산(32.4%), 축구·야구(13.8%)의 순으로, 빈곤층은 축구·야구를 제외하고는 중산층보다 운동을 더 적게 하는 것으로 보인다.

운동 중에서 돈이 많이 드는 것은 골프, 스키, 요가, 헬스 등이다. 고소득층이 선호하는 운동은 산책·조깅(60.7%), 등산(34.9%), 헬스·에어로

대한민국 중산층이 선호하는 운동(중복 선택)

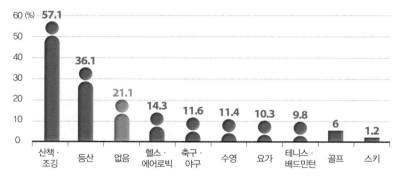

자료: NH투자증권 100세시대연구소

빅(19.5%), 골프(16.2%)의 순이었다. 특히 고소득층이 헬스·에어로빅과 골프를 선호하는 비중이 높았다. 고소득층이 상대적으로 고비용인 골프, 헬스·에어로빅을 좋아하는 것은 이들의 경제적인 여유를 반영한다.

'하고 있는 운동이 없다'는 비율은 미혼, 여성, 연령이 젊을수록, 소득이 적을수록 더 높은 것으로 나타났다. 대한민국 중산층 중 미혼자의 30.8%, 여성의 26%, 30대의 29.5%가 하고 있는 운동이 없는 것으로 보인다. 소득계층별로는 빈곤층의 36%가 하고 있는 운동이 없는 것으로 나타났다. 우리나라 중산층 10명 중 2명(21.1%)이 하고 있는 운동이 없는 데 비해, 빈곤층은 10명 중 4명(36%)이 하고 있는 운동이 없어 빈곤층의 비율이 훨씬 더 높았다. 이는 빈곤층은 육체 노동을 하는 경우가 많아 여가시간이 생기더라도 운동보다 휴식을 더 선호하는 것으로 보인다.

연령대별로는 50대는 산책·조깅, 등산, 헬스·에어로빅 3가지 운동의

하고 있는 운동이 없다

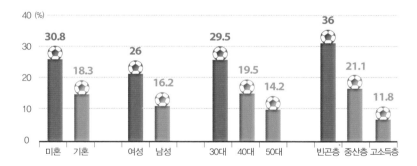

자료: NH투자증권 100세시대연구소

비중이 높은 반면에, 30대는 산책·조깅, 등산의 비중은 줄고 대신 헬스·
에어로빅, 축구·야구, 수영, 요가 등 보다 다양한 운동을 하고 있는 것
을 알 수 있다. 40대는 테니스·배드민턴을 다른 연령대에 비해 더 많이
하는 것으로 나타났다. 즉, 나이가 젊을수록 다양한 운동을 즐기는 것으
로 보인다. 성별로는 남성은 운동 중에서 등산, 축구·야구, 골프를 여성
에 비해 더 선호하고, 여성은 운동 중에서 수영, 요가를 남성보다 더 선
호하는 것으로 나타났다. 남성은 야외에서 하는 활동적인 운동을 더 좋
아하는 반면에, 여성은 실내에서 하는 운동을 더 선호한다고 볼 수 있다.

의식주는 살아가는 데 필수불가결한 지출이므로 경제적인 능력이 허
용하는 범위 내에서 가장 우선적으로 지출해야 하는 항목이다. 이에 반
해 여가·문화생활은 자유로운 선택 영역이기 때문에 개인의 취향을 보
다 뚜렷하게 드러낼 수 있다. '시간적 여유'와 '경제적 여유'가 풍부한 고

선호하는 운동(연령[대]별)

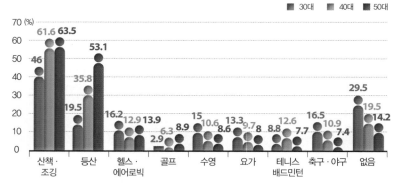

자료: NH투자증권 100세시대연구소

소득층은 여가활동을 영위하는 데 있어서 선택의 폭이 훨씬 넓다. 고소득층은 돈이 많이 드는 골프와 해외여행을 즐기며 여가·문화생활을 할 수 있지만, 중산층은 제한된 경제력으로 인해 알뜰하게 아끼며 여가·문화생활을 하는 것으로 보인다. 이에 반해 빈곤층은 경제적 여유가 없기 때문에 문화생활비와 휴가비를 아끼고 있는 것으로 보인다.

쇼핑은 스타일만큼 가성비도 중요

고소득층은 기품 있고 교양 있게 보이는 '품격 지향적'인 소비성향을 가지고 있는 반면, 중산층은 고소득층을 모방하려는 '상승 지향적' 소비성향을 가지고 있다. 고소득층은 경제적인 여유를 가지고 있기 때문에 고가의 명품이나 유명 브랜드 상품으로 자신을 과시할 수 있다. 그러나 중산층은 제한된 경제력 범위 내에서 고소득층을 모방하려는 '상승 지향적'인 소비성향이 강하다. 중산층이 아웃렛·할인점이나 세일기간을 이용해서라도 유명 브랜드를 굳이 구매하는 것은 중산층의 고소득층을 모방하려는 소비성향과 관련이 있어 보인다. 한편 빈곤층은 현실적으로 경제적인 여유가 없기 때문에 비싼 것보다 저렴한 것을 구입하는 '실용 지향적'인 소비성향을 가지고 있다.

대한민국 중산층은 의류 등을 쇼핑할 때 스타일(42.1%)과 가격(40%)을 모두 중시하는 것으로 나타났다. 중산층은 멋도 중요하지만 경제적인 가성비도 중요하게 생각하는 것이다. 이에 비해 유행·트렌드(4.3%), 기능

중산층의 쇼핑 기준

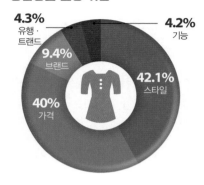

4.3% 유행·트랜드
4.2% 기능
9.4% 브랜드
42.1% 스타일
40% 가격

자료: NH투자증권 100세시대연구소

쇼핑 기준(성별)

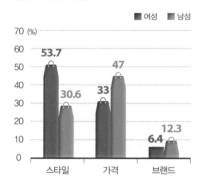

■ 여성 ■ 남성

스타일: 53.7 / 30.6
가격: 33 / 47
브랜드: 6.4 / 12.3

자료: NH투자증권 100세시대연구소

(4.2%)은 상대적으로 덜 중시하는 것으로 나타났다. 중산층은 의류 등을 구매할 때 기능적이고 실용적인 측면보다는 스타일을 보다 중요시하는 것으로 보인다. 여가활동의 확산으로 레저활동 시에 입을 수 있는 아웃도어 의류를 선호하는 것도 스타일을 중시하기 때문으로 보인다.

여성은 의류 등을 구매할 때 스타일(53.7%), 가격(33%), 브랜드(6.4%)의 순으로 중시하고, 남성은 가격(47%), 스타일(30.6%), 브랜드(12.3%)의 순으로 중시하였다. 즉, 의류 등을 쇼핑할 때 여성은 스타일을, 남성은 가격을 가장 중요시하는 것으로 보인다. 이는 여성들이 평소 패션에 관심이 많아 의류 등을 구매할 때도 가격보다는 스타일을 더 중시하는 것을 알 수 있다.

고소득층은 의류 등을 쇼핑할 때 스타일(51.8%)을 가격(24.6%)보다 더 중시하고 있는 반면에, 빈곤층은 가격(58.1%)을 스타일(28.5%)보다 훨씬

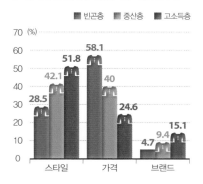

의류 쇼핑할 때 기준(소득계층별)

■ 빈곤층　■ 중산층　■ 고소득층

자료: NH투자증권 100세시대연구소

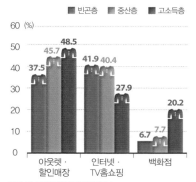

의류 쇼핑 채널(소득계층별)

■ 빈곤층　■ 중산층　■ 고소득층

자료: NH투자증권 100세시대연구소

더 중시하는 것으로 나타났다. 소득이 많을수록 스타일을 더 중시하고, 소득이 적을수록 가격을 더 중시하고 있는 것이다. 연령대별로는 30대가 50대보다 스타일에 대한 선호도가 더 높은 것으로 나타났다. 나이가 젊을수록 스타일을 더 중시하는 것으로 보인다.

　대한민국 중산층은 의류 등을 쇼핑할 때 아웃렛·할인매장(45.7%)과 인터넷·모바일·TV홈쇼핑(40.4%)을 가장 많이 이용하는 것으로 나타났다. 중산층은 의류 등을 쇼핑할 때 백화점(7.7%), 재래시장(4.2%)은 많이 이용하지 않는 것으로 보인다. 연령대별로 30대는 인터넷·모바일·TV홈쇼핑(45.1%)을 더 선호하는 반면에, 50대는 아웃렛·할인매장(49.9%)을 더 선호하였다. 이는 나이가 젊을수록 인터넷 환경에 익숙해 새로운 형태의 유통채널에 관심이 많고, 적응 속도가 중장년층에 비해 빠르기 때문으로 보인다. 고소득층은 쇼핑할 때 아웃렛·할인매장(48.5%), 인터넷·모바

쇼핑은 어디에서 하나요?

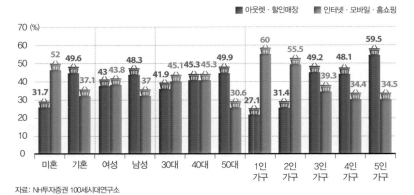

자료: NH투자증권 100세시대연구소

일·TV홈쇼핑(27.9%), 백화점(20.2%)의 순으로 많이 이용하는 것으로 나타났다. 고소득층은 인터넷·모바일·TV홈쇼핑(27.9%)을 통한 구매는 중산층(40.4%)보다 낮은 반면에, 백화점(20.2%)을 통한 구매 비율은 중산층(7.7%)보다 훨씬 높은 것으로 나타났다.

'인터넷·모바일·TV홈쇼핑'은 미혼, 여성, 나이가 젊을수록, 가구원수가 적을수록, 소득이 낮을수록 더 많이 이용하는 것으로 보인다. 특히 미혼 1인 가구가 인터넷·모바일·TV홈쇼핑 채널을 이용해 의류 등을 많이 구매하는 것을 알 수 있다. 이와 반대로 '아웃렛·할인매장'은 기혼, 남성, 나이가 많을수록, 가구원수가 많을수록, 소득이 많을수록 더 선호하였다. 나이가 많을수록 모바일 환경보다는 상품을 직접 눈으로 확인하는 쇼핑을 더 선호하는 것으로 보인다.

집은 평균 28.3평이지만, 19평 이하도 10명 중 2명

우리 사회에서 주택의 크기와 가격은 사회·경제적 지위를 드러내는 역할을 하고 있다. 무주택 서민층에게 내 집 마련은 중산층으로 계층 상승의 디딤돌 역할을 한다. 부동산 가격이 급등하던 시기에 중산층들은 내 집 마련을 발판으로 주택 넓혀 가기를 통해 자산 증식을 하기도 했다. 대한민국 중산층이 실제 거

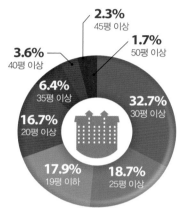

중산층이 살고 있는 집의 크기

- 2.3% 45평 이상
- 1.7% 50평 이상
- 3.6% 40평 이상
- 6.4% 35평 이상
- 32.7% 30평 이상
- 16.7% 20평 이상
- 17.9% 19평 이하
- 18.7% 25평 이상

자료: NH투자증권 100세시대연구소

주하고 있는 주택은 30~34평 이하(32.7%)가 가장 많았으며, 25~29평 이하(18.7%), 19평 이하(17.9%)의 순으로 나타났다. 중산층이 살고 있는 집의 평균은 28.3평으로 나타났다.

30평 이상 거주는 40~50대, 4~5인 가구, 소득이 많을수록 많아

30평 이상 주택에 거주하는 사람들은 기혼, 나이가 많을수록, 가구원 수가 많을수록, 학력이 높을수록, 소득이 많을수록 더 많았다. 대한민국 중산층 중 기혼자의 50.4%, 50대의 56.1%, 5인 가구의 60.7%, 대학원 졸업자의 63.3%가 30평 이상의 주택에 거주하고 있다. 학력이 높으면 소

득이 높고, 소득이 쌓여 자산이 증가하기 때문에 이런 결과는 당연한 결과이다. 그리고 결혼을 하여 가구원수가 늘어나면서 더 넓은 생활 공간이 필요한데, 넓은 주택을 마련하려면 자산을 축적하는 데 시간이 필요하기 때문에 이러한 이유로 40~50대가 30평 이상 주택에 거주하는 비율이 높았다. 이와 반대로 19평 이하 주택에 거주하는 사람들은 미혼, 나이가 젊을수록, 1인 가구일수록, 소득이 낮을수록, 학력이 낮을수록 더 많은 것으로 나타났다. 대한민국 중산층 중 1인 가구의 74.3%, 미혼의 39.2%, 고졸의 27.9%, 30대의 25.1%가 19평 이하 주택에 거주하고 있다.

소득계층별로 30평 이상 주택에 거주하는 사람은 고소득층(65.8%), 중산층(46.7%), 빈곤층(16.6%)으로 나타났다. 대한민국 중산층은 10명 중 9명(86.4%)이 30평 이상의 주택에서 사는 것을 원한다. 그러나 현실은 대한민국 중산층의 절반(46.7%)이 30평 이상 주택에 거주하고 있는 것으로

'30평 이상' 주택에 거주하는 중산층 비율

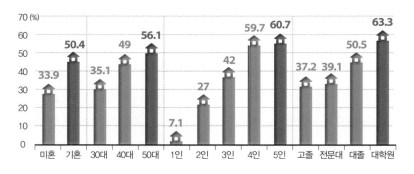

자료: NH투자증권 100세시대연구소

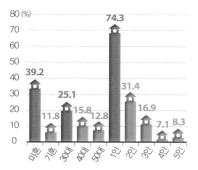

'19평' 이하 주택에 사는 중산층 비율

자료: NH투자증권 100세시대연구소

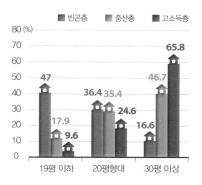

살고 있는 집의 크기(소득계층별)

자료: NH투자증권 100세시대연구소

나타났다. 대한민국 중산층 10명 중 2명(17.9%)이 19평 이하의 주택에 거주하고 있는 데 비해, 빈곤층은 절반(47%)이 19평 이하의 주택에 살고 있어 빈곤층의 비율이 훨씬 더 높았다. 소득 수준에 따라 거주하는 주택 크기에 큰 차이가 있는 것으로 나타났으며, 소득 수준이 주택 크기를 결정하는 요인으로 보인다.

집 선택 시 '편리한 대중교통'이 제일 중요

한국 사회에서 주택은 대부분의 사람들에게 가장 중요한 자산 목록이라고 할 수 있다. 부동산 가격이 급등하면서 대부분의 사람들에게 부동산 소유 여부가 부의 수준을 결정짓는 요인이 되었다. 자신의 집을 마련한다는 것은 중산층으로서 경제적 안정을 확보하는 데에 중요한 요건이라고 할 수 있다.

대한민국 중산층이 주택 선택 시 가장 중요하게 고려하는 요인으로는 편리한 대중교통(35.5%), 직장과의 거리(16.6%), 공원 등 자연환경(14.2%), 생활 편의성(13.9%), 교육환경(11.9%) 순으로 나타났다. 주택 선택 시 소득수준에 관계없이 모든 계층이 '편리한 대중교통'을 가장 중요하게 생각하고 있지만, 특히 빈곤층(47.4%)이 제일 높은 것으로 나타났다. '편리한 대중교통'은 미혼일수록, 소득이 낮을수록, 학력이 낮을수록 더 중요하게 고려하는 것으로 보인다. 이는 미혼일수록, 소득이 낮을수록 대중교통을 더 많이 이용하기 때문이다. '직장과의 거리'는 미혼일수록, 나이가 젊을수록, 1인 가구일수록 더 중요하게 고려하는 것으로 나타났다. 미혼인 30대 1인 가구 직장인이 주택 선택 시 직장과의 거리를 가장 중요하게 고려하는 것으로 보인다.

주택 선택 시 가장 중요하게 고려하는 사항(소득계층별)

자료: NH투자증권 100세시대연구소

'교육환경(학군)'은 기혼일수록, 연령대는 40대, 소득이 많을수록, 가구원수가 많을수록 중요하게 고려하였다. 결혼을 한 40대는 자녀들이 초·중·고등학교에 다니는 나이이기 때문에 교육환경(학군)을 중요하게 고려하는 것으로 보인다. 또한 교육환경(학군)에 대한 관심은 고소득층(13.6%)이 빈곤층(6.3%)보다 더 높아 소득이 많을수록 자녀들의 교육환경(학군)에 대한 관심이 더 높은 것으로 보인다.

한편, '투자가치(5.2%)'의 비중이 예상보다 낮았다. 이는 주택 보급률이 증가하여 전국적인 주택가격 상승을 기대하기 어렵고, 주택 가격 상승이 국지적으로 나타나기 때문에 '투자가치'의 비중이 낮은 것으로 보인다.

중산층 자가용 10대 중 4대가 쏘나타급 이상

중산층이 자가용을 보유하게 되면서 생활의 많은 부분이 변화되었다. 자동차를 통해 먼 거리로의 이동이 자유롭게 되어 여행과 레저를 즐기는 사람들이 증가하였다. 자가용 보유대수의 증가는 출퇴근 시간 단축, 이동시간 단축으로 생활 편의성이 크게 증가하였으며 여가·문화생활과 쇼핑문화의 변화를 가져왔다.

대한민국 중산층이 보유하고 있는 자가용의 종류는 중형차(23.9%), SUV(21%), 없다(19%), 준중형차(17.5%), 경차·소형차(10.4%), 준대형차(5.5%) 순으로 나타났다. 중산층이 보유하고 있는 자가용을 크기로 분류하면 '중형차·준대형차·대형차·수입차·대형 SUV'의 합계가 42.8%로

중산층 보유 자가용의 크기

- 5.5% 준대형차
- 1.5% 대형차
- 1.4% 수입차
- 23.9% 중형차
- 21% SUV(대형+중소형)
- 19% 없다
- 17.5% 준중형차
- 10.4% 경차·소형차

자료: NH투자증권 100세시대연구소

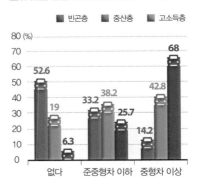

보유하고 있는 자가용의 크기(소득계층별)

■ 빈곤층　■ 중산층　■ 고소득층

없다: 52.6 / 19 / 6.3
준중형차 이하: 33.2 / 38.2 / 25.7
중형차 이상: 14.2 / 42.8 / 68

자료: NH투자증권 100세시대연구소

나타났다. 즉, 중산층이 보유하고 있는 자가용 10대 중 4대가 '중형차(쏘나타급) 이상'인 셈이다. '준중형차·경차·소형차·중소형 SUV'의 합계가 38.2%로 중산층 10명 중 4명은 '준중형차(아반떼급) 이하' 크기의 승용차를 보유하고 있는 것으로 나타났다. 여가·문화생활의 시대를 맞이하여 SUV의 비중이 21%로 높았다. 캠핑·자전거 등의 레저스포츠가 활성화되면서 SUV 자동차를 선호하는 중산층이 증가하는 추세이다.

대한민국 중산층 중에서 '자가용이 없다(19%)'는 사람이 다섯 명 중 한 명꼴이었다. 대한민국 중산층 중 1인 가구의 60%, 미혼자의 46.7%, 30대의 24.5%가 자동차가 없는 것으로 나타났다. 자동차가 없는 중산층의 비율은 미혼일수록, 나이가 젊을수록, 소득이 적을수록, 가구원수가 적을수록 더 많은 것으로 보인다. 특히, 빈곤층(52.6%)은 중산층(19%)과 고소득층(6.3%)에 비해 자동차가 없는 비율이 매우 높은 것으로 나타났다. 우리나라 중산층은 10명 중 2명(19%)이 자가용이 없는 데 반해, 빈곤층은 절반(52.6%)이 자가용이 없어 빈곤층의 비율이 훨씬 더 높았다. 이는 자동차가 주택 다음으로 가격이 비싼 상품이어서 구입 비용에 대한 부담 때문에, 미혼인 30대 1인 가구와 빈곤층의 자동차가 없는 비율이 높은 것으로 보인다.

자가용 구입 시 경제성을 가장 중요하게 생각

대한민국 중산층이 자가용 구입 시 가장 중요하게 고려하는 요인은 가격·연비 등 경제성(65.7%), 안전성(17.7%), 승차감 등 편의성(10.5%) 순으로 나타났다. 디자인 등 심미성(2.1%), 배기량 등 사회적 체면(1.7%)의 비중은 매우 낮았다.

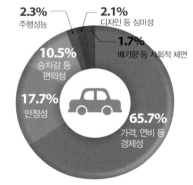

중산층이 자가용 구입 시 고려하는 요인

- **2.3%** 주행성능
- **2.1%** 디자인 등 심미성
- **1.7%** 배기량 등 사회적 체면
- **10.5%** 승차감 등 편의성
- **17.7%** 안정성
- **65.7%** 가격, 연비 등 경제성

자료: NH투자증권 100세시대연구소

자가용 구입 시 고려하는 요인 (소득계층별)

■ 빈곤층 ■ 중산층 ■ 고소득층

- 가격·연비 경제성: 68.4 / 65.7 / 50
- 안전성: 19.8 / 17.7 / 21
- 승차감 등 편의성: 6.3 / 10.5 / 14

자료: NH투자증권 100세시대연구소

'가격·연비 등 경제성'은 미혼일수록, 가구원수가 적을수록, 소득이 적을수록, 학력이 낮을수록 중요하게 고려하는 비율이 더 높은 것으로 나타났다. 빈곤층(68.4%)은 고소득층(50%)보다 '가격·연비 등 경제성'을 가장 중요하게 고려하는 비율이 더 높았다. 이는 소득이 적을수록 자동차를 구매 시 예산이 적기 때문에 '가격·연비 등 경제성'을 더 중요하게 고려하는 것으로 보인다.

대한민국에서 자동차의 크기나 가격은 사회·경제적 지위를 드러내는 역할을 하고 있다. 고소득층은 경제적인 여유를 가지고 있기 때문에 수입차나 대형차를 구매하여 자신의 경제적인 능력을 과시할 수 있다. 그러나 중산층은 제한된 경제력 범위 내에서 자동차를 구매해야 하므로 자가용 구입 시 '가격·연비 등의 경제성'을 가장 중요하게 고려하며, 그다음으로 '안전성'을 중요하게 생각하는 것으로 보인다.

중산충
트렌드
2017

중산층
트렌드
2017

외로운, 그리고 이기적인
(중산층 인식)

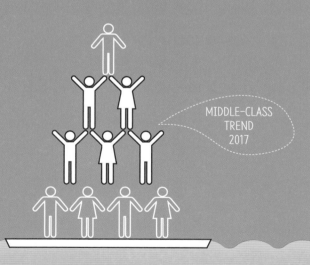

MIDDLE-CLASS
TREND
2017

Summary 💬

◉ 중산층은 4인 가구
- 중산층 가족수는 평균 3.3명이지만, 4인 가구가 여전히 가장 많아(42.8%)
- 적당한 자녀수는 평균 1.85명, 자녀 수 2명 가장 선호(66.3%)

◉ 중산층, 가능하다면 가족과 함께 살고 싶어
- 혼자 사는 삶(15%)보다 가족과 함께 사는 삶 선호(85%)
- 나의 행복은 어디에서 오나? '가족에서 온다'가 가장 많아(51.7%)
- 가족과 함께 살수록, 가족과 함께 살 때의 좋은 점 더 잘 알아

◉ 결혼? 뭐, 안 해도 돼
- 결혼: '꼭 해야 한다'가 26.5%밖에 되지 않아
- 황혼이혼: 찬성(52.1%)이 반대보다 2배 이상 많아
- 졸혼: 찬성(49%)과 반대(51%)가 서로 비슷
- 여자가 남자보다 결혼제도에 있어 자유롭고 개방적으로 생각

◉ 자녀 양육 책임은 학업을 마칠 때까지
- 자녀 양육 책임 기간: 대학교 졸업까지(47.5%) > 고교 졸업까지(23.7%)
- 손주 돌봄: '무조건' 또는 '유상(용돈 등)이면 돌봐주겠다'가 전체의 65%

◉ 부모님은 따로 살며 자주 찾아 뵙는 게 제일이죠
- 부모 부양: '따로 살며 정기적으로 보살피며 산다'가 '당연히 모시고 산다'보다 3배 많아
- 부모 용돈: '용돈을 드리고 있다(65%)'가 '안 드린다(37.5%)'보다 2배 가까이 많아
- 부모님께 정기적으로 용돈 드리는 경우, 평균 금액은 월 20만 원

외로운 중산층, 가족을 꿈꾸다

1973년 8월, 영국 최대 휴양지였던 서머랜드 호텔에서 대형 화재가 발생했다. 가족 또는 친구들과 함께 여름휴가를 즐기려고 호텔에 왔던 3,000여 명 중 50여 명이 사망하고 400여 명이 부상을 입어 영국 최대의 화재 사건으로 기록되었다. 우리에게 잘 알려진 영화 〈타워링〉의 실제 모델이기도 하다.

위기의 순간 살아남은 사람들은 어떤 사람들이었을까? 살아남은 사람은 혼자 온 사람도 아니고 친구와 함께 온 사람도 아니었다. 가족과 함께 온 사람들이었다. 화재가 발생하자 친구들은 75%가 자기 살 길을 찾아 뿔뿔이 흩어졌고, 가족은 67%가 함께 움직였다. 가족은 아비규환의 속에서 서로를 찾아 헤맸고 결국 만나 대부분 무사히 건물을 빠져나왔다.

가족의 힘을 보여주는 또 다른 사례가 있다. 1884년 미국 서부 개척 시대, 미국 돈너계곡에 서부 개척민이 추위와 배고픔 속에 6개월간 고립되었다. 70명 중 40명의 희생자를 낳았던 사투 속에서 가장 생존율이 높은 그룹은 고독과의 싸움에 익숙한 독신남이 아니라 노약자가 많은 대가족이었다. 대가족은 아무리 노약자가 포함됐더라도 가족의 크기에 비례해 높은 생존율을 기록했다.

위기의 순간, 가족이기에 위대한 힘이 있다. '피는 물보다 진하다'는 우리의 속담이 어울릴 정도로 공동운명체로서 신비한 유전자의 힘을 발휘한다. 부양해야 할, 지켜야 할 가족이 있다는 사실이 오히려 생존 확률을 올려주고, 고난을 극복하게 해준다.

우리는 가족이라는 울타리 안에서 심리적 안정감을 얻는다. 그래서 가족은 안식처이자 마지막까지 기댈 수 있는 피난처이기도 하다. 가족은 수많은 위기와 실패, 좌절, 도전에 대한 불안 등에서 버틸 수 있는 힘을 준다. 가족이라는 공동운명체의 힘이다.

우리나라의 대표적인 가족 형태는 부부와 미혼 자녀로 구성된 4인 가구이다. 이 가족 형태는 전통적인 대가족(조부모, 부모, 자녀 3세대가 함께 사는 가족)과 구분하여 핵가족nuclear family이라 불린다.

핵가족이라는 용어는 미국 인류학자 머독G.P.Murdock이 처음 사용한 것으로, 세포의 핵과 같이 더 이상 쪼갤 수 없는 가족 단위라는 의미를 담고 있다. 최근에는 '부부와 미혼 자녀'뿐만 아니라 '부부', '편부모와 미혼 자녀' 등의 가족 형태도 핵가족으로 구분하고 있다. 사회가 다양화되고 개인의 가치가 증가하면서 가족의 모습도 변화하고 있는 것이다.

최근에는 핵가족보다 더 작은 가족 형태가 등장했다. 가족 형태로 논하기에 논란의 여지가 있지만 1인 가구이다. 우리나라 1인 가구 비율은 1990년 9%에 불과했으나 2015년 27.2%로 가장 비중이 높은 가구 형태가 되었다. 반면 대표적인 가족의 형태로 여겨지던 4인 가구는 빠르게 감소

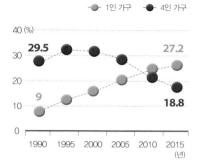

하고 있다. 4인 가구 비율은 1990년 29.5%로 가장 높은 비중을 차지하였으나 2015년 18.8%로 크게 감소하였다. 4인 가구와 1인 가구의 위상이 뒤바뀐 것이다.[1]

1인 가구가 이처럼 빠르게 증가한 데에는 여성의 경제활동 증가, 젊은 세대의 결혼관 변화에 따른 비혼, 만혼의 증가, 기러기 가족 그리고 이혼 및 별거 등 가족해체에 따른 비자발적 독신층의 증가, 노령화에 따른 노인독신 가구의 증가 등이 원인으로 꼽힌다. 혼자 또는 둘이 사는 가구가 절반을 넘어서며 가족이 점점 작아지고 있다. 작아진 가족은 평균 가구원수 변화를 통해서도 확인할 수 있다. 우리나라 가족의 평균 가구원수는 현재 2.6명이다. 4인 가구 비중이 높았던 1990년 평균 가구원수

1 〈인구총조사〉, 통계청, 2015

3.7명과 비교할 때, 크게 감소한 것을 알 수 있다.

1인 가구의 증가 현상은 일시적이고 단순한 트렌드가 아니라 구조적이고 지속적인 사회변화를 가져올 것으로 예상되어 많은 우려를 낳고 있다. 가족과 함께 사는 사람들이 빠르게 감소하는 만큼, 가족의 울타리에서 느끼는 정서적 안정감도 사라지고 있다. 그 사이 외로움은 크게 증가했다. 만혼, 비혼, 독신, 이혼, 사별 등 혼자 사는 이유는 다양하지만 어떤 이유에서든 혼자 산다는 것과 외로움을 별개로 생각할 수 없다. 실제 한 조사에 따르면 혼자라는 외로움, 고독감, 쓸쓸함은 1인 가구의 가장 큰 단점으로 손꼽혔다.[2] 혼자 먹고살기에도 어렵다지만, 혼자 사는 게 정답은 아니다. 어려울수록 가족의 힘이 더욱 필요하다.

중산층은 그래도 4인 가구가 많아

1인 가구가 대세가 된 요즘, 중산층 가족의 모습은 얼마나 달라졌을까? 중산층 가족은 평균 3.3명이 함께 살고 있지만, 여전히 4인 가구가 가장 많은 것으로 나타났다. 4인 가구는 중산층의 42.8%로 절반에 가까웠다. 반면 우리나라 전체 가구의 27.2%를 차지하는 1인 가구는 중산층에선 6.8%에 불과했다.

그 많던 1인 가구는 어디로 갔을까? 소득계층별 1인 가구 비율을 살

---

2 〈1인 가구 설문조사〉, 마크로밀엠브레인, 2015

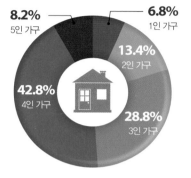

중산층, 4인 가구 비중이 가장 높아

8.2% 5인 가구

6.8% 1인 가구

13.4% 2인 가구

42.8% 4인 가구

28.8% 3인 가구

자료: NH투자증권 100세시대연구소

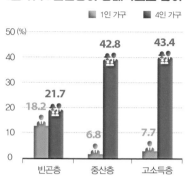

1인 가구, 빈곤층이 상대적으로 많아

■ 1인 가구 ■ 4인 가구

50 (%)

40

30

20

10

0

빈곤층 18.2 / 21.7
중산층 6.8 / 42.8
고소득층 7.7 / 43.4

자료: NH투자증권 100세시대연구소

펴본 결과, 1인 가구의 상당수는 중산층보다 소득 수준이 열악한 빈곤층에 많았다. 빈곤층의 1인 가구 비율(18.2%)은 중산층(6.8%), 고소득층(7.7%)에 비해 크게 높았다. 반면 소득 수준과 1인 가구 비율이 반비례하진 않았다. 1인 가구는 소득 수준이 중간인 중산층에서 가장 비율이 낮았고 빈곤층과 고소득층에선 상대적으로 비중이 높아, 1인 가구의 소득 수준이 양극화되었음을 짐작할 수 있다. 1인 가구는 경제적 능력이 있는 싱글족도 있지만 그 이면에는 경제적으로 어려워 혼자 살기도 빠듯한 비자발적 1인 가구, 노령화에 따라 배우자 사별 후 혼자 사는 노인 가구 등과 같은 경제적 빈곤층이 많기 때문이다.

부양가족이 많으면 살림이 어려울 것 같지만 사실 가족과 사는 것이 더 효율적인 것으로 나타났다. 단순하게 생각해보면 딸린 식구가 없이 혼자 벌어서 혼자 쓰면 경제적으로 훨씬 여유로울 것이라고 판단하기 쉽지만 실제 통계에 따르면 가족과 함께 살수록 돈이 모인다. 가구원수별 가구당 월평균 가계수지를 살펴보면 1인 가구의 소비성향이 가장 높으며 소득 대비 흑자율은 가장 낮게 나타났다.[3] 혼자 살더라도 기본적이고 고정적인 소비활동은 이루어질 수밖에 없기 때문이다. 결국 경제적인 측면에서 보면 1인 가구가 가장 비효율적인 조건이며 흔히 가정을 이뤄야 재산을 모을 수 있다는 말은 충분히 타당성 있는 주장이다.

중산층, 가능하다면 가족과 함께 살고 싶어요

중산층 가족은 현재 4인 가구가 가장 많으며, 평균 3.3명의 가족과 함께 살고 있다. 그렇다면 그들이 꿈꾸는 가족의 모습은 어떠할까?

중산층은 가족과 함께 살고 싶다는 응답이 전체의 85%에 가까웠다. 특히 '부부와 자녀가 함께 사는 삶'에 대한 선호가 가장 높았다. 현재 살고 있는 모습과 원하는 가족의 모습이 큰 차이를 보이지 않았는데, 현재 살고 있는 모습에 익숙해졌거나 만족도가 높은 것으로 추측된다. 특히 기혼일수록, 연령대가 높을수록, 함께 살고 있는 가구원수가 많을수록 '가족과 함께하는 삶'을 더 선호했는데, 이는 가족과 함께 살수록 그만큼 좋은 점을 잘 알고 있기 때문인 것으로 보인다.

소득계층별로 보면 소득 수준이 높을수록 '가족과 함께 사는 삶'을

---

3 〈2016년 2/4, 가계수지〉, 통계청

선호했다. 빈곤층은 10명 중 6명
이 가족과 함께 살고 싶어했지만,
경제적으로 여유로운 고소득층
은 10명 중 9명이 가족과 함께 살
고 싶어 했다. 경제적 여건은 가
족과 함께 살아가는 삶에서 따
로 떼어놓고 생각할 수 없을 정도
로 중요한 요소이다. 빈곤층의 경
우 현재 1인 가구 비율(18.2%)보다

중산층이 선호하는 삶

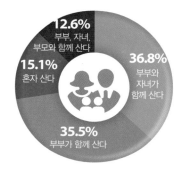

12.6%
부부, 자녀,
부모와 함께 산다

15.1%
혼자 산다

36.8%
부부와
자녀가
함께 산다

35.5%
부부가 함께 산다

자료: NH투자증권 100세시대연구소

'1인 가구로 살고 싶다'는 비율(36.4%)이 2배 가까이 높아, 부양가족에
대한 경제적 부담감이 큰 것으로 보인다. 생계에 어려움을 겪는 빈곤층
의 경우, 혼자 벌어 혼자 먹고살기에도 어려운 현실이 반영된 결과인
듯싶다.

대부분의 중산층이 혼자보다 '가족과 함께하는 삶을 살고 싶다'고 응
답한 가운데, '혼자 사는 삶'의 선호도가 상대적으로 높은 그룹이 있었
다. 바로 미혼인 1인 가구이다. 결혼을 하여 가정을 이룬 기혼자의 경우
'혼자 사는 삶'을 선택한 비율이 8.1%에 불과했으나, 미혼의 경우 39.6%
가 '혼자 산다'를 선택해 큰 차이를 보였다. 미혼자는 앞으로 가정을 이
룰지 의견이 나눠졌으나 가정을 이룬 기혼자는 압도적으로 '가족과 함
께 사는 삶'을 선택해 가족과 함께하는 삶에 대한 만족도가 높음을 알
수 있다.

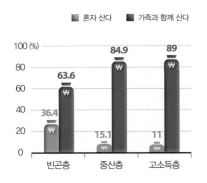

소득계층별 선호하는 삶

■ 혼자 산다 ■ 가족과 함께 산다

- 빈곤층: 36.4, 63.6
- 중산층: 15.1, 84.9
- 고소득층: 11, 89

자료: NH투자증권 100세시대연구소

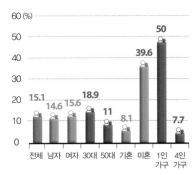

혼자 사는 삶 선호도

- 전체: 15.1
- 남자: 14.6
- 여자: 15.6
- 30대: 18.9
- 50대: 11
- 기혼: 8.1
- 미혼: 39.6
- 1인 가구: 50
- 4인 가구: 7.7

자료: NH투자증권 100세시대연구소

현재 혼자 살고 있는 1인 가구는 '혼자 사는 삶'을 정말 원하고 있을까? 딱 절반만이 '혼자 사는 삶'을 선택했다. 이는 현재 혼자 살고 있는 사람의 절반은 '자발적으로' 원해서 혼자 살고 있고, 나머지 절반은 상황상 어쩔 수 없이 '비자발적으로' 혼자 살고 있음을 의미한다. 혼자 먹고살기에도 빠듯한 빈곤층과 달리 어느 정도 경제적 기반을 갖춘 중산층 1인 가구의 경우 가능하다면 가족과 함께 살고 싶어함을 알 수 있다.

가족과 함께 살고 있는 사람은 가족의 좋은 점을 잘 알고 가족과 함께 살고 싶어 한다. 혼자 살고 있는 사람도 가능하다면 가족과 함께 살고 싶어 한다. 결국 대부분의 중산층은 가족과 함께 살고 싶어 한다.

가족과 함께 살고 있고 가족과 함께 살고 싶어 하는 중산층에게 '행복'은 어디에 있을까? 역시 '가족'에 있었다. 나의 행복은 가족에 있다고 답한 응답률은 절반이 넘는 51.7%에 달했다.

사실 행복은 매우 주관적인 가치이다. 가족의 행복이 곧 나의 행복이라는 것은 매우 가족주의적이며 동양적인 가치관이다. 중산층은 그만큼 가족주의적 성향을 갖고 있음을 추측할 수 있다.

소득계층에 따라 의견은 조금

나의 행복은 어디에서 오나?

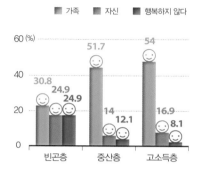

자료: NH투자증권 100세시대연구소

달랐다. 중산층과 고소득층 사이에서는 행복에 대한 의견이 크게 다르지 않았으나, 빈곤층은 의견 차이가 컸다. 중산층과 고소득층의 '행복은 가족에 있다'는 의견이 절반을 넘어선 데 비해, 빈곤층은 '가족에 있다'

가족의 행복이 나의 행복

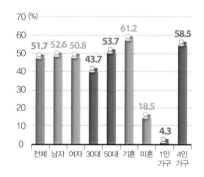

자료: NH투자증권 100세시대연구소

내가 행복해야 행복

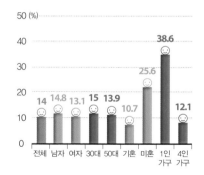

자료: NH투자증권 100세시대연구소

가 30.8%였으며, 이에 못지않게 행복은 '자신에게 있다'는 의견(24.9%)과 '행복하지 않다'(24.9%)는 의견이 높게 나타났다. 경제적으로 불안정하면 나의 생계가 우선시되고, 경제적으로 궁핍할수록 '행복하지 않다'고 생각하는 사람이 많음을 알 수 있다.

중산층 가운데 나의 행복은 가족에 있다고 답한 응답률은 50대, 기혼, 4인 가구에서 높게 나타났다. 현재 가정을 이루고 있고, 가족과 함께 살고 있는 그룹이라는 공통점이 있다. 가족과 함께 살수록 가족의 소중함을 그만큼 잘 알고 있다고 분석된다. 반면 나의 행복은 '자신에 있다'고 답한 그룹은 30대, 미혼, 1인 가구에서 높게 나왔다. 이 그룹은 개인주의 가치관이 높다는 공통점을 갖고 있어 '혼자 사는 삶을 선호'하는 그룹(30대, 미혼, 1인 가구)과 성격이 매우 유사하다. 최근 빠르게 증가하고 있는 1인 가구의 경우, '나의 행복은 가족에 있다'는 의견이 4.3%에 불과해, 1인 가구가 늘어날수록 가족의 해체가 우려된다.

결혼? 뭐, 안 해도 돼

가족의 시발점이 되는 결혼에 대한 중산층의 생각은 어떠할까? 중산층의 절반가량(55.5%)은 결혼에 대해 '해도 좋고 안 해도 좋은' 선택 사항으로 답했다. '꼭 해야 한다'는 의견은 26.5%에 불과해 결혼은 필수가 아닌 선택이라는 최근의 가치관이 중산층에도 반영되었음을 알 수 있다.

남녀 간에도 생각의 차이가 있었다. 여자는 60%가 넘는 사람들이 결혼은 '선택 사항이다'라고 답했지만, 남자는 55% 정도만 이같이 응답했다. '꼭 해야 한다'에 대한 응답도 남자는 26.5%로 비교적 높았지만 여자는 16%에 그쳤다. 출산, 육아, 가사분담에 있어 여성의 부담이 더 높은 현실이 반영된 결과로 보인다.

소득계층별 결혼에 대한 생각

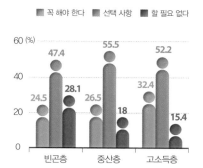

■ 꼭 해야 한다   ■ 선택 사항   ■ 할 필요 없다

자료: NH투자증권 100세시대연구소

또한 소득 수준이 낮을수록, 연령대가 어릴수록, 학력이 낮을수록 결혼을 '꼭 할 필요 없다'는 결혼에 대한 부정적인 의견이 많았다. 고소득층은 15.4%가 결혼을 할 필요 없다고 응답한 데 비해, 저소득층은 28.1%가 할 필요 없다고 답했다. 경

'결혼, 할 필요 없다'

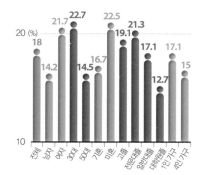

자료: NH투자증권 100세시대연구소

자녀가 외국인과 결혼한다면?

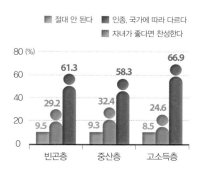

■ 절대 안 된다   ■ 인종, 국가에 따라 다르다   ■ 자녀가 좋다면 찬성한다

자료: NH투자증권 100세시대연구소

제적 기반이 약할수록 결혼을 하고 가정을 꾸리는 데 부담을 많이 느끼고 있는 것이다. 최근 젊은 세대를 중심으로 결혼 준비자금이 부족하여 결혼을 미루는 '만혼晚婚'과 결혼 자체를 안 하겠다는 '비혼非婚'이 증가하고 있는 것도 같은 이유이다.

결혼은 개인의 선택이라고 대다수 답했지만, 자녀의 국제결혼에 대해서는 보수적이었다. 자녀가 외국인과 결혼하는 데 '자녀가 좋다면 찬성한다'는 의견은 전체에 58.3%에 불과했다. 즉 42%는 반대 혹은 선택적 반대를 보였다. 외국인과 결혼 자체를 반대하는 의견은 적었으나 인종과 국가에 따라 다르다고 답해, 결혼을 통해 한 가족이 되는 데 보수적인 태도를 보였다.

이혼, 요즘 세상에 누가 참고 사나요

최근 20년 이상 결혼생활을 한 부부의 황혼이혼이 증가하고 있다. 자녀가 성장하여 출가한 시점에 이혼을 결심하는 부부가 그만큼 많아진 것이다. 황혼이혼에 대한 중산층의 생각은 어떨까? 과반수 이상이 찬성한다(52.1%)는 입장을 표명했다. 반대는 26.3%였고 이혼 대신 별거하는 것이 좋다는 응답도 21.6%나 나왔다. 그럴 만한 이유가 있다면 결혼제도를 억지로 유지할 필요가 없다는 것이 대부분의 의견이었다.

남녀 간에는 꽤 큰 의견 차이가 있었다. 남자의 경우 황혼이혼에 찬성한다는 입장이 42.8%에 그친 반면 여자는 61.4%에 달했다. 결혼에 대한 입장을 묻는 질문에도 여자가 남자보다 '선택 사항'이란 응답이 더 많았던 점을 고려하면, 여자가 상대적으로 결혼제도 전반에 대해 더 부정적이고 자유로운 모습을 보이고 있다.

최근에는 황혼이혼이 급증하자 이에 대한 대안으로 '졸혼卒婚'이라는 말이 등장했다. 졸혼은

혼인 지속기간별 이혼율

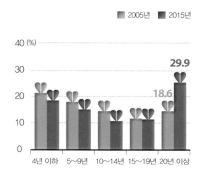

자료: 통계청(2015), NH투자증권 100세시대연구소

이혼과 달리 '결혼을 졸업한다'는 의미로 결혼을 유지한 채 부부가 각자의 삶을 즐기는 것을 말한다. 별거와 비슷해 보이지만, 각자의 사생활과 취미를 존중하면서도 여전히 배우자와의 좋은 감정을 유지하며 지속적

황혼이혼에 대한 생각

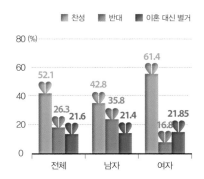

자료: NH투자증권 100세시대연구소

졸혼에 대한 생각

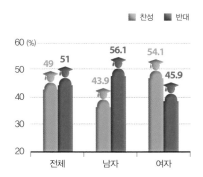

자료: NH투자증권 100세시대연구소

인 가족관계를 유지한다는 점이 다르다. 졸혼은 같은 집에 함께 살면서도 가능하며 자식들의 독립 이후에 많이 이루어진다. 졸혼에 대해서도 중산층은 절반 가까이 찬성 의견(49%)을 보였다. 찬성 의견은 남자(43.9%)보다 여자(54.1%)가 더 많았다. 육아와 가사 부담이 큰 여자가 남자에 비해 결혼제도에 얽매여 있다고 생각하고 있는 것이다. 졸혼의 개념이 아직은 생소하지만 황혼이혼의 대안이 될 가능성을 엿볼 수 있다. 가정문제 없이 화목한 가정생활을 하는 것이 최선이지만, 불가피한 이유나 상황이 있다면 '졸혼'도 하나의 대안이 될 수 있을 것으로 보인다.

아이는 둘 낳고 싶은데, 키울 형편이 안돼요

자녀를 키우는 데 경제적 부담이 커지면서, 결혼 후 아이를 낳지 않는 부부가 늘어나고 있다. '딩크족Double Income, No Kids'으로 불리는 이들은 결혼은 했지만 의도적으로 아이를 갖지 않는 맞벌이 부부로, 자녀보다 부부 중심의 삶에 더 가치를 둔다. 최근에는 아이 없이 애완동물을 기르며 사는 맞벌이 부부를 일컫는 용어로 '딩펫족Double Income, No Kids+Pet'이 등장하기도 했다.

결혼에 대해 개방적인 가치관을 가지고 있는 중산층 가족은 자녀에 대해 어떻게 생각할까? 결론적으로 중산층은 딩크족, 딩펫족과 거리가 멀었다. 결혼 후 바라는 자녀수에 대한 질문에 66%에 달하는 많은 사람

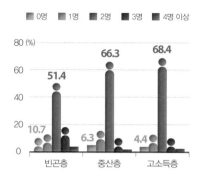

원하는 자녀수

■ 0명 ■ 1명 ■ 2명 ■ 3명 ■ 4명 이상

80 (%)

66.3   68.4

60

51.4

40

20

10.7   6.3   4.4

0

빈곤층   중산층   고소득층

자료: NH투자증권 100세시대연구소

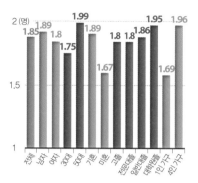

계층별 원하는 자녀수(평균)

2 (명)   1.99   1.95   1.96
1.85 1.89   1.89   1.8 1.8 1.86
      1.8 1.75
                1.67   1.69

1.5

1

전체 남자 여자 30대 50대 기혼 미혼 고졸 전문대졸 일반대졸 대학원졸 1인가구 4인가구

자료: NH투자증권 100세시대연구소

이 2명의 자녀를 원했다. 우리나라의 출산율은 1.24명[4]이나 중산층 가족이 바라는 자녀수는 평균 1.85명으로 실제보다 더 많은 자녀를 바라고 있는 것으로 나타났다. 자녀 양육 부담을 줄여주는 환경이 마련되면 자녀를 더 낳을 의지가 있다고 해석할 수 있다.

소득계층별로 보면, 전 계층에서 2명의 자녀를 원한다는 의견이 절반을 넘었다. 소득 수준의 차이에도 불구하고 원하는 자녀수는 크게 다르지 않았다. 다만 빈곤층의 경우, '자녀를 원하지 않는다'가 10.7%로 중산층(6.3%), 고소득층(4.4%)보다 2배 가까이 높았다. 자녀를 키우려면 일정 수준의 경제적 여건이 뒷받침되어야 함을 알 수 있다.

한편 중산층은 연령대가 높을수록, 기혼자일수록, 학력이 높을수록,

---

4 〈2015 합계출산율(가임여성이 평생 동안 낳는 평균 자녀 수)〉, 통계청

함께 살고 있는 가구원수가 많을수록 원하는 자녀수가 높게 나타났다. 특히 가구원수에 따라 큰 차이를 보였는데, 가구원수가 1명인 중산층은 1.69명의 자녀를 원했지만, 가구원수가 4명인 중산층은 1.96명의 자녀를 원했다. 가족구성원이 많은 가족일수록 대가족에 대한 장점을 잘 이해하고 있고, 자녀 양육을 도와줄 수 있는 조력자가 있어 더 많은 자녀를 원하고 있는 것으로 보인다.

자녀 양육 책임은 학업을 마칠 때까지

경제적으로 독립할 나이가 되었는데도 부모 집에 얹혀 사는 성인 자녀를 가리켜 '캥거루족'이라고 한다. 최근엔 결혼해 가정을 이룬 다음에도 부모에게 의존하는 세대를 '신新캥거루족'이라고 부른다. 취업난으로 경제적 독립을 못하는 성인 자녀가 증가하고 있다. 부모의 자녀 양육 책임은 언제까지일까?

'부모의 자녀 양육 책임은 언제까지 필요할까'라는 질문에 중산층은 '대학교 졸업까지(47.6%)'를 가장 많이 선택했다. 반면, '취업할 때까지(15.5%)'와 '결혼할 때까지(9.8%)'의 응답률은 낮았다. 취업난과 만혼화, 결혼 기피 현상이 반영된 결과로 해석된다. 학업까지 마치도록 도와주고 싶지만 그 후에는 부모에게 기대어 살기보단 경제적으로 독립하길 바라는 것이다. 성년이 된 자녀를 계속 보살펴야 한다는 것은 은퇴를 앞둔 부모 세대에게 부담이 아닐 수 없다.

소득 수준이 높아질수록 자녀 양육 책임을 더 길게 보는 경향이 있었으나 모든 소득계층에서 '결혼할 때까지'보다 '학업을 마치는 데(고등학교 또는 대학교)'까지라고 답한 응답률이 절대적으로 높았다. 고소득층에서도 '결혼할 때까지(16.5%)'보다 '대학교 졸업까지(47.4%)'의 응답률이 크

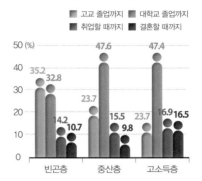

자녀 양육 책임 기간에 대한 생각

■ 고교 졸업까지　■ 대학교 졸업까지
■ 취업할 때까지　■ 결혼할 때까지

빈곤층: 35.2 / 32.8 / 14.2 / 10.7
중산층: 47.6 / 23.7 / 15.5 / 9.8
고소득층: 23.7 / 47.4 / 16.9 / 16.5

자료: NH투자증권 100세시대연구소

게 높았다. 부모가 돈이 많으면 자녀에게 더 도움은 줄 수 있겠지만, 그 적정선을 '대학교 졸업까지'로 보고 있는 것이다. 다만 소득이 낮을수록 '고교 졸업까지'에 대한 비율이 높았다. 빈곤층의 경우 '고교 졸업까지(35.2%)'를 '대학교 졸업까지(32.8%)'보다 더 많이 선택해, 대학교 학자금이 빈곤층에겐 큰 부담이 되는 현실을 확인할 수 있었다. 실제 빈곤층 자녀는 대학교 학자금을 스스로 감당하거나 대학교 학업을 포기해야 해, 빈곤층 젊은 세대의 경제난을 가중시키고 있다. 학업 수준이 낮을수록 '고교 졸업까지'에 대한 응답률이 높은 것도 학업 수준과 현재 소득 수준이 상관성을 갖기 때문으로 해석된다.

연령대별로도 의견 차이가 컸다. 젊은 세대일수록 자녀 지원의 종료 시점이 빨랐고, 나이가 들수록 오히려 좀 더 오래 자녀를 지원하려는 경향을 보였다. 실제 30대의 경우 '고교 졸업까지'가 적당하다는 의견이

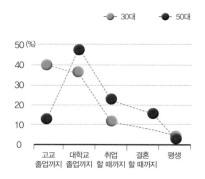

자녀 양육 책임 기간에 대한 생각

○ 30대　● 50대

50 (%)

고교 졸업까지 / 대학교 졸업까지 / 취업 할 때까지 / 결혼 할 때까지 / 평생

자료: 통계청, NH투자증권 100세시대연구소

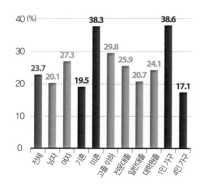

자녀 양육 책임 '고교 졸업까지'

40 (%)

전체 23.7 / 남자 20.1 / 여자 27.3 / 기혼 19.5 / 미혼 38.3 / 고졸 이하 29.8 / 전문대졸 25.9 / 일반대졸 20.7 / 대학원졸 24.1 / 1인 가구 38.6 / 4인 가구 17.1

자료: NH투자증권 100세시대연구소

40%로 가장 많았으나, 50대는 12%에 그쳤다. 50대는 '대학교 졸업까지 (49%)'를 가장 많이 선택해 노후를 앞둔 현실적인 고민을 보여주는 한편, '취업할 때까지(21%)', '결혼할 때까지(13%)'도 많이 선택해, 자녀를 위하는 부모의 입장을 엿볼 수 있었다.

　그 외 미혼일수록, 1인 가구일수록 '고교 졸업까지' 응답률이 다른 그룹보다 높았다. 이는 '자녀 양육'에 대한 가치관 자체가 바뀐 영향으로 분석된다. 미혼일수록, 1인 가구일수록 개인주의적 성향이 높아 가족에 대한 헌신보다는 나의 삶도 소중하므로 자녀 양육 책임 기간도 고등학교 졸업 때까지로 짧게 두고, 자녀의 빠른 경제적 독립을 바라는 것이다.

부모님은 따로 살며 자주 찾아 뵙는 게 제일이죠

중산층 가족은 자녀 양육에 있어 부모의 도움이 필요하면서도, 부모 부양에 대한 질문에 '당연히 자녀가 모시고 산다'는 응답은 20%에 불과했다. '따로 살며 정기적으로 보살피는 것이 좋다'는 의견이 66%로 대다수를 차지했다. 함께 살며 부모님을 모시는 것은 부담스럽고, 가까이 살면서 자주 찾아 뵙겠다는 생각이다.

소득이 높으면 부모를 모시고 산다는 의견이 높을까? 소득계층별 부모 부양에 대한 생각을 살펴본 결과 정반대의 결과가 나왔다. '당연히 자녀가 모시고 산다'에 대한 응답률은 빈곤층(32.8%)에서 가장 높고, 고소득층에서 가장 낮았다(14.7%). 소득이 높을수록 자녀가 모시고 살기보다 '따로 살며 정기적으로 보살피는 것이 좋다'는 의견이 높았다. 경제적으로 여유로운 고소득층은 부모를 '직접' 모시기보다는 '정기적으로 보

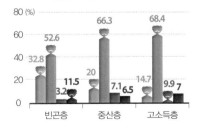

소득계층별 부모 부양에 대한 생각

자료: NH투자증권 100세시대연구소

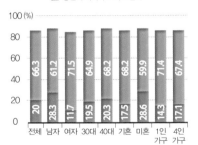

중산층 계층별 부모 부양에 대한 생각

자료: NH투자증권 100세시대연구소

살펴드리는 것'을 더 중요하게 생각하고, 때로는 요양원, 간병인과 같은 전문인의 도움을 받는 방법도 선택했다. 빈곤층에서 '부모 부양은 자식의 의무가 아니다'란 의견도 높게 나타난 것으로 보아, 형편상 외부 전문가의 도움을 받기보다 직접 부모를 모시고 사는 방법을 선택한 것으로 추측된다. 어찌되었든 부모 입장에선 빈곤층이 가장 효자다.

부모 부양에 있어서 중산층 계층 내에서도 의견 차이가 있었다. 당연히 자녀가 모시고 살아야 한다는 의견을 비교해보면, 남자가 여자보다 2배 가까이 응답률이 높았다. 일반적으로 시부모님과 함께 사는 우리나라 가족 문화를 고려할 때 남자는 부모 부양에 대한 책임감을 느끼고, 여자는 부모 부양에 대해 부담감을 느끼고 있는 것이다. 미혼자와 기혼자의 의견 차이도 컸다. 가정을 이루지 않은 미혼자의 '당연히 자녀가 모시고 살아야 한다'는 의견이 기혼보다 높았는데, 이는 미혼의 경우 대부분 부모 세대와 함께 살고 있고 본인의 가정이 없어 기혼자에 비해 부모 세대에 더 애착관계를 형성하고 있기 때문으로 보인다.

부모님께 드리는 용돈은 한 달에 20만 원

중산층의 절반 정도가 부모에게 정기적으로 용돈을 드리고 있으며, 평균 금액은 월 20만 원인 것으로 나타났다. 용돈을 '안 드리고 있다'에는 37.5%가 응답했으며 정기적으로 드리지 않고 '명절, 부모님 생일 등 기념일에만' 용돈을 드린다는 의견은 12.9%였다.

소득계층이 높을수록 정기적으로 드리는 월평균 용돈 금액도 상향되었다. 빈곤층은 월 13만 7,000원, 중산층은 19만 7,000원, 고소득층은 29만 원으로 나타났다(정기적으로 용돈을 드리는 경우에 한하여 계산한 평균 금액이다. 용돈을 안 드리는 경우와 비정기적으로 드리는 경우를 포함하여 계산하면, 평균

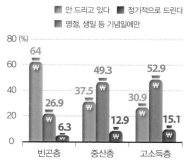

소득계층별 현재 부모님께 드리는 용돈은?

자료: NH투자증권 100세시대연구소

용돈 금액은 더 작아질 것이다). 소득 수준이 높을수록 경제적인 여유가 있으므로 부모님께 드리는 용돈 금액이 올라가는 건 당연한 결과이다. 소득 수준이 높을수록 용돈의 절대 금액뿐만 아니라 용돈을 드리는 빈도

현재 부모님께 드리는 용돈은?

자료: NH투자증권 100세시대연구소

용돈 안 드리고 있다

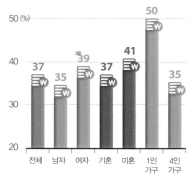

자료: NH투자증권 100세시대연구소

도 증가하는 것으로 나타났다. 용돈을 '안 드리고 있다'는 빈곤층에서 64%에 달했지만, 고소득층에선 30.9%로 절반 이상 줄어들었다. 부모 부양 의식이 점점 사라지고 있다고 하지만, 아직 대부분의 자녀들이 부모님께 용돈을 드리고 있다. 형편이 어려운 빈곤층에서조차 정기적으로 용돈을 드린다는 의견이 26.9%에 달하였다.

계층별로 용돈을 '안 드리고 있다'에 대한 응답률을 살펴보면, 남녀 간, 결혼 여부 간, 가구 인원수별 차이가 컸다. 먼저 남녀 간 차이를 보면 여자가 남자에 비해 안 드리고 있다는 응답이 높았다. 남자가 부모에 대한 경제적 지원에 있어서 더 책임감을, 여자는 부담감을 덜 느끼는 것으로 생각된다. 그 외 개인주의 성향이 상대적으로 높은 미혼, 1인 가구에서 용돈을 안 드리고 있다는 응답률이 높게 나타났다.

손주 돌봄, 할빠와 현실적인 할머니

최근 황혼육아가 증가하면서 '할마', '할빠'라는 신조어가 등장했다. 맞벌이하는 자녀를 대신해서 손주를 돌보는 '엄마 같은 할머니', '아빠 같은 할아버지'를 부르는 말이다.

중산층은 손주 돌봄에 대해 '내 삶이 있으므로 돌봐주기 어렵다 (35.5%)'에 가장 많이 응답했다. 은퇴 후 가족, 손주 돌봄에 얽매이지 않고 자유롭게 내 인생을 즐기고 싶어 하는 가치관이 증가한 것이다. 그러나 여전히 3명 중 2명(66.4%)은 손주를 돌봐줄 용의가 있다고 답했다.

계층별로는 남녀 간 인식 차이가 컸다. 남자의 경우 무조건 돌봐줄 수 있다는 의견이 43.3%로 여자 23.8%에 비해 2배 가까이 높았다. 여자의 경우 무조건 돌봐줄 수 있다는 의견이 가장 낮았고, 내 삶도 소중하므로 돌봐줄 수 없다는 의견이 가장 많았다. 돌봐주더라도 용돈 등 유상

소득계층별 손주 돌봄에 대한 생각

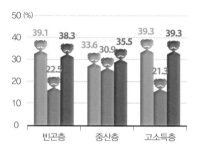

자료: NH투자증권 100세시대연구소

이라면 돌봐주겠다는 의견이 그 뒤를 이었다. 이는 여자가 남자보다 자녀 양육의 현실적 어려움을 상대적으로 많이 알고 있어 무조건적인 양육에 대한 응답이 덜한 것으로 추측된다. '손주병'이라는 신조어가 생겨

남녀 간 손주 돌봄에 대한 생각

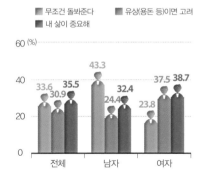

자료: NH투자증권 100세시대연구소

손주 돌봄에 대한 생각

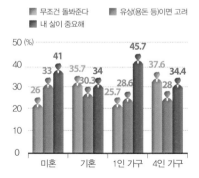

자료: NH투자증권 100세시대연구소

났다. 손주들을 돌보며 관절 등 건강에 적신호가 켜지고, 외부활동 제한에 따라 스트레스를 호소하는 조부모가 그만큼 증가하고 있는 것이다. 손주병을 호소하는 할마, 할빠가 줄어들도록 가정과 사회의 배려가 필요하다.

그 외 가족과 함께 살고 있는 기혼이 미혼보다, 4인 가구가 1인 가구보다 손주 돌봄에 있어 긍정적인 의견을 보였다. 가족과 함께 살아본 사람이 손주 키우는 재미, 맞벌이 자녀에 대한 안쓰러움, 가족의 소중함을 더 잘 알기 때문이다.

같이 살아야 더 행복해진다

불과 수십 년 전만 하더라도 가부장적(유교적) 전통이 강했던 우리나라는 다소 불편하더라도 부모와 자녀가 한집에서 사는 것이 당연했었다. 하지만 최근에는 서로가 불편한 상황을 피하고 싶어 부모 세대는 부모 세대대로 자녀 세대는 자녀 세대대로 그냥 따로 살려는 가족들이 많이 늘어나고 있는 게 현실이다.

그러나 이제 발상의 전환이 필요하다. 서로의 생활에 대한 간섭이 없고 각자의 사고방식이 존중될 수 있다면 굳이 떨어져 따로 살 이유가 없다. 가까이 있을 때 가족만큼 큰 힘이 되는 사람은 세상 어디에도 없기 때문이다.

앞으로 사회 추세적으로 1인 가구와 맞벌이 부부는 계속 늘어날 것이다. 고령화에 따른 노인문제도 갈수록 심각해질 것이다. 하지만 가족이 함께하는 문화가 확산된다면 현재 우리 사회가 고민하고 있는 여러 가지 문제들을 조금 더 쉽게 해소할 수 있다.

부모 세대 입장에서 보면 첫째, 자녀 및 손주 세대와 함께 살아감으로써 가족과의 소통 및 집안어른으로서 책임감 부여에 따른 '정서적 안정'을 얻을 수 있다. 둘째, 배우자 외 다른 가족의 관심을 통해 자신의 '신체적 건강 유지'에도 도움이 될 것이며 셋째, 고령자 사회의 심각한 문제 중 하나인 '독거노인문제(빈곤, 외로움 등)'에 대한 예방도 가능해진다.

자녀 세대는 부모와 함께 거주함에 따라 첫째, 주택문제를 해결할 수 있고 둘째, 맞벌이 부부의 경우 조부모를 통해 자녀 양육에 도움을 받을 수 있다. 특히 요즘 시니어 세대는 교육에 관심이 많고 신체 연령도 건강하기 때문에 부모 못지않게 손주 세대를 잘 돌봐줄 수 있는 역량을 충분히 가지고 있다. 셋째, 부모 세대와 함께 살아감에 따른 실질적인 경제적 도움을 통해 효율적인 '자산증식'도 가능해진다. 이 밖에도 생각해보면 부모 세대와 자녀 세대가 함께 살면서 얻을 수 있는 혜택이 많다.

꼭 한집에서 살 필요도 없다. 손쉽게 왕래가 가까운 거리에만 살아도 누릴 수 있는 좋은 점은 충분히 많다. 우리 모두에게 가족은 너무나 소중한 자원이다. 그 소중한 자원을 제대로 활용하는 것이 100세시대를 좀 더 풍요롭게 살아가기 위한 올바른 선택이다.

Summary 💬

● **통일에 대한 생각: 중산층의 절반 이상은 30년 이내 통일이 될 것으로 예상**
   - 10명 중 4명, 통일은 안 되는 것이 좋다
   - 학력과 연령이 높을수록 통일이 되어야 한다고 생각

● **10년 후 가장 영향을 많이 줄 나라: 중국**
   - 1위 중국(63.8%), 2위 미국(26.5%), 3위 북한 순으로 예상

● **10년 후 통치체제: 10명 중 6명은 10년 후에도 현재와 같은 대통령 단임제가 될 것으로 예상**
   - 학력과 소득이 높을수록 대통령 중임제 예상
   - 소득이 낮을수록 단임제 예상

● **경제적 위상: 10명 중 8명은 지금과 유사하거나 하락할 것이라고 예상**
   - 30대의 35.4%가 지금보다 하락할 것을 선택하여 가장 비관적
   - 연령이 높아질수록 지금보다 상승할 것을 예상

● **부동산 가격: 상승 29.3%, 유지 34.8%, 하락 35.9%로 쉽게 예측하기 어려움**
   - 연령이 높아질수록 지금과 비슷하거나 하락할 것이라고 생각

● **재벌의 영향력: 10명 중 5명은 지금보다 영향력이 커질 것으로 예상**
   - 연령이 높을수록 재벌에 대해 부정적으로 생각

● **외국인 근로자(이민자)에 대한 생각: 10명 중 6명은 사회의 갈등 요소가 될 것으로 생각**
   - 일자리 경쟁 등 잠재적 갈등 요소로 부각

● **한류: 10명 중 7명은 지금과 유사하거나 인기 하락을 예상**
   - 여성(27.7%)이 남성(19.7%)보다 한류의 인기가 상승할 것이라고 생각

● **김영란법: '공정사회의 초석(54%)이 될 것이다'와 '편법이 등장(46%)할 것이다'로 생각이 엇갈려**
   - 학력이 높고 연령이 높을수록 김영란법을 긍정적으로 생각
   - 빈곤층의 52.2%는 편법이 등장할 것으로 예상

이기적인 중산층

10년 뒤 대한민국, 중산층은 어떻게 생각할까?

강산도 변한다는 10년, 짧을 수도 길 수도 있는 시간이다. 대한민국의 과거 10년은 금융위기, 북한의 지도자 교체 등으로 많은 일이 있었다. 그렇다면 앞으로 다가올 10년은 어떻게 다가올까? 10년 후의 남북관계, 대한민국의 국제적 위상, 정치, 경제, 문화, 법률 등을 중산층의 시선으로 바라보았다. 오랫동안 당연하게 여기던 가치관이 달라지는 등 예상과 크게 다른 부분도 있었다. 중산층이 바라본 10년 뒤 대한민국의 모습을 좀 더 자세히 살펴보자.

우리의 소원은 통일?

'우리의 소원은 통일, 꿈에도 소원은 통일.'

누구나 한번쯤 들어보고 불러본 이 노래는 1947년 발표된 '우리의 소

원'이다. 우리 민족의 통일에 대
한 염원을 잘 표현하고 있는 이
곡은 지금도 남북정상회담이나
이산가족 상봉 행사 등에서 불리
고 있다. 그러나 현재 남북의 상
황은 김정은 정권의 군사정책이
나 미사일 발사 실험으로 긴장감
이 수그러들지 않고 있다. 또한
전후에 태어난 세대는 북한을 또

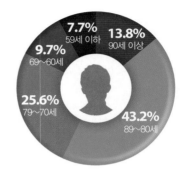

이산가족 생존자 연령분포 현황

자료: 통계청, NH투자증권 100세시대연구소

하나의 '민족'으로 생각하는 것보다 체제와 이념이 '다른 나라'로 인식
하고 있다. 이미 분단되어 서로 다른 이념으로 살아 온 시간이 반세기 이
상 지났고, 이산가족 생존자도 80세 이상이 절반을 훌쩍 넘는 등 점점
남과 북의 연결고리도 약해지고 있기 때문이다.

　이를 증명하듯 '통일까지 얼마나 걸릴 것인가'에 대한 질문에 가장 많
은 선택을 한 것은 '통일이 안 될 것이다'이다. 계층별로 고소득층 29%,
중산층 31.8%, 빈곤층 30%가 통일은 어렵다고 생각했다. 일부 계층에서
만 통일에 대한 열정이 낮은 것이 아니라 전 계층에서 3명 중 1명이 통일
에 대하여 부정적인 반응을 보인 것이다. 이는 최근 북한 정권의 도발 등
으로 더욱 어려워진 국내외 정치문제들이 영향을 미친 것으로 보인다.
그러나 '30년 이내'에 통일이 될 것으로 응답한 비율은 합하면 50.7%로
통일이 안 될 것이라고 생각하는 비율 31.8%보다 많았다. 결국 우리나라

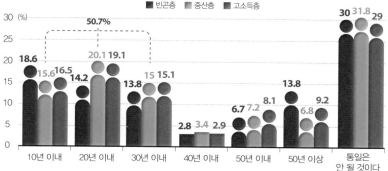

통일까지 얼마나 걸릴 것으로 생각하는가?

■ 빈곤층 ■ 중산층 ■ 고소득층

- 10년 이내: 18.6, 15.6, 16.5
- 20년 이내: 14.2, 20.1, 19.1 (50.7%)
- 30년 이내: 13.8, 15, 15.1
- 40년 이내: 2.8, 3.4, 2.9
- 50년 이내: 6.7, 7.2, 8.1
- 50년 이상: 13.8, 6.8, 9.2
- 통일은 안 될 것이다: 30, 31.8, 29

자료: NH투자증권 100세시대연구소

중산층의 절반은 30년 이내에 통일이 된다고 믿는 셈이다. 이는 통일은 결코 남한, 북한 중 어느 한쪽만 준비가 되었다고 진행할 수 있는 것이 아니며 치밀하고 장기적인 계획이 필요하기 때문이다.

대한민국 중산층 중에서 통일을 원하는 비율은 과반수가 조금 넘는 58.7%로 나타났다. 무릇 대한민국의 국민이라면, 특히 경제적으로 중산층에 속하는 계층이라면 더욱 통일에 대한 열망이 높을 것이라는 예상은 완벽하게 빗나갔다. 일부 통일에 대한 반대 의견이 있을 것이라고 예상했지만 41.3% 이상의 중산층이 '통일이 안 되는 것이 낫다'고 응답한 것은 현재 대한민국 즉, 남한의 성장률이 둔화된 경제상황이나 정치불안도 상당히 영향을 미쳤으리라 분석된다. 통일이 될 경우 남한, 북한 모두 많은 변화가 있을 것이다. 이런 변화가 지금의 대한민국 중산층에게 어떻게 적용할 것인가와 통일이 반드시 경제적으로 나아지리라는 확신이 없기 때문으로 분석된다.

통일에 대해서 어떻게 생각하는가?

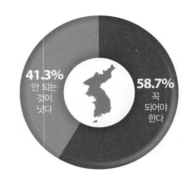

41.3% 안 되는 것이 낫다

58.7% 꼭 되어야 한다

자료: NH투자증권 100세시대연구소

연령대별로 통일에 대한 생각은 확연한 차이가 있었다. 연령이 높아질수록 통일이 '꼭 되어야 한다'의 비중이 높아졌다. 50대의 경우 통일이 '꼭 되어야 한다(65.9%)'가 '안 되는 것보다 낫다(34.1%)'에 비하여 2배나 많은 반면, 30대는 '안 되는 것이 낫다(50.7%)'가 '꼭 되어야 한다(49%)'보다 오히려 많았다. 연령이 높을수록 통일이 되어야 한다는 비중이 높은 이유는 비록 전후 세대이지만 반공, 통일교육을 어린 시절부터 받았으며 전쟁 세대인 부모로부터 직간접적으로 분단의 아픔 등을 공유했기 때문인 것으로 보인다. 이와 반대로 30대의 통일에 대한 생각이 다른 이유는 이들은 전쟁을 경험하지 않은 세대이며, 북한에 대한 인식 자체가 타 연령대와 다르기 때문이다. 즉, 연령이 높을수록 북한도 '같은 민족'이라고 생각하는 경향이 높은 반면, 상대적으로 젊은 30대의 경우 '독립된 국가'로 생각하는 것으로 보인다. 또한 학력이 높을수록 통일에 대한 당위성이 높아졌는데 이는 통일이 가져올 경제적 효과와 기타 긍정적인 사항을 교육을 통해 배우고 또 판단할 수 있는 능력이 체득화된 결과로 보인다.

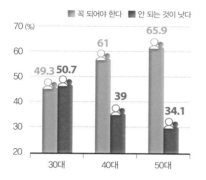

연령별 통일에 대한 견해

■ 꼭 되어야 한다 ■ 안 되는 것이 낫다

	30대	40대	50대
꼭 되어야 한다	49.3	61	65.9
안 되는 것이 낫다	50.7	39	34.1

자료: NH투자증권 100세시대연구소

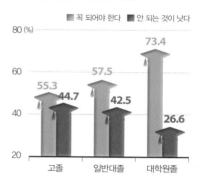

학력별 통일에 대한 견해

■ 꼭 되어야 한다 ■ 안 되는 것이 낫다

	고졸	일반대졸	대학원졸
꼭 되어야 한다	55.3	57.5	73.4
안 되는 것이 낫다	44.7	42.5	26.6

자료: NH투자증권 100세시대연구소

미국보다 중국의 눈치를 더 봐야

지리적으로 한반도는 세계 강대국의 정치적, 경제적 접점이다. 해방 이후 미국의 영향력이 절대적이었다. 특히 대한민국은 미국과 강력한 동맹관계를 오랫동안 유지해왔다.

미국의 입장에서 대한민국은 군사적으로 북한은 물론 중국과 러시아 등을 견제하는 중요한 역할을 하는 존재이다. 중국과 북한이 동맹인 것처럼 우리나라와 미국이 동맹을 하여 서로를 견제하는 구조였다. 그렇지만 최근 중국의 국제적 위상이 올라가면서 대한민국 중산층의 생각은 달라지고 있었다.

'10년 후 우리나라에 더 영향을 미칠 나라는 어디인가'라는 질문에 30~50대 모두 중국을 1순위로 뽑았다. 2순위로는 미국을 꼽았다. 심지

어 30대를 제외하고 40~50대의
중국 선택 비율은 미국의 두 배
가 넘었다. 왜 이런 결과가 나오
게 된 것일까? 영원한 우방이었
던 미국을 중국 다음으로 생각하
게 만든 것은 무엇일까? 그것은
아마도 무섭게 커지고 있는 중국
의 정치, 경제적 위상 때문이 아
닐까? 중국은 '세계의 공장'이다.

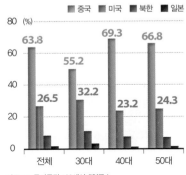

10년 후 우리나라에 영향력이 제일 큰 나라는?

자료: NH투자증권 100세시대연구소

우리가 주변에서 사용하며 소모하는 작은 재화를 비롯하여 상당수가
'Made in China'이고 중국에서 생산되는 제품의 질도 예전과는 확연하
게 다르다.

소위 '짝퉁의 천국'이었던 중국에서 '대륙의 실수'라고 일컫는 일부
제품은 우리나라 유명 대기업의 제품과 비교해도 전혀 부족함이 없는
수준으로 만들고 있다. 중국의 경우 이미 철강, 화학 분야는 대한민국의
수준을 넘어섰으며 IT, 조선, 기계 등 대부분의 업종에서 규모는 물론
기술 수준의 격차도 크게 나지 않는다.

게다가 중국은 세계 경제에서 그동안 독보적인 존재였던 미국을 압도
하고 있다. 중국의 경제가 급격히 성장하면서 중국은 '세계의 공장'임과
동시에 '세계의 소비국'이 되었다. 중국의 경제성장률은 2000~2011년까
지는 9~14%의 고도 성장세를 보였다. 그리고 이제 중국은 '양적 성장'

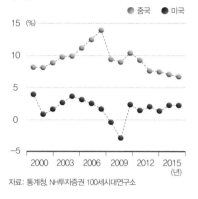

**중국과 미국의 경제성장률(GDP)
추이**

● 중국 ● 미국

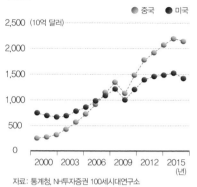

**우리나라의 대 중국, 대 미국 수출
현황**

● 중국 ● 미국

자료: 통계청, NH투자증권 100세시대연구소

에서 '질적 성장'으로 전략을 바꾸어 내실을 다지고 있다.

　고도의 경제성장을 거듭한 중국은 2006년 이후 우리나라가 미국에 수출하는 물량보다 중국으로의 수출이 더욱 많아지는 등 대한민국 경제에 있어서 중국은 미국을 제치고 가장 많은 영향을 주는 나라가 됐다.[5] 그리고 인구를 바탕으로 엄청난 잠재력을 지닌 중국은 이미 세계의 중심이다. 이런 사실을 대한민국 중산층은 이미 잘 알고 있기 때문일 것이다.

10년 후 대통령의 임기는 단임제 예상

우리나라 헌법 제70조에서는 '대통령의 임기는 5년으로 하며, 중임할

5　2000년 우리나라의 대 미국 수출 비중이 22%로 가장 높았지만 2014년에는 11%로 낮아짐. 동기간 대 중국 수출 비중은 11%에서 26%로 2배 이상 증가함(산업통상자원부)

10년 후 통치체제에 대한 중산층의 예상

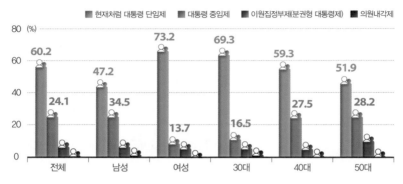

■ 현재처럼 대통령 단임제   ■ 대통령 중임제   ■ 이원집정부제(분권형 대통령제)   ● 의원내각제

자료: 통계청, NH투자증권 100세시대연구소

수 없다'고 명기되어 있다. 헌법에서 정한 '5년'이라는 기간은 대통령 재임 기간 동안 일관성 있는 정책으로 국정을 이끌어가기에 다소 짧은 기간일 수 있다. 또한 군통수권, 장관 임명권 등 막강한 권한의 대통령제도에 대하여 최근 많은 논란이 있다. 그렇다면 대한민국의 중산층은 통치체제에 대해서 어떻게 생각할까?

대한민국 중산층은 10년 후에도 현재와 같은 '대통령 단임제'가 유지될 것으로 예상했다. 단임제에 대한 예상은 여성(73.2%)이 남성(47.2%)보다 압도적으로 높은 것으로 나타났으며 대통령 중임제를 예상하는 비율은 남성(34.5%)이 여성(13.7%)보다 상대적으로 높았다. 연령대별로는 30대(69.3%)가 40대(59.3%)와 50대(51.9%)보다 대통령 단임제를 더 많이 예상했다. 이와 반대로 대통령 중임제의 경우 연령이 높을수록 예상 비율이 높았는데, 50대 28.2%, 40대가 27.5%, 30대가 16.5% 순이었다. 10년 후 통

학력별로 예상하는 통치체제는?

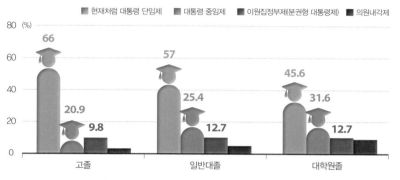

자료: NH투자증권 100세시대연구소

치체제에 대한 예상은 학력별로 구분할 경우 차이점이 더 두드러지는 것으로 나타났다. 대통령 단임제를 고졸 66%, 일반대졸 57%가 예상했지만 대학원 졸업의 경우 45.6%로 단임제에 대한 예상 비율이 상대적으로 적었다. 학력이 높을수록 대통령 중임제에 대한 예상이 많았다. 남성보다는 여성이, 그리고 학력이 낮을수록 현재의 통치체제인 단임제를 예상하는 비율이 높았다. 이는 현재의 제도가 옳다고 생각하는 것보다 현재의 체제를 유지하려고 하는 안정적인 성향이 영향을 준 것으로 보인다.

중산층 내에서 예상하는 통치체제는?

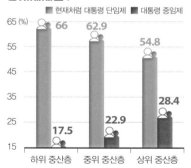

자료: NH투자증권 100세시대연구소

10년 후 통치체제에 대해서 대통령 단임제의 경우 중산층 10명 중 5명 이상이 현재와 같은 대통령 단임제를 예상하고 있었다. 소득을 기준으로 살펴보면, 중산층 내에서는 소득이 많을수록 중임제를 예상하는 비중이 상대적으로 많았다. 결국 중산층은 연령, 학력 및 소득이 많을수록 상대적으로 중임제를 예상하는 비율이 높았다. 10년 후 통치체제로 대통령의 중임을 예상하는 이유는 짧은 임기로 빚어지는 정책의 변화보다는 장기적인 정권으로 안정적인 정부에 대한 기대감의 결과로 보인다.

대한민국의 10년 뒤 경제적 위상은…현재 수준?

대한민국 국내총생산GDP은 1조 4,044억 달러로 세계 11위(2015년 기준)이다. GDP란 한 나라의 영역 내에서 가계, 기업, 정부 등 모든 경제주체가 일정 기간 동안 생산활동에 참여하여 창출한 부가가치 또는 최종 생산물을 시장가격으로 평가한 합계이다. GDP는 현재 경제성장률 등 생산의 중심지표로 사용되고 있으며 우리나라를 비롯하여 OECD에 가입한 나라의 경제성장률 등을 집계할 때 중요한 기준으로 하고 있다. 세계에서 우리나라의 경제 위상을 가늠해볼 수 있는 중요한 지표로 사용할 수 있다.

우리나라 GDP 1조 4,000억 달러보다 앞선 순위에 있는 나라는 미국, 중국, 일본을 비롯하여 대부분이 선진국이다. 미국(18조 5,000억 달러)이

압도적인 1등이기는 하지만 중국 (11조 3,000억 달러)이 무서운 성장세로 추격을 하고 있다. 또한 러시아, 멕시코 등이 근소한 차이로 우리나라를 맹추격하고 있다. 위로 올라가기도 쉽지 않고 그렇다고 우리나라보다 GDP가 낮은 나라라고 무시할 나라는 없다. 한순간이라도 방심한다면 바로

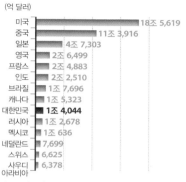

GDP(명목기준) 세계 주요국 순위

(억 달러)

미국	18조 5,619
중국	11조 3,916
일본	4조 7,303
영국	2조 6,499
프랑스	2조 4,883
인도	2조 2,510
브라질	1조 7,696
캐나다	1조 5,323
대한민국	1조 4,044
러시아	1조 2,678
멕시코	1조 636
네덜란드	7,699
스위스	6,625
사우디아라비아	6,378

자료: IMF(2016), NH투자증권 100세시대연구소

순위가 역전될 수 있는 위치이다. 그렇다면 대한민국의 중산층은 10년 후 우리나라의 경제적 위상을 어떻게 생각하고 있을까?

장기 저성장 국면, 청년실업 등의 경제적인 상황과 정치적으로도 어려운 문제가 많아 대한민국의 10년 후는 현실적으로 낙관하기가 쉽지 않다. 대한민국 중산층은 지금이 가장 어려운 시기라고 생각하는 것일까? 아니면 미래가 더 어려워질 수 있다고 생각하는 것일까? 이러한 우려와 걱정이 어느 정도 반영된 결과를 확인할 수 있었다. 10년 후 대한민국의 경제적 위상이 현재와 비슷하거나 하락할 것이라고 생각하는 사람이 83%로 나타나서 10명 중 8명은 미래를 낙관하고 있지 않았다. 연령이 높아질수록 긍정적인 답변의 비율이 조금씩 상승하였으나 전 연령대에서 대한민국의 10년 후를 부정적으로 예상하는 경우가 많았다. 왜 이렇게 부정적으로 보는 시각이 많은 것인가? 소위 '헬Hell조선', '수저론' 등

10년 후 대한민국의 경제적 위상은?

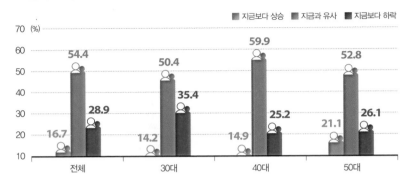

자료: NH투자증권 100세시대연구소

의 신조어가 대한민국의 현실을 대변하고 있다. 지나치게 과열된 경쟁구도 속에서 버텨내도 각박하고 여유 없는 삶을 살아야 하는 현실이다. 계속되는 부동산 가격 상승으로 보통 사람들은 서울에 집을 마련하는 것이 쉽지 않아졌다. 그 결과 젊은 층에서는 일명 5포 세대(결혼, 내 집 마련, 출산, 연애, 대인관계를 포기한 세대)가 등장하였고 여기에 꿈과 희망도 포기한 7포 세대까지 나오고 있다. 낮은 출산율과 유례없는 속도로 빠르게 진행되고 있는 고령화도 대한민국의 미래를 어둡게 예상하는 데 영향을 준 것으로 분석된다. OECD 회원국 중 대한민국의 행복 순위는 26위이다. 경제가 어려운 그리스가 27위, 남미의 칠레가 32위 등 순위를 비교할 때 경제 수준에 비해서 대한민국 국민들의 생활은 크게 나아지지 않았다고 느끼고 있는 것이다. 정부의 신뢰도는 26위이며 사법제도의 신뢰도는 39위로 최하위 수준이다. 여기에 갈수록 증가하는 빈부격차로 중산층의 허탈감은 더욱 커지고 이제 막 사회생활을 시작하는 30대의 경우에는 삶에 대한 만족도 자체가 떨어질 수 있다. 이런 대한민국의 사회 전반적인 문제들이 10년 후의 미래를 밝게만 보기에 힘들게 하는 요소가 되고 있다.

'희망사항'이 '현실'이 되길 원해

그동안 중산층의 주거 안정을 위해 정부는 다양한 부동산 정책을 내놓았다. 주택 공급량 조절부터 세제 및 금융 지원에 이르기까지 다양한 수단이 동원되었다. 하지만 정부가 내놓은 대책에 대한 시장의 평가는 차가웠다. 모든 대책의 최우선 과제인 '서민 주거 안정'은 오히려 후퇴했다는 평가가 많다. 또한 경기 침체가 장기화하고 집값이 급락할 경우 담보대출을 통해 집을 마련한 서민들의 막대한 가계 빚이 금융부실로 이어지고 결국 경제위기를 몰고 올 수 있다는 지적도 나오고 있는 상황이다. 중산층에게 대한민국 10년 후 부동산 가격에 대하여 물어본 결과 '지금보다 하락할 것이다'가 35.9%로 가장 많았으며 '지금보다 올라 있을 것이

10년 후 부동산 가격은?

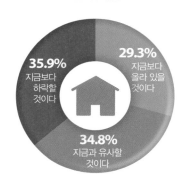

- 35.9% 지금보다 하락할 것이다
- 29.3% 지금보다 올라 있을 것이다
- 34.8% 지금과 유사할 것이다

자료: NH투자증권 100세시대연구소

다'는 29.3%보다는 근소하게 많았다. 결국 상승, 하락, 유지로 보는 견해가 팽팽하게 나뉘어져 있어서 10년 후의 부동산 가격에 대해 쉽게 예상할 수 없었다. 그러나 빈곤층, 중산층, 고소득층이 바라보는 부동산에 대한 시각은 좀 다른 것으로 나타났다.

빈곤층의 경우 '지금보다 올라 있을 것이다'가 36%로 중산층이나 고소득층에 비해 향후 부동산의 가격이 올라 있을 것으로 생각하는 비율이 높았다. 이에 반해 중산층과 고소득층은 10년 후 부동산 가격이 현재와 비슷하거나 하락할 것이다'라고 생각하는 비율이 70% 정도였다. 이는 중산층과 고소득층이 빈곤층에 비하여 상대적으로 자가로 집을 보유하고 있을 가능성이 높기 때문에 부동산 가격이 오르거나 내리는 것에 크게 관심을 두지 않은 영향일 수 있다. 연령이 낮은 30대보다 나이가 많은 40~50대가 부동산 가격이 지금과 유사하거나 하락할 것이라

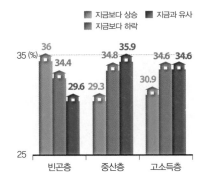

계층별 부동산에 대한 견해

■ 지금보다 상승 ■ 지금과 유사
■ 지금보다 하락

자료: NH투자증권 100세시대연구소

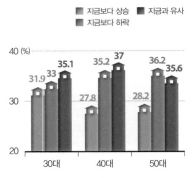

연령별 부동산에 대한 견해

■ 지금보다 상승 ■ 지금과 유사
■ 지금보다 하락

자료: NH투자증권 100세시대연구소

는 전망이 많았다. 이는 이들이 과거 부동산 상승세를 경험해본 세대여서 그동안의 상승에 대한 우려감이 커, 추가적인 상승보다는 지금과 유사하거나 하락할 것이라고 생각하는 사람이 많은 것으로 보인다.

대한민국에서 재벌은 '양날의 칼'?

재벌이란 재계財界에서 여러 개의 기업을 거느리며 막강한 재력과 거대한 자본을 가지고 있는 자본가 또는 기업가의 무리를 일컫는다. '콘체른'이라고도 하며 생산, 유통, 금융 등의 다양한 업종의 기업들이 법적으로 독립되어 있지만 특정 은행이나 기업을 중심으로 긴밀하게 관련되어 있는 결합 상태를 말한다. '재벌' 혹은 '콘체른'은 대한민국에 어떤 기업들이 있을까? 대한민국 국민이라면 누구나 예상할 수 있듯이 1위는 삼성이다. 그 밖에 현대자동차, SK 등 우리나라의 건설, 교통 등 뿌리 산업과 연관된 기업들이 대부분이다. 우리나라는 근대화가 진행되면서 정부의 전폭적인 지지를 받은 기업들이 지금의 재벌의 초석이다. 재벌은 경제개발 초기 단계에서는 매우 효율적이었다. 또한 재벌의 효율성은 좋은 리더

대한민국 재벌 순위

구분	*기업집단명	자산총액 (조 원)
1	삼성	351
2	한국전력공사	196
3	현대자동차	194
4	한국토지주택공사	171
5	SK	152
6	LG	105
7	롯데	93
8	포스코	84
9	GS	58
10	현대중공업	57

자료: 공정거래위원회(2015), NH투자증권 100세시대연구소
*상호출자제한, 채무보증제한 기업집단

가 조직을 이끌 때 빛을 발한다. 빠른 의사 결정과 자원의 집중 등을 전략적으로 할 수 있기 때문이다. 하지만 지금 대한민국의 경제개발은 상당히 진행된 단계에 있고, 고용에 충실하게 기여하는 중소기업 육성이 필요한 시기이다. 그렇다면 10년 후 대한민국의 재벌은 어떻게 변해 있을까?

중산층을 비롯하여 빈곤층과 고소득층 모두 10년 뒤 지금보다 재벌의 영향력은 커질 것이라고 예상했다. 그러나 연령대별로 구분하여 보면 재벌에 대한 시각이 다른 것을 알 수 있었다. 30대의 경우 재벌의 영향력이 커질 것이라고 생각하는 비율은 61.4%로 40대, 50대보다 높았다. 또 연령이 많은 50대 경우 '재벌의 규모나 영향력이 지금보다 줄어들 것이다'라고 응답한 비율이 28.2%로 30대의 14.7%, 40대의 17.2%보다 많았다. 연령이 높을수록 우리나라의 경제발전을 몸으로 직접 체험한 경험이

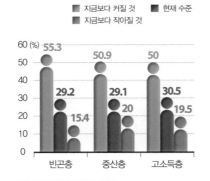

10년 후 재벌의 영향력은?

■ 지금보다 커질 것   ■ 현재 수준
■ 지금보다 작아질 것

자료: NH투자증권 100세시대연구소

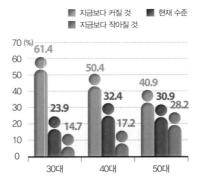

연령대별 재벌에 대한 견해

■ 지금보다 커질 것   ■ 현재 수준
■ 지금보다 작아질 것

자료: NH투자증권 100세시대연구소

있을 것이며 동시에 재벌의 모습도 옆에서 지켜봤을 것이다. 이렇게 재벌이 향후 규모나 영향력이 줄어들 것이라고 생각하는 중장년층의 비율이 다른 연령층에 비해 높은 것은 상당히 흥미로운 결과이다.

이민자, 고맙지만 결국 경쟁자

10년 후 외국인 이민자에 대한 중산층의 생각은 어떨까? 상당수의 외국인 이민자는 외국인 노동자이므로 이들에 대한 인식이 어떤지를 알아보았다. 우리나라는 이미 세계에서 제일 낮은 출산율과 유례를 찾아보기 힘들 정도의 빠른 속도로 진행되는 고령화로 인하여 실제 노동가능인구가 줄어들고 있다. 이런 부족한 노동력을 보충해주는 것이 외국인 근로자이다. 불과 몇 년 전까지만 해도 힘들고 어려운 일을 저임금으로 외국인 근로자를 고용할 수 있었지만 최근에는 한국인 근로자와의 급여 차이도 많이 줄어들고 단순 노동을 벗어나 점점 고급 인력으로 변해가고 있다. 국내 상주 외국인은 약 142만 명이며 경제활동인구는 약 100만 명으로 집계된다.

외국인 근로자들이 주로 종사

15세 이상 국내 상주 외국인

■ 비경제활동인구 ■ 경제활동인구

1,500 (천 명)

2013	2014	2015	2016 (년)
333	360	387	420
793	896	986	1,005

자료: 통계청(2016.5), NH투자증권 100세시대연구소

하는 직종은 육체적으로 힘들고 단순 노동이 주를 이루는 광업 및 제조업에 100만 명 중 43.7만 명이 근무하고 있으며 뒤를 이어 도소매 및 숙박, 음식점업에 19만 명, 사업 및 공공 서비스업에 18.7만 명의 순으로 나타났다. 또한 수도권 및 주요 공업단지의 외국인 근로자는 해마다 늘고 있다. 외국인 근로자의 고용이 늘어나면서 근속연수도 증가하고 이에 따라 임금도 점점 증가하는 추세로 저임금으로 내국인을 대체하는 수준은 벗어나고 있다.

100만 명이 넘는 외국인 근로자의 분포는 중국인이 전체 54.5%를 차지하여 과반수가 넘었다. 특히 한국계 중국인이 42.5%로 절대적 비중을 차지한다. 한국계 중국인(조선족)을 많이 고용하는 이유는 언어적으로 고용주와의 소통이 용이하고, 업무를 체득하는 시간이 다른 외국인보다 짧아서 바로 현장에 투입할 수 있기 때문인 것으로 보인다.

산업별 외국인 취업자 현황

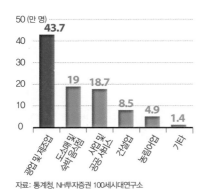

자료: 통계청, NH투자증권 100세시대연구소

월평균 임금수준별 남녀 취업자 현황

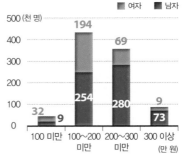

자료: 통계청, NH투자증권 100세시대연구소

그렇다면 100만 명이 넘는 외국인 근로자에 대하여 대한민국 중산층은 어떻게 생각할까? 10년 후 외국인 근로자에 대하여 63.9%가 '사회의 갈등 요소가 될 것이다'라고 생각했고 '새로운 성장동력으로 자리 잡을 것이다'는 36.1%로 나타났다. 외근인 근로자에 대해서 부정적인 견해가 분명히 존재하고 있는 것을 알 수 있는데, 10년 후 노동시장에는 지금보다 더 많은 수의 외국인 근로자들이 있을 것이라고 예상한다면 새로운 사회문제가 될 가능성이 높은 것으로 보인다. 한국인 근로자들이 하기 힘들고 어려운 일을 대신해주는 외국인 근로자들을 왜 사회의 갈등 요소라고 생각할까? 먼저 '일자리 경쟁'을 꼽을 수 있다. 지금은 육체적으로 고된 업무인 블루칼라의 외국인 근로자들이 대부분이지만 시간이 지날수록 업무에 대한 숙련도가 높아지고 더욱 다양한 업무를 수행하게 될 것이다. 결국 10년 뒤에는 대한민국의 취업 준비자들은 같은 업무를 놓고 외국인 근로자와도 경쟁을 해야 할 날이 올 것이다. 외국인 근로자가 한국인과 동일한 업무를 하면서 월급을 적게 받는다면 기업의 입장에서는 한국인을 고용해야 할 이유가 줄어들기 때문이다. 다음으로는 '외국인 근로자의 불법행위'이다. 실제로 외국인 범죄는 매년 증가하고 있다. 또한

외국인 근로자의 국적 현황

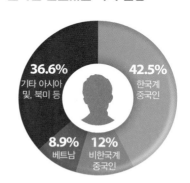

36.6%
기타 아시아
및 북미 등

42.5%
한국계
중국인

8.9%
베트남

12%
비한국계
중국인

자료: 통계청, NH투자증권 100세시대연구소

10년 후 외국인 근로자에 대한 중산층의 생각

36.1%
새로운 성장동력으로 자리 잡을 것이다

63.9%
사회의 갈등 요소가 될 것이다

자료: NH투자증권 100세시대연구소

외국인 범죄 현황 (건)

	2011년	2012년	2013년	2014년	2015년
합계	2만 5,507	2만 2,914	2만 4,984	2만 8,456	3만 5,443
살인	94	84	73	80	93
강도	143	141	104	74	118
강간	305	348	499	500	598
절도	1,643	1,554	1,743	1,774	2,291
폭력	7,573	8,073	8,338	8,641	9,786
지능	2,466	2,231	2,299	2,888	3,781
도박	2,874	905	699	649	852
교통	5,256	4,673	5,769	6,942	9,617
마약	216	221	200	312	386
기타	4,937	4,684	5,260	6,596	7,921

자료: 통계청, NH투자증권 100세시대연구소

합법적으로 한국에 체류하지 않는 외국인을 통제하기도 쉽지 않다. 국내인과 혹은 외국인 간 갈등이 잦아지면서 이민자에 대한 거부감은 더욱 커질 수 있다. 마지막으로 '문화적 충돌'이다. 생활양식과 종교 등 삶의 모든 방식에서 서로의 문화를 충분히 이해하지 못하는 경우, 지역사회 혹은 조직사회에서 갈등을 초래할 소지가 많기 때문이다

진화가 필요한 한류韓流

'한류'는 1990년대 말부터 우리나라의 드라마가 중국과 일본에 수출되고 알려지면서 아시아를 중심으로 대한민국의 대중문화가 전 세계적인 인기를 얻게 된 현상이다. '한류'라는 용어는 한국 대중문화에 대한 열풍이 일기 시작한 2000년 초반에 중국 언론에서 이러한 사회현상을

표현하기 위해 처음 사용한 용어이다. 이후 한류 열풍은 중국뿐 아니라 홍콩, 베트남 등 동남 아시아와 유럽 등 서구사회로도 확산되었다. 특히 2000년 이후 드라마, 가요, 영화 등 대중문화를 넘어서 김치, 라면, 가전 등 한국 관련 제품의 이상적인 선호현상까지 나타났다. 최근에는 성형을 비롯한 의료 서비스가 한류의 중심으로 부각되고 있다. 단순히 한국 연예인을 동경하는 차원에서 한 단계 업그레이드된 모습으로 한류는 발전하고 있다.

'한국' 하면 떠오르는 이미지는 역시 K-pop이 20.1%로 가장 많았으며 한식, IT 관련 첨단산업과 드라마, 미용이 상위 5가지 사항에 포함되었다. K-pop 이외에 최근에는 '태양의 후예' 등과 같은 드라마가 공전의 히트를 기록하며 한류의 위력을 다시 한 번 확인하였다. 드라마 주인공이 타고 나온 자동차, 화장품 등 드라마에 등장했던 패션 관련 아이템들

'한류' 하면 떠오르는 이미지

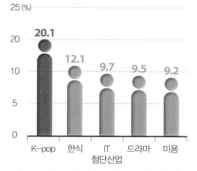

자료: 문화체육관광부(2015), NH투자증권 100세시대연구소

한국 화장품 중국 수출액

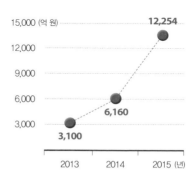

자료: 식품의약품안전처, NH투자증권 100세시대연구소

은 이미 방송 이후 품절이 되는
등 금액으로 환산하기 어려운 경
제적인 효과를 창출했다. 최근에
는 미용 및 의료와 관련한 수요
가 증가하여 한국 화장품과 성형
을 비롯한 의료 서비스의 수요가
폭발적으로 늘고 있다. 이른바 K-
뷰티K-beauty로 불리는 시장이 또
다른 한류 열풍을 이끌고 있다.

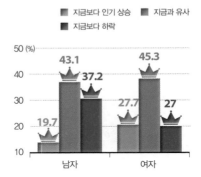

한류의 10년 후 위상

■ 지금보다 인기 상승　■ 지금과 유사
■ 지금보다 하락

자료: NH투자증권 100세시대연구소

　K-pop이나 '태양의 후예' 같은 드라마의 엄청난 경제 효과를 창출하
는 한류의 10년 뒤는 어떤 모습일까? 대한민국 중산층의 경우에는 성별
로 다소 다른 견해를 가지고 있었다. '지금보다 더욱 인기가 많아질 것이
다'를 선택한 비율이 남자는 19.7%, 여자는 27.7%에 불과하였다. 반대로
지금과 유사하거나 하락할 것이라는 의견이 남, 여 모두 70%를 넘는 수
치여서 10명 중 7명은 한류의 인기가 향후 10년 이상 지속되지 못할 것
이라고 생각했다. 따라서 한류의 열풍을 더욱 오래 이어가기 위한 완전
히 새로운 차원의 노력이 필요한 것으로 보인다. 드라마나 가요 등의 콘
텐츠를 뛰어넘어 대한민국의 문화를 알리고 경제적 부가가치를 창출할
수 있는 '한류 2.0'의 개발과 투자가 무엇보다 절실하게 필요해 보인다.

신新 대한민국의 시작, 김영란법

'부정청탁 및 금품 등 수수의 금지에 관한 법률'이 2016년 9월 28일 시행됐다. 일명 '김영란법'이라고 칭하는 이 법은 공직자의 부정한 금품 수수를 막겠다는 취지로 제안되었지만 입법 과정에서 적용 대상이 언론인, 사립학교 교직원 등으로 확대가 되었다. 국민권익위원회에 따르면 김영란법의 직접적인 적용 대상은 공무원을 포함하여 공직유관단체 임직원 160만 명, 교직원 70만 명, 언론사 임직원 20만 명 등에 이르며, 이들의 배우자를 포함하면 약 400만 명으로 추정된다.

법안의 주요 내용은 첫 번째 '금품 수수 금지'이다. 공직자를 비롯하여 언론인, 사립학교 교직원 등 법안 대상자들이 직무 관련성이나 대가성에 상관없이 1회 100만 원(연간 300만 원)을 초과하는 금품을 수수하면 형사처벌을 받도록 규정되어 있다. 다만 원활한 직무수행, 사교, 의례, 부조 등의 목적으로 공직자에게 제공되는 금품의 상한액을 정했다. 식사 등 음식물은 3만 원, 선물은 5만 원, 경조사비는 10만 원이 기준이다. 두 번째 '부정청탁 금지'이다. 직접 또는 3자를 통해 공직자 등에게 부정청탁을 해서는 안 된다고 규정하고, 부정청탁 대상 직무를 인허가, 인사개입,

김영란법에서 허용되는 음식물·선물 등의 가액

1	2	3
음식물 **3**만 원	선물 **5**만 원	경조사비 **10**만 원
제공자와 공직자 등이 함께하는 식사·다과·주류·음료 등	금전·음식물 제외한 일체의 물품	각종 부조금과 화환·조화 등 부조금을 대신 하는 선물·음식물

수상, 포상 등 총 14가지로 구분했다. 그 외 '외부강의의 사례금 제한'의 경우, 상한액이 장관급 이상은 시간당 50만 원, 차관급과 공직유관단체 기관장은 40만 원 등으로 외부강의 사례금 상한액이 정해졌다. 김영란 법 시행에 따른 찬반양론이 대립되면서 실제 향후 어떤 사회적 파장이 일어날지 주목되고 있다.

김영란법의 효과에 대한 견해로 소득 계층별 다소 상이한 생각을 가 지고 있었다. 먼저 소득이 낮은 빈곤층의 경우, 중산층이나 고소득층과 달리 김영란법 효과에 대해 부정적인 의견(52.2%)이 긍정적인 의견(47.8%) 보다 많았다. 이는 빈곤층이 중산층과 고소득층보다 기득권에 대한 불 신이 더 강하기 때문인 것으로 보인다. 이에 반해 중산층과 고소득층은 과반수 이상이 김영란법 시행에 긍정적인 기대를 하고 있는 것으로 보인 다. 특히 고소득층은 김영란법이 '투명하고 공정한 사회가 되는 초석이 될 것'이라는 비율이 상대적으로 높았다. 김영란법에 실질적인 적용 대상이 다른 계층보다 많을 고소득층의 이런 반응은 김영란 법이 대한민국 사회를 보다 공정 하고 청렴한 사회로 만드는 시작 이 될 수 있다고 예상할 수 있다.

김영란법의 효과에 대해 학력 별로도 다소 다른 견해를 확인할

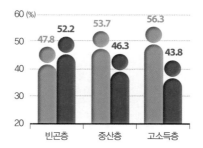

김영란법 시행에 대한 견해

■ 투명하고 공정한 사회가 되는 초석이 될 것이다
■ 편법이 등장하여 시행 초기의 의미가 퇴색할 것이다

자료: NH투자증권 100세시대연구소

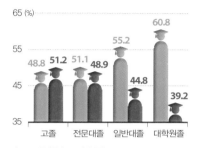

학력별로 바라본 김영란법

▨ 투명하고 공정한 사회가 되는 초석이 될 것이다
■ 편법이 등장하여 시행 초기의 의미가 퇴색할 것이다

자료: NH투자증권 100세시대연구소

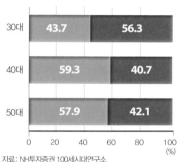

연령별로 바라본 김영란법

▨ 투명하고 공정한 사회가 되는 초석이 될 것이다
■ 편법이 등장하여 시행 초기의 의미가 퇴색할 것이다

자료: NH투자증권 100세시대연구소

수 있었다. 최종 학력이 낮을수록 '편법이 등장하여 시행 초기의 의미가 퇴색'할 것이라는 생각을 선택한 비율이 높았다. 반대로 학력이 높을수록 '투명하고 공정한 사회가 되는 초석이 될 것'이라고 생각하는 비율이 높았는데, 현실적으로 학력이 높을수록 좋은 직장과 높은 소득을 올릴 가능성이 많기 때문에 김영란법 시행으로 청탁에 대한 부담이 없어지게 되어 더욱 환영하는 것으로 보여진다. 30대보다 40대, 50대가 김영란법에 대해서 절대적으로 긍정적으로 생각하고 있는 것으로 나타났다. 연령이 높을수록 사회 경험과 현실적 문제에 많이 접하기에 김영란법의 시행을 더욱 고무적으로 생각하는 것으로 보인다.

이기적인 중산층

대한민국 중산층은 통일에 대해 별로 관심이 없다. 과반수가 30년 이내 통일이 될 것이라고 생각하면서도 다른 한편으로는 통일이 되지 않는 것이 오히려 좋다고 생각한다. 우리나라에 가장 큰 영향을 미칠 나라는 중국과 미국을 꼽으며, 우리나라 정부의 통치체제로는 지금처럼 대통령 단임제가 이어질 것으로 예상한다. 대한민국의 경제적 위상은 지금과 유사하거나 하락할 것이라고 생각하는 모습이다. 부동산 가격의 변동은 크게 신경 쓰지 않지만 내렸으면 하는 바람은 있다. 대한민국 재벌에 대한 생각은 부정적인 이미지들이 있지만 지금보다 10년 뒤 더욱 영향력이 커질 것이라고 생각한다. 힘들고 어려운 일을 대신해주는 외국인 근로자의 노동력을 이용하면서도 그들에게 호감을 갖고 있지 않다. 또한 전 세계로 수출되는 한류의 인기가 10년 안에 사라질 것이라고 걱정도 하고 있지만, 김영란법의 시행으로 새롭게 태어날 대한민국을 꿈꾸며 살고 있다.

대한민국 중산층은 현실적으로 도움이 되지 않아 보이는 것에는 관심이 없다. 통일이 그렇고, 대통령 단임제가 그렇다. 재벌은 미워하지만 그들의 영향력은 인정한다. 그리고 어렵고 힘든 일을 대신해주는 외국인 근로자를 향후 잠재적인 일자리 경쟁자로 여기는 이기적인 생각을 하고 있다.

중산충
트렌드
2017

중산층
트 렌 드
2 0 1 7

PART
04

같은, 그러나 다른
(중산층 경제생활)

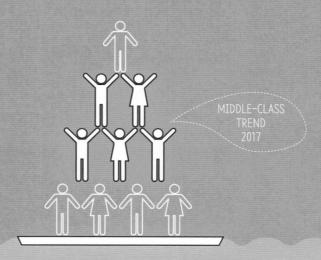

MIDDLE-CLASS
TREND
2017

Summary 💬

◉ 중산층은 어디에? 절대 부족한 순자산
- 중산층의 평균 순자산 1억 8,000만 원, 이상적인 중산층의 순자산 6억 4,000만 원의 3분의 1 수준에 못 미쳐
- 하위 중산층 1억 원, 중위 중산층 1억 5,000만 원, 상위 중산층 2억 3,000만 원을 보유하고 있어 소득에 따른 중산층 그룹별 순자산의 차이 존재
- 중산층의 부채 현황은 평균 4,459만 원, 부채비율 20% 수준으로 비교적 안정적
- 단, 부채가 있는 가구들만의 부채비율은 하위 중산층 38%, 중위 중산층 33%로 다소 취약

◉ 중산층의 이상과 현실의 괴리
- 중산층의 월평균 소득 366만 원, 이상적인 중산층의 월 소득 511만 원과 145만 원 차이
- 중산층의 월평균 생활비는 220만 원으로 이상적인 월 생활비 339만 원과 119만 원 차이
- 부채상환에 월평균 34만 원을 지출하고 저축 여력은 월 112만 원 수준
- 중산층 전체적으로는 식비 비중이 43%로 가장 높음. 상대적으로 주거비는 하위 중산층, 식비는 중위 중산층, 교육비는 상위 중산층에서 높게 나타남

◉ 중산층 4명 중 1명은 금융자산 없거나 500만 원 미만
- 중산층의 13%는 금융자산이 아예 없고, 12%는 500만 원 미만의 적은 금융자산 보유
- 중산층 전체의 평균 금융자산은 4,797만 원으로 총자산 2억 2,000만 원 중 22%를 차지
- 금융자산의 48%는 예·적금, 26%는 보험이 차지 → 안전성 금융자산 비중이 74%
- 반면, 펀드 및 주식 등 금융투자상품 비중이 10%로 가장 낮아 금융자산 구성이 저금리 상황과는 맞지 않음

◉ 중산층 그룹별 자산관리 전략
- 하위 중산층: 소득 확대에 주력하라
  1) 소득 원천을 늘려라 2) 저축부터 먼저 하라 3) 소비성 부채를 피하라
- 중위 중산층: 종잣돈을 만들어라
  1) 부채를 줄여라 2) 금융자산 규모를 늘려라 3) 절세상품을 활용하라
- 상위 중산층: 금융투자를 확대하라
  1) 금융자산 비중을 높여라 2) 금융투자상품을 활용하라 3) 연금자산을 별도 관리하라

중산층이라고
다 같은 중산층이 아니다

개미와 파레토의 법칙

우화 '개미와 베짱이'에서 보듯이 개미는 근면, 성실을 떠오르게 한다. 개미들은 봄부터 가을까지, 추운 겨울을 대비하여 쉬지 않고 부지런히 양식을 모은다. 반대로 베짱이는 좋은 계절을 노래나 부르며 신나게 즐기다 겨울이 다가오자 곤란한 상황에 처하게 된다. 이야기 속 개미와 베짱이의 모습은 어떻게 보면 우리들 인생과 비슷하다. 개미처럼 젊은 시절부터 준비하는 자세가 안락한 미래를 가져다 줄 수 있기 때문이다. 한편으로는 젊은 시절에 베짱이처럼 즐기며 여유만 부리다 결국 나이 들어서는 힘든 시기를 맞이할 수도 있다.

그런데 이런 일반적인 상식과는 다르게 개미들도 모두 다 열심히 일하는 것은 아니라는 사실을 알고 있는가? 어느 하나 빠질 것 없이 바쁘게 움직이고 있다고 생각했던 개미 집단을 자세히 살펴보았더니 진짜로 열심히 일하는 개미들은 전체의 20% 정도에 불과하고 나머지 80%는 대

충 일하고 있었던 것이다. 의외라는 생각이 들어 열심히 일하는 20%의
개미들만을 따로 모아놓고 한 번 더 관찰하는 실험을 하였다. 이제 모두
열심히 일하고 있겠지 하는 기대로 살펴보았지만 신기하게도 그 안에서
는 또다시 20%의 개미들만이 열심히 일하고 나머지 80%는 어영부영하
고 있었던 것이다.

　여기서 유래된 경제학 법칙이 바로 '파레토Pareto의 법칙'이다. 사회 전
반에서 나타나는 현상의 80%는 20%가 원인이 되어 발생한다는 경험적
법칙으로 '2대8 법칙'으로도 불린다. 이탈리아의 경제학자이자 사회학자
인 '빌프레도 파레토'가 이 법칙의 주창자이다. 이를 인간 사회에 적용
해 보니 상위 20%의 사람들이 전체 부의 80%를 가지고 있다는 소득분
포의 불평등을 나타내기도 하고, 상위 20%의 고객이 매출의 80%를 창
출한다는 마케팅 법칙도 파생되었다.

개미와 빌프레도 파레토

빌프레도 파레토(1848~1923년)

사람들이 보유하고 있는 자산에도 파레토의 법칙은 적용되고 있는 것 같다. 최근 통계청 가계금융·복지조사에 따르면 80%까지는 아니지만 전체 가구 보유 순자산의 60%가 상위 20%에게 몰려 있었다. 파레토 법칙이 우리나라 가구들의 자산 현황에 앞으로도 계속 영향을 미치지 않을까 걱정되는 수준이다. 이 같은 상황이 지속된다면 국민의 20% 정도만 안정적인 삶을 누릴 수 있고 나머지 80%는 경제적으로 부족한 삶을 살아야 된다는 결론에 이르게 되니 말이다. 그만큼 자산관리의 역할이 중요해 보인다.

부자들은 과연 부자이기 때문에 자산관리를 하는 것일까? 아니면 자산관리를 해서 부자가 된 것일까? 직장인 대상의 설문조사[1]에서 이에 대한 해답을 엿볼 수 있었다. 자산관리를 하고 있는 사람들의 평균 순자산은 2억 3,000만 원 정도로, 자산관리를 하지 않고 있는 사람들의 약 1억 5,000만 원보다 50% 이상 많은 자산을 보유한 것으로 나타났기 때문이다. 심지어 비슷한 연령, 같은 소득 구간에 있는 사람들끼리 비교해 보아도 자산관리를 하고 있는 사람들의 평균 자산이 더 많았다. 연령대와 소득 구간이 같다면 평균 자산의 규모 차이가 크게 나지 않았어야 할 것 같은데 생각보다 그 차이가 많이 나고 있었다. 부자가 되고자 한다면 자산관리에 관심을 기울이는 것이 그 확률을 높여주는 중요한 요인이

---

1 〈2016 대한민국 직장인 보고서〉, NH투자증권 100세시대연구소

된다고 할 수 있다.

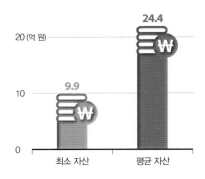

대한민국 상위 1%의 자산

한 논문[2]에 따르면 우리나라 상위 1%에 들기 위한 최소 순자산은 약 10억 원(9억 9,000만 원)이며, 그들의 평균 순자산은 약 25억 원(24억 3,700만 원)에 이르고 있다. 그럼 순자산 기준으로 10억 원 이상을 가지고 있다면 부자라고 인정해 줄 수 있을까? 1%에 해당하지 않는 나머지 99%의 사람들은 당연히 그렇다고 답할 것이다. 정작 상위 1%에 드는 사람들의 생각은 좀 다른 것 같다. 금융권 연구소에서 발표한 부자 관련 보고서들을 살펴보면 부자의 최소 기준으로 생각하는 순자산의 평균은 적게는 70억 원에서 많게는 100억 원에 달하고 있었다. 가진 자들이 더하다고 생각할 수도 있겠지만 한편으로 부자들은 새로운 목표를 끊임없이 추구하고 있는 모습으로 보인다. 충분히 부자이지만 스스로를 부자라고 인정하고 안주하기보다는 더 높은 목표를 부여하고 그 목표를 달성하기 위한 노력을 계속하고 있는 것이다.

결국 경제적으로 더 나은 삶을 살고 부자가 되기 위해서는 가계의 재무적인 목표를 부여하고 그 목표를 달성하기 위해 자산관리라는 수단

---

2 《한국의 부의 불평등》, 김낙년, 2015

을 활용해야 한다는 결론에 이르게 된다. 자산관리라고 해서 너무 복잡하게 생각할 필요는 없다. 우선은 자신의 재무 현황을 파악해보고 주기적으로 점검하면 된다. 여기에 평소 경제와 금융시장 환경 변화에 관심을 기울이고 금융기관을 이용해 새로운 금융상품 정보들을 접하는 과정 속에서 적절한 의사결정을 반복하는 것으로 충분하다. 혹시나 해서 잘못된 의사결정과 그에 따른 실패를 두려워할 필요도 없다. 당신은 경험과 지식을 습득하는 것만으로도 이미 충분한 가치를 얻었다. 당장은 손해 난 것 같지만 자산관리의 밑거름이 되어 나중에 더 좋은 결과로 돌아올 수 있다. 아예 처음부터 부자인 부모에게서 태어나 자산을 상속받거나 로또(복권)에 당첨되는 행운이 있지 않는 한, 부자가 되기 위해서는 꼭 필요한 것이 한 가지 있다. 바로 시간이다. 자수성가한 부자들이 가진 공통점 중 하나는 바로 나이이다. 누구에게나 부자가 될 수 있는 시간은 충분히 주어져 있다. 조급하게 생각하지 말고 꾸준하게 노력해 가면서 부자가 될 기회를 잡으면 된다.

중산층은 어디에? 절대 부족한 순자산

자산관리는 재무 현황의 점검에서부터 출발해야 한다. 그럼 가계의 재무 현황은 어떻게 점검하면 될까? 바로 회사를 운영한다는 생각으로 대차대조표와 손익계산서를 만들어보는 것이다. 대차대조표와 손익계산서는 기업 재무제표의 핵심으로 기업이 잘 운영되고 있는지 여부를 판단할 수 있도록 가장 기초적인 정보를 제공하는 수단이다. 대차대조표는 현재 가지고 있는 자산과 부채, 그리고 자본 현황을 파악할 수 있는 재무제표이고, 손익계산서는 일정 기간 수입(매출)과 지출(비용)을 파악해 얼마만큼의 이익이 나고 있는지를 알게 해준다.

기업이 계속 성장해 나가려면 이러한 재무제표들이 당연히 잘 관리되어야 한다. 마찬가지로 개인의 자산관리 방법으로 현재 자산 현황을 알 수 있는 대차대조표와 일정 기간 동안 수입과 지출을 파악할 수 있는 손익계산서를 주기적으로 만들어 점검해보면 같은 효과를 얻을 수 있다. 기업의 재무제표와 같이 여러 가지 따져가면서 복잡하게 만들 필요는 없다. 대차대조표에는 그냥 현재 보유하고 있는 총자산과 부채, 그리고 총자산에서 부채를 차감한 순자산을 구분하고, 다시 총자산은 비금융자산과 금융자산 정도로 나누어 보면 된다. 손익계산서는 소득과 지출을 바탕으로 하여 매월 또는 연간 단위로 저축 가능 금액과 시기를 파악할 수 있는 정도면 충분하다. 그럼 조사한 설문 결과를 바탕으로 한 중산층의 자산 현황부터 한 번 점검해 보자.

중산층의 평균 순자산부터 살펴보면 현재 약 1억 8,000만 원(1억 7,653만 원)을 보유하고 있는 것으로 나타났다. 이상적인 중산층의 순자산이라고 답한 금액 평균이 6억 4,000만 원을 넘어서고 있는 상황과 비교했을 때 3분의 1에도 못 미치는 절대 부족한 수준이다. 중산층이 스스로를 중산층이라고 인정하지 못하고 있는 부분을 설명해주고 있는 결과이기

가구당 순자산 구간별 분포

(억 원, %)

순자산	1 미만	1~2 미만	2~3 미만	3~4 미만	4~5 미만	5~6 미만	6~7 미만	7~8 미만	8~9 미만	9~10 미만	10 이상
비율	36.2	20.7	13.8	8.5	6.3	4	2.4	1.6	1.4	1	4.2
누적 비율	36.2	56.9	70.7	79.2	85.5	89.5	91.9	93.5	94.9	95.9	100

자료: 통계청(2015)(1,000원 이하 절사)

도 하다. 순자산 6억 4,000만 원은 우리나라 상위 10% 안에 들어갈 수 있는 수준이며, 실제 우리나라 전체 가구의 70%는 3억 원 미만의 순자산을 보유[3]하고 있다. 중산층이 생각하는 중산층은 우리나라 전체에서 10가구 중 1가구밖에 해당이 안 되는 셈이니 순자산 측면에서 보면 중산층에 대한 눈높이가 확실히 높게 형성되어 있는 것 같다. 중산층에 대한 이상과 현실의 격차가 이처럼 크게 나타나니 스스로를 중산층이라고 인정하지 못하는 사람들이 많은 현실도 의외의 결과는 아닌 것이다.

이번 중산층 조사 결과는 2015년에 조사한 중산층의 평균 순자산 2억 3,000만 원보다 5,000만 원 정도 더 적었다. 이

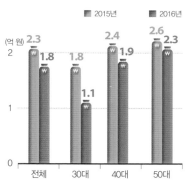

중산층의 연령대별 순자산

■ 2015년 ■ 2016년

(억 원)
전체: 2.3 / 1.8
30대: 1.8 / 1.1
40대: 2.4 / 1.9
50대: 2.6 / 2.3

자료: NH투자증권 100세시대연구소

---

3 〈가계금융·복지 조사〉, 통계청, 2015

번 조사에서 1인 가구를 조사 대상에 포함시킨 영향에 따른 것으로 보인다. 이전에는 1인 가구를 제외하고 기혼인 2인 가구 이상을 조사대상으로 했었는데, 1인 가구가 우리나라 가구에서 가장 많은 형태를 차지하고 있는 현실을 반영하기 위해 이번에는 조사 대상에 포함시킨 것이다. 보통 1인 가구는 상대적으로 젊은 연령층이 많기 때문에 연령대와 상관관계가 높은 자산 규모가 적은 것으로 추정되며, 중산층 전체의 평균 순자산을 낮추는 요인으로 작용되었다고 판단된다.

중산층이라고 다 같은 중산층이 아니다

이번 중산층 설문조사의 가장 큰 특징은 중산층을 하나의 대상으로 보지 않고 한 단계 더 세분화해서 분석해 보았다는 점이다. 중산층은 사회 구성원 중에서 가장 큰 비중을 차지하며, 우리 사회를 유지하고 발전시키는 데 가장 많은 역할을 수행하는 집단이다. 그런데 중산층을 하나의 단일 그룹으로만 해석하게 되면 중산층에 대한 고정관념이 형성되어 모든 중산층을 같은 유형으로 바라보게 되는 '유형화[4] 오류(집단화 오류라고도 함)'에 빠질 수 있게 된다. 그래서 중산층을 소득에 따라 상위, 중

---

[4] 유형화(類型化): 어떤 특정 집단이나 범주에 대하여 평소 갖고 있는 고정관념으로 그 집단에 소속된 개인이나 그 범주에 속한 어떤 사물에 대하여 같은 성질의 것으로 보게 되는 심리적 상태. 예를 들어 'A는 유태인이니까 인색하다'고 사실과는 다른 판단을 한다면 그것은 유태인 집단에 대한 고정관념 때문에 마음이 후한 사람일지라도 인색한 사람으로 보게 되는 것이 유형화이다.
《이해하기 쉽게 쓴 행정학 용어사전》, 행정학용어표준화연구회, 새정보미디어

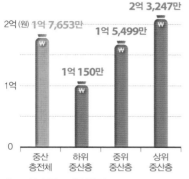

중산층의 순자산

2억 (원) 1억 7,653만

1억 150만

2억 3,247만

1억 5,499만

1억

0

중산층전체 하위중산층 중위중산층 상위중산층

자료: NH투자증권 100세시대연구소

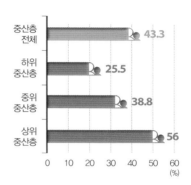

'나는 중산층이다'

중산층 전체   43.3

하위 중산층   25.5

중위 중산층   38.8

상위 중산층   56

0   10   20   30   40   50   60 (%)

위, 하위 중산층 3개 그룹으로 나누어 조사 결과를 비교해 보았다.

　3개 중산층 그룹으로 나누어서 보유한 순자산 현황을 살펴보면 생각보다 차이가 크게 나고 있었다. 중산층 안에서 가장 소득이 많은 상위 중산층의 경우 순자산으로 약 2억 3,000만 원 정도를 보유하고 있어 중위(1억 5,000만 원)와는 8,000만 원, 하위(1억 원)와는 1억 3,000만 원의 꽤 큰 차이를 보이고 있다. 특히 하위 중산층의 경우 중산층 전체의 평균 순자산 1억 8,000만 원과 약 8,000만 원의 차이를 보이고 있어 스스로를 중산층으로 인정하기 힘든 상황으로 보인다. 당연한 결과일 수도 있겠지만 이는 중산층 내에서도 인식에 상당한 차이를 가져다 주는 직접적인 요인으로 작용하고 있었다. '당신은 어떤 계층이라고 생각하는가?'라는 질문에 하위 중산층의 경우 응답자의 25.5%만이 스스로를 중산층이라고 인식하고 있는 반면, 중위 중산층은 38.8%가 중산층이라 응답했고 상위 중산층은 56%의 가장 높은 비율로 인정하고 있었다. 보유하고 있는 순자산과 중산층에 대한 인식 차이가 유사한 추세로 높은 비례관계를 보여주고 있는 것이다.

중산층 전체의 평균 부채는 4,459만 원으로 총자산 약 2억 2,000만원 (순자산 1억 7,653만 원+부채 4,459만 원) 대비 20% 정도를 차지하고 있어 비교적 안정적인 수준이다. 하지만 부채를 사용하지 않는 가구 35%가 포함되어 있기 때문에 정확한 현실을 알려주고 있지는 않다. 부채를 사용 중인 가구들만 따로 살펴보면 평균 부채는 6,862만 원으로 총자산 약 2억 3,000만 원(순자산 1억 6,283만 원+6,862만 원) 대비 30%에 이르고 있다. 보통 총자산 기준으로 부채비율이 40% 이내면 적정 수준으로 보지만, 30%를 넘어선 30~40%의 부채비율은 다소 위험한 상태이다. 금리가 오르는 상황에서 불리하게 작용할 수 있기 때문이다. 중산층 100명 중 65명이 부채를 보유하고 있는데, 이들은 부채가 없는 중산층에 비해 상대적으로 취약한 자산 구성을 가지고 있는 셈이다.

부채 현황을 3개 중산층 그룹별로 좀 더 자세히 살펴보았다. 중산층 내 그룹별 평균 부채는 하위 중산층(3,615만 원)보다는 중위 중산층(4,427만 원)이, 중위보다는 상위 중산층(4,888만 원)이 더 많은 부채를 보유하고 있다. 여기서 총자산 대비 부채비율을 살펴보면 하위 중산층이 가장 높은 26%(총자산 1억 4,000만 원)이고, 중위 중산층은 22%(총자산 2억 2,000만 원), 상위 중산층은 가장 낮은 17%(총자산 2억 8,000만 원)로 나타났다. 상위로 갈수록 부채 규모 자체는 늘어나지만 이와는 반대로 부채비율은 낮아지는 추세를 보여주고 있다. 부채는 신용도와 관련되어 있어 상위 중산층의 경우 부채 금액이 크지만 자산 규모도 크기 때문에 부채비율이 낮게 나타난 것이다.

각 그룹별로 부채를 사용하지 않는 가구를 제외하고, 부채를 보유하고 있는 가구들만 다시 살펴보았다. 중산층 중에서 부채를 사용하고 있는 비율은 하위 중산층이 64%, 중위 및 상위 중산층이 65.2%로 전체적으로 비슷한 수준이었다. 부채 규모 면에서는 하위 중산층 5,648만 원, 중위 중산층 6,792만 원, 상위 중산층 7,491만 원으로 각각 높아졌다. 특히 하위 중산층은 총자산 1억 5,000만 원 대비 38%, 중위 중산층은 총자산 2억 원 대비 33%로 부채비율이 30%를 넘어서며 자산구성이 좀 더 취약한 상태로 드러나고 있었다. 한편 상위 중산층은 총자산 2억 9,000만

중산층의 부채

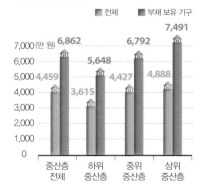

자료: NH투자증권 100세시대연구소

중산층 총자산 대비 부채비율

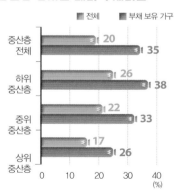

원 대비 부채비율 26%로 비교적 안정적인 모습이었다.

　중산층 내에서도 부채 현황이 그룹별로 서로 다른 모습으로 나타나고 있다. 자산관리에 있어서 부채관리는 매우 중요한 요소 중 하나이다. 적정 수준을 넘어선 부채로 인해 부채 상환 금액이 늘어나고 가계소득 대비 비중이 커지면 가계의 재무구조를 갈수록 불안정하게 만들게 된다. 특히, 남들보다 더 높은 소비 수준을 누리고자 하는 욕심에 고급 승용차나 명품 등을 할부 구입해 큰 금액의 소비성 부채가 발생하지 않도록 유의해야 한다. 만약 이미 소비성 부채를 가지고 있는 상황이라면 가능한 빠른 시일 내에 청산하는 것이 좋겠다.

　물론 부채라고 해서 무조건 다 나쁜 것은 아니다. 나아가 부채를 아예 사용하지 말라는 이야기도 아니다. 부채를 통해 투자가 일어나고 재무상황을 개선시키거나 자산 증대가 가능한 기회가 있다면 충분히 사용할 가치가 있는 좋은 부채라고 할 수 있다. 예를 들어 신용대출로 연 5% 정도의 이자비용이 발생하는데 이보다 더 높은 7%를 받을 수 있는 금융상품이 있는 경우, 부채를 발생시켜 투자해도 나쁘지 않다. 또 주택 구입 시 돈이 부족하여 주택담보대출을 이용하는 경우가 많은데 주택담보대출은 장기부채이면서도 비교적 낮은 이자율로 받을 수 있다. 따라서 장기적으로는 주택가격이 오르게 된다면 재정 상황을 개선시켜주는 결과를 가져다 줄 수 있게 된다. 다만 아무리 좋은 부채라고 할지라도 보유하고 있는 자산과 소득을 감안하여 적정 범위 내에서 이용해야 한다는 점은 잊지 말자. 금융 및 자산시장 환경이 바뀌게 되면 한순간에 얼마든지 나쁜 부채로 변해버릴 수 있기 때문이다.

중산층의 이상과 현실의 괴리

대한민국 중산층 가구는 월평균 366만 원의 소득을 올리고 있는 것으로 나타났다. 지난번 조사 결과인 월평균 374만 원 대비 8만 원 적은 금액인데, 이 역시 주로 젊은 연령대가 많은 1인 가구를 조사 대상에 포함시킨 따른 결과로 크게 달라진 수준으로 보이지는 않는다. 이상적인 중산층의 월 소득금액도 평균 511만 원으로 515만 원인 직전 결과와 비슷한 수준이고, 이상과 현실의 소득금액 차이도 145만 원(2015년 141만 원)으로 비슷하게 나타났다. 달리 물려받은 재산이 없는 한 자산 형성의 출발점은 바로 소득이다. 중산층의 대부분은 근로소득이나 (중소)자영업을 통한 사업소득이 주요 소득원이 될 텐데 특성상 한 번 정해지면 단기간에 소득금액이 눈에 띄게 늘어나는 경우는 드물 것이다. 대한민국 중산층은 소득 측면에 있어 전혀 만족하지 못하고 있는 상황이지만 그 괴리를 줄여나가기도 어려운 게 현실이다.

소득 측면에서도 중산층 내 그룹별 차이는 확연하게 드러나고 있었다. 하위 중산층의 월평균 가구 소득은 235만 원으로 중위 중산층의 346만 원과는 111만 원, 상위 중산층의 448만 원과는 213만 원의 차이를 보이고 있다. 그룹별로 이상적인 중산층의 월 소득금액을 살펴보면 하위 중

산층 431만 원, 중위 중산층 493
만 원, 상위 중산층 566만 원으로
소득에 비례하여 높아지는 모습
이었으나, 이상과 현실의 금액 차
이는 하위 196만 원, 중위 147만
원, 상위 118만 원으로 상위 중
산층보다 중위 중산층과 하위 중
산층에서 더 많은 금액의 차이를
보여주고 있다. 이상적인 중산층

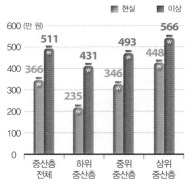

중산층의 월평균 소득

자료: NH투자증권 100세시대연구소

모습과의 괴리는 하위 중산층에 더 크게 존재하고 있는 것이다.

　　지출 현황을 살펴보자. 우리나라 중산층은 생활비로 월평균 220만
원을 지출하고 있었다. 중산층의 이상적인 월 생활비가 339만 원인 점을
감안할 때 만족할 만한 소비 수준을 누리지는 못하고 있는 것 같다. 다
만 월평균 소득 366만 원의 60% 정도를 생활비로 지출하고 있어 비교
적 알뜰하게 생활하고 있는 것으로 보여진다. 주요 지출 항목들을 살펴
보면 역시 식비가 가장 많은 43%의 비중을 차지하고 있고, 다음으로 교
육비(26%)가 차지하고 있었다. 직전 연도 결과와 비교했을 때 식비(2015년
44%)는 비슷한 수준이고 교육비(2015년 31%)는 다소 줄어든 모습이다. 자
녀가 없는 1인 가구가 포함됨에 따른 결과이므로 자녀 교육비는 여전히
중산층에게 부담되는 항목으로 나타났다. 다음 난방 등 주거비(22%), 교

통·통신비(4%), 여가·레저비(4%), 의복비(1%) 순이었다. 부채 상환 금액으로는 월 34만 원을 지출하고 있어 저축 여력은 월 112만 원 정도가 된다.

중산층 그룹별 현황을 좀 더 살펴보자. 하위 중산층은 월 소득 235만 원 중 생활비로 월 160만 원을 지출하고 있어 소득 대비 지출비율이 68%로 가장 높았다. 부채상환금액 27만 원을 제외하고 나면 저축 여력은 48만 원밖에 되지 않아 생활의 질을 개선하기에 많이 부족해 보인다. 이상적인 월 생활비 290만 원을 쓰려고 한다면 실제 소득과 비교했을 때 가계 적자를 각오하지 않는 한 실현이 불가능하다. 지출비율이 높은 것은 절대적으로 부족한 소득금액이 원인이겠지만, 소득이 늘어나지 않는다면 소비지출에 통제가 좀 더 필요한 상황이다.

중위 중산층은 월 소득 346만 원 중 생활비로 215만 원(62%)을 지출하고 부채상환금액 35만 원을 제외하면 저축 여력은 96만 원이다. 하위 중산층보다는 좀 나은 것 같지만 적극적인 자산관리가 필요한 상황으로 여유롭게 보이지는 않는다. 중위 중산층의 이상적인 월 생활비는 336만 원으로 현재 소득과 거의 비슷한 소비 수준을 원하고 있었다. 하지만 역

중산층의 지출 현황   (만 원, %)

구분	월 소득	이상적인 월 생활비	실제 월 생활비	이상과 현실 차이	소득 대비 지출비율	부채상환 금액	저축 여력
중산층 전체	366	339	220	119	60	34	112
상위 중산층	448	366	253	113	56	37	158
중위 중산층	346	336	215	121	62	35	96
하위 중산층	235	290	160	130	68	27	48

자료: NH투자증권 100세시대연구소

시 소득을 모두 지출해야 하므로 현실적으로 실현되기 어렵다. 상위 중산층은 사정이 괜찮아 보인다. 월 소득 448만 원 중 생활비로 253만 원을 지출하고 있어 소득 대비 지출비율이 56%로 가장 낮다. 이상적인 월 생활비라고 말한 366만 원도 충분히 실현 가능한 상황임을 감안하면 적절한 지출관리가 이루어지고 있는 것으로 추정된다. 부채상환금액은 월 37만 원으로 중위 중산층의 35만 원과 큰 차이를 보이지 않았고 저축여력은 월 158만 원으로 가장 높게 나타났다. 자산관리를 적극적으로 하게 되는 경우 그 효과를 가장 크게 볼 수 있는 조건이라고 생각된다.

조금씩 다른 소비패턴

지출 항목도 중산층 그룹별로 살펴보면 조금씩 다른 패턴을 보여주고 있었다. 우선 중산층 전체는 지출 항목에서 식비가 43%로 가장 높은 비중을 차지하고 있고, 모든 중산층 그룹에서 비슷한 결과를 보여주고 있다. 우리나라의 엥겔지수[5]가 0.265로 선진국(0.3 이하) 수준이라지만 중산층과는 거리가 좀 있어 보이는 수치다. 보통 엥겔지수는 소득에 반비례하는데 중위 중산층의 식비 비중은 48%로 하위(41%)나 상위(40%) 중산층보다 좀 더 높게 나타난 것은 다소 의외의 결과다.

---

5 엥겔지수: 독일의 통계학자 엥겔(Ernst Engel)이 가계지출을 조사한 결과 저소득 가계일수록 식비가 차지하는 비율이 높으며, 고소득 가계일수록 식비가 차지하는 비율이 낮은 것을 발견하여 이것을 '엥겔의 법칙'이라고 정의함. 보통 엥겔지수가 0.3 이하면 선진국, 0.3~0.5는 개발도상국, 0.5 이상이면 후진국으로 본다.

중산층들이 먹고사는 게 다급하다고는 하지만 소득이 증가함에 따라 음식의 질도 높여가기 때문에 중위 중산층의 식비 비중이 높은 결과로 나온 듯하다.

교육비 비중은 역시 소득에 비례한 결과로 나타났다. 상위 중산층의 교육비 비중이 29%로 중위(25%)나 하위(19%)보다 높은 수치를 보였다. 상위 중산층으로 갈수록 월 생활비가 늘어나는데 교육비가 차지하는 비중까지 올라가고 있으니 소득이 늘어남에 따라 가장 빠르게 증가하는 지출 항목이 교육비라고 할 수 있다. 교육비는 상위 중산층 및 중위 중산층의 지출 항목 중에서 2위를 차지하고 있지만 하위 중산층에서는 3위로 한 단계 낮은 비중이었다.

난방 등 주거비의 비중은 하위 중산층에서 32%로 가장 높게 나타났다. 중위 중산층은 19%, 상위 중산층은 21%의 비중을 차지하고 있었다.

중산층의 지출 항목

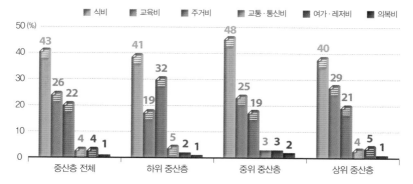

자료: NH투자증권 100세시대연구소

하위 중산층은 주거비가 지출 항목 중 2번째로 큰 비중을 차지하고 있었지만 중위 중산층과 상위 중산층은 모두 3번째 지출 항목이었다. 상위 중산층의 주거비 비중이 중위 중산층보다 좀 더 높은 결과를 볼 때 상위 중산층으로 넘어가면서 소비의 질을 올리는 항목이 식비에서 주거비 쪽으로 넘어가고 있는 것으로 보인다.

정리해보면 하위 중산층은 주거비, 중위 중산층은 식비, 상위 중산층은 교육비가 다른 그룹에 비해 주요 지출 항목임을 알 수 있다. 기타 항목에서는 교통·통신비는 하위 중산층, 여가·레저비는 상위 중산층, 의복비는 중위 중산층이 상대적으로 높은 비중을 나타내고 있었다.

소비지출의 톱니효과Ratchet Effect라는 말이 있다. 한 번 올라간 소비 수준이 쉽게 후퇴하지 않는 현상을 의미하는 것으로, 한쪽으로만 회전하고 반대쪽으로는 돌지 못하는 래칫Ratchet이라는 톱니바퀴에서 따온 용어이다. 예를 들어 소형차를 타다가 중형차로 바꾸어 타게 되면 그 편리함에 익숙해지면서 향후 차를 구매하게 될 때 동급 중형차 내지 더 좋은 대형차로 갈아타고 싶지 소형차는 아예 거들떠보지도 않게 된다. 사람의 심리는 더 좋은 재화를 소비하고자 하는 욕구가 강하기 때문에 소비활동이 상대적인 안정성을 가지게 되는 것이다. 결국 소득이 줄어들더라도 소비를 쉽게 줄이지 못하는 경향이 있기 때문에 소비가 경기후퇴를 억제하는 톱니 역할을 하게 되어 이를 톱니효과라고 말한다.

그런데 이 톱니효과가 개인의 소비습관에도 작용하게 되면서 미래의 경제적 여유를 결정하는 데 많은 영향을 미치게 된다는 점에 주목할 필요가 있다. 매월 똑같이 200만 원을 버는 A씨와 B씨가 있다고 가정하자. A씨는 100만 원으로 먼저 저축부터 하고 남은 100만 원을 소비에 사용하는 반면, B씨는 200만 원을 모두 소비한다. 자신의 소비 역량을 200만

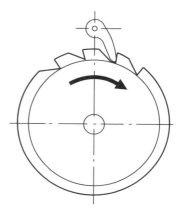

래칫(Ratchet)

원 수준이라고 생각하고 백화점에서 최신 유행의 옷을 사 입고 좋은 식당에서 자주 외식하며 사는 것이다. 당연히 B씨의 생활이 훨씬 더 윤택해 보인다.

A씨는 자신의 소비 역량은 월 100만 원이라고 생각하고 주로 할인매장을 이용하고 외식도 꼭 필요한 상황이 아니면 자제하고 있다. B씨의 생활과 비교하면 상대적인 빈곤감을 느낄 수도 있다. 하지만 A씨는 나머지 100만 원을 매월 연 5% 수익률로 투자했을 때 7년 뒤 1억 원의 종잣돈을 마련할 수 있게 된다. 그때부터는 월 소비 수준을 200만 원으로 올려도 1억 원의 종잣돈을 투자해가면서 계속 자산을 늘려갈 수 있다. 이때 만약 A씨가 소비 수준을 월 100만 원에서 200만 원이 아닌 150만 원 정도로만 상향 조정하면 자산의 증가 속도는 훨씬 더 빨라질 수 있다. 시간이 지날수록 A씨의 소비 수준은 자산 증대와 함께 높아지는 구

조가 되면서 나중에 더 좋은 옷, 더 좋은 차, 더 좋은 집을 누리며 살 확률이 높아진다. 반면 B씨의 소비 수준은 계속 200만 원에 머물러 있을 수밖에 없고 소비지출의 톱니효과 때문에 소비 수준을 낮추기도 쉽지 않게 된다. 갑자기 직장에서 퇴직이라도 하게 되면 이러지도 저러지도 못하는 진퇴양난의 상황에 처하게 된다.

다소 극단적인 상황을 가정하였지만 소비습관의 형성이 자산관리에 있어 그만큼 중요하다는 말이다. 소비를 무조건 자제하라는 것은 아니다. 소비욕구를 잘 조절하여 지출 시기를 조금 늦추면 더 많은 삶의 혜택을 누릴 수 있다. 반면 급한 마음에 서둘러 소비욕구를 해소하고자 한다면 결과적으로 훨씬 부족한 삶을 살게 된다. 현재의 소비생활 습관이 바로 10년 뒤, 20년 뒤 당신의 미래에 많은 영향을 미치는 만큼 계획적인 소비지출이 필요하다.

중산층은 무슨 수저일까?

가계의 재무적인 상황을 비유하는 데 있어, '수저론'이 유행하고 있다. 상위 1%에 해당하는 '금수저'는 부모의 자산이 20억 원 이상이거나 가구 연 소득이 2억 원 이상인 경우를 말한다. 상위 1%의 최소 순자산 규모가 약 10억 원이고 평균 25억 원 정도[6]라고 하였으니 거의 유사한 수

---

6 《한국의 부의 불평등》, 김낙년, 2015

준이다. 금수저 다음으로 '은수저'는 자산 10억 원 이상이거나 연 소득 8,000만 원 이상, '동수저'가 자산 5억 원 이상 또는 연 소득이 5,500만 원 이상이다. 우리나라 상위 1%에 해당하는 순자산 10억 원 이상을 은 수저 정도에 비유한 것을 보면 좀 과하다 싶기도 하다. 가장 아래인 '흙수저'는 자산이 5,000만 원 미만이거나 연간 소득이 2,000만 원 미만인 경우가 해당한다. 심지어 자산 30억 원 이상이거나 연 소득 3억 원 이상을 '다이아수저'로 칭하기도 한다. 물론 우스갯소리로 하는 이야기이겠지만 사회적 성공을 부모에게 의존하는 모습으로 바라볼 수밖에 없는 현실이 서글프게 느껴진다. 부모의 경제적 지원이 성공의 필요조건은 아니다. 어떤 상황에서든 스스로의 노력 여하에 따라 성공의 기회는 누구에게나 주어져 있다. 고령화의 영향으로 상속이나 증여 같은 부의 이전이 자녀 세대의 부의 축적에 일정 부분 영향을 미치겠지만, 그 속에서도 성공하는 경우와 실패하는 경우는 얼마든지 존재한다.

수저론과 보유자산

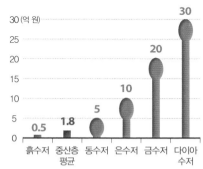

중산층의 현실을 잠깐 짚어보자. 앞선 조사 결과에서 보았듯이 대한민국 중산층 가구의 평균 순자산은 약 1억 8,000만 원이고, 가구 연간소득은 4,392만 원(월 366만 원×12)이다. 수저 계급론의 금액 기준으로 보자면 동수저와 흙수저의 사이에 위치한다. 그렇다면 우리나라 중산층은 '쇳수저'나 '나무수저' 정도로 불러야 하지 않을까 싶다. 통계적으로만 보면 중산층이 더 좋은 수저로 바꿔 물기에는 힘들게 느껴지는 수준이다. 과연 수저 계급 상승은 불가능한 것일까? 급속한 경제성장기를 누리던 과거에는 각자의 주어진 역할에 충실하고 열심히 저축만 잘해도 부를 쌓을 기회가 많이 있었다. 하지만 요즘과 같은 저성장 시대에는 그런 기회가 많이 줄어들었기 때문에 그만큼 다양한 금융상품들과 자산관리에 대한 이해와 노력이 더 필요할 것이다.

중산층 4명 중 1명, 금융자산 없거나 500만 원 미만

대한민국 중산층 중 13%는 아예 금융자산이 없었다. 있다 하더라도 500만 원 미만의 소액을 가진 중산층이 12% 수준이다. 중산층의 25%, 바꿔 말해 중산층 4명 중 1명은 금융자산이 거의 없는 셈이니 하루 벌어 하루 먹고사는 상황이라 말할 수 있다. 한편 중산층 전체의 평균 보유 금융자산은 4,797만 원이다. 이는 중산층의 평균 총자산 2억 2,000만 원의 약 22%에 해당하는 금액으로 여전히 자산에서 부동산을 포함한 비금융자산의 비중이 78%를 차지하고 있어 부동산 등 실물자산의 비중이 높은 것으로 나타났다.

총자산에서 비금융자산의 비중이 높은 상황은 자산관리 측면에서 바람직하지 못하다. 부동산 같은 경우 짧은 시간에 현금화가 쉽지 않기 때문에 돈이 급하게 필요한 경우 매도 과정에서 제 가치를 인정받기가 어렵다. 게다가 중산층에 속한 사람이라면 수익창출을 목적으로 한 투자형 부동산이기보다는 거주주택 등 실사용 목적으로 부동산을 보유하고 있는 것이 대부분이다. 과거 경제성장기에는 부동산 가격의 전반적인 상승으로 거주주택도 자산 형성에 많은 기여를 해주었지만 저성장 시대로 접어들면서 부동산만으로는 자산 증대가 쉽지 않은 상황이 되었다. 이제는 과거와 같은 자산관리 방식에서 벗어나야 할 때이다.

금융자산의 낮은 비중은 중산층 그룹별로 보아도 대동소이하다. 다만 하위 중산층의 경우 금융자산 비중이 17%로 중위(22%)나 상위(21%) 중산층보다 더 낮은 금융자산 비중을 가지고 있었다. 실질적인 문제는 하위 중산층의 경우 금융자산이 없거나(22%) 500만 원 미만(21%)인 경우가 절반에 가까운 43%에 달하는 심각한 수준이라는 것이다. 금융자산이 없거나 500만 원 미만인 비율은 중위 중산층 23%, 상위 중산층 18%

중산층의 금융자산 현황

(만 원, %)

구분	중산층 전체	하위 중산층	중위 중산층	상위 중산층
총자산	2억 2,000	1억 4,000	2억 2,000	2억 8,000
금융자산	4,797	2,410	4,743	5,976
금융자산 비중	22	17	22	21

자료: NH투자증권 100세시대연구소

로 비교적 높게 나타나 중산층 그룹 전반적으로도 금융자산이 많이 부족한 모습이다.

　중산층이 보유한 금융자산의 구성을 살펴보면 예·적금이 절반에 가까운 48%로 가장 많은 비중을 차지했고, 다음으로 보험이 26%, 기타(전월세 보증금 등)가 16%를 차지하고 있다. 펀드 및 주식 등 금융투자상품은 10%로 가장 낮은 비중을 보이고 있었다. 여전히 중산층은 원리금이 보장되는 예·적금이나 보험 같은 안정적인 금융상품을 압도적으로 선호하고 있는 모양이다. 시중금리가 지속적으로 하락하고 있는 현실 속에서 안전성 금융자산의 비중이 아직도 4분의 3 가까이 차지하고 있는 상황은 이해가 잘 안 되는 부분이다. 금융자산의 비중도 높지 않은데다가 이마저 안전성 금융자산에 치우쳐 있으니 자산을 증대시키기에 분명 한

계층별 금융자산의 구성

자료: NH투자증권 100세시대연구소

계가 존재한다. 사실상 자산 증식이 어렵다는 것을 의미한다. 중산층을 포함하여 일반 대중을 대상으로 금융투자상품을 제대로 이해하고 이용할 수 있도록 하는 인식 전환이 시급하다.

금융자산 구성에 있어서는 중산층 그룹별로 뚜렷하게 큰 차이가 없었다. 그래서 빈곤층(중위 소득의 50% 미만)과 고소득층(중위 소득의 150% 초과)의 현황을 함께 비교해 보았다. 빈곤층의 경우 중산층 및 고소득층 그룹과 비교했을 때 기타금융자산에 대한 비중이 23%로 상대적으로 높았다. 중산층은 금융투자상품에 대한 활용도가 10%로 빈곤층의 6%보다는 높았지만 고소득층의 20%와 현격한 차이를 보이고 있다. 경제적으로 여유가 있는 고소득층이 확실히 금융투자상품의 활용도가 높아 보인다. 중산층의 경우 예·적금과 보험을 합친 안전성 금융자산의 비중이 74%로 빈곤층의 71%보다 더 높았는데 이는 빈곤층의 기타금융자산이 많음에 따른 결과로 보인다. 결과적으로 전반적인 금융투자상품의 활용 수준은 갈 길이 멀게만 느껴진다.

저축에서 투자의 시대로

금융투자협회 자료에 따르면 주요 선진국의 금융자산 비중은 적게는 39%에서 많게는 70%까지 이르는 반면, 우리나라는 25%에 불과하여 여전히 부동산 등 비금융자산 비중이 너무 높은 것으로 보인다. 우리나라는 현금이나 예·적금 등 안전성 금융상품 위주의 구성을 보이고 있지만 일본을 제외한 주요국들은 금융투자상품의 비중이 높게 나타나고 있다.

앞서 보았듯이 대한민국 중산층은 금융상품 내 예·적금 비중이 48%로 가장 높고 펀드나 주식 같은 금융투자상품 비중은 10%로 현저하게 낮은 수준이다. 총자산 기준으로 환산해 보면 금융투자상품의 비중은 전체 자산에서 2.2%에 불과하다. 투자에 있어 상당히 보수적일 것이라고 예상하는 일본(9.7%)보다도 훨씬 낮은 수치이다. 과거와 비교해 보았을 때 노후준비 수요 증가에 따라 보험이나 연금에 대한 비중이 늘어나고 있기는 하지만 금융투자상품에 대한 비중은 너무 낮아 자산 증대의 기회를 모색하기 어려운 상황이다.

고령화 시대를 맞아 저성장·저금리 기조가 지속될 것으로 예상되는 현실 속에서 이 같은 현상은 다소 우려가 된다. 이미 고령화가 진행된 선진국들의 금융투자상품 비중이 높은 이유가 길어진 인생을 대비한 적극적인 자산관리에 따른 것임을 추론할 수 있기 때문이다. 주요 선진국의 경우에는 보험·연금의 비중 증가와 함께 금융투자상품 비중도 지속적으로 증가하고 있다.

우리나라 중산층 역시 미래를 대비한 자산관리와 함께 금융투자상품을 좀 더 적극적으로 활용할 필요가 있다. 투자처도 국내에만 한정시키지 않고 해외 주식이나 해외 채권 등 다양한 투자처를 모색하는 노력이 함께 필요하다.

안전성을 가진 금융상품과는 달리 실적에 따라 수익률이 변동되는 금융투자상품을 이용함에 있어서 몇 가지 유의사항은 있다. 일단 금융

주요국의 가계자산 구성

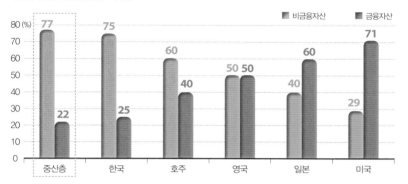

자료: 주요국 가계금융자산 형성지원제도 및 시사점(금융투자협회), NH투자증권 100세시대연구소

투자상품은 장기적인 관점에서 접근해야 한다. 시시각각으로 변화하는 금융시장 상황을 잘 활용하면 수익률을 극대화할 수도 있겠지만 평범한 중산층들이 현업에 종사하면서 그렇게 투자하기란 굉장히 어려운 일이다. 그리고 결혼 자금이나 전세 자금과 같이 목적이 분명하고 한시적인 자금보다는 노후 자금과 같이 먼 미래를 대비하는 방법에 금융투자상품을 활용하는 것이 좋다.

자신의 투자성향도 잘 고려하여야 한다. 기대수익률이 높지만 변동성도 높은 금융투자상품의 경우 예상한 방향과 다르게 흘러갔을 때 그에 상응하는 손해를 감내할 수 있어야 한다. 많은 수익만 기대하고 준비 없이 투자했다가 손실 구간에 처할 경우 심리적으로 불안하게 되어 손해를 보고 그만두게 되는 경우가 많다. 본인 스스로 감당할 수 있는 수준의 금액을 투자하면서 자기심리를 다스릴 수 있도록 단련시켜야 한다.

특히 테마를 좇아가거나 정보성 투자에도 주의해야 한다. 정보의 신뢰성을 담보할 수 없는 경우가 많기 때문이다. 개별적인 주식에 투자하기보다는 시장의 전체적인 흐름을 따라가는 ETF[7] 등을 활용하는 것이 좀더 편안한 투자가 될 수 있다.

금융투자를 통해 높은 수익을 얻기 위해서는 학창시절 좋은 성적을 얻기 위해 열심히 공부하는 것처럼 시간을 들여 시장환경을 분석하고 금융투자상품의 구조를 제대로 이해하려는 노력이 필요하다. 금융투자기관을 활용하는 것도 좋은 방법이다. 공부를 더 잘하기 위해 과외를 받거나 학원에 다니는 것처럼 말이다.

하위 중산층, 소득 확대에 주력하라

자산이란 하루 아침에 갑자기 생기는 것이 아니라 시간과 노력이 쌓여 이루어지는 결과물이다. 하위 중산층이 단번에 상위 중산층이나 고소득층으로 올라갈 수는 없다. 계단을 하나씩 올라가 목표한 지점에 도착하는 것처럼 현재의 금융환경과 자신의 상황에 맞는 자산관리 전략을 가지고 단계적으로 실천해 나아가야 한다. 중산층 그룹별 자산관리 전략을 다르게 가져가야 하는 이유이다. 여유가 있어 자산관리를 하는 게

---

7   ETF(Exchange Traded Fund): 상장지수펀드로 특정지수를 모방한 포트폴리오를 구성하여 산출된 가격을 상장시킴으로써 주식처럼 자유롭게 거래되도록 설계된 지수상품이다.
    《지식경제용어사전》, 산업통상자원부

아니라 자산관리를 해서 여유가 만들어진다는 사실을 잊지 말자. 그럼 하위 중산층의 자산관리 전략부터 살펴보자.

첫째, 소득 원천을 늘려라. 하위 중산층의 재무 현황은 중위나 상위 중산층에 비해 모든 면에서 취약하다. 직접적인 원인은 절대적으로 부족한 소득에 있으므로, 재무 현황을 개선하기 위한 최우선 과제는 바로 소득 확대다. 그러나 소득이 갑자기 쉽게 늘어나지는 않는다. 소득 원천을 다변화하는 방법으로 대응해야 한다. 가구원 중에서 경제활동이 가능한 사람이 있다면 그를 통해 가구소득을 늘리는 것이다. 외벌이라면 맞벌이도 고려해보아야 한다. 1인 가구인 경우 세컨잡second job을 고민해보자. 일에 치여 몸과 마음은 고달플 수도 있겠지만 주어진 상황을 빠른 시간 내에 극복하지 않으면 하위 중산층에 오래 머무를 수밖에 없다.

둘째, 목표를 정하고 저축부터 먼저 하라. 여유 있는 소득은 아니지만 필요하다는 이유로 모두 소비해 버리면 인생 후반기의 경제적인 여유를 기대하기 어렵게 된다. 소득에 한계가 있다면 지출을 줄여서라도 저축 여력을 늘려야 한다. 소비 수준의 눈높이를 최대한 낮추어 생활비를 분석해보고 최소한의 지출금액을 정한 뒤 나머지 금액을 월 저축 목표로 삼는다. 그리고 소득이 발생하면 무조건 저축부터 먼저하고 남은 금액으로 생활하는 습관을 만들어야 한다. 예상치 못하게 목돈이 생기는 경우에도 기분에 따라 쉽게 써버리지 말고 무조건 저축부터 먼저 하자. 힘들고 인내하는 시간을 최대한 짧게 가져가기 위해서는 자기 자신에게 계속 채찍질해야 한다.

하위 중산층을 위한 자산관리 전략

소득 원천 다변화	先저축 後소비	소비성 부채 금물

셋째, 소비성 부채를 피하라. 소비성 부채는 절대로 만들면 안 된다. 하위 중산층의 경우 부채의 규모는 가장 작지만 부채비율은 가장 높다. 주택 구입과 같이 내 자산으로 전환이 되는 장기부채가 아닌 쓰고 나면 없어지는 소비성 부채를 늘리기 시작하면 재무구조가 개선되기보다는 더욱 악화될 수밖에 없다. 특히 경제활동을 시작한 젊은 연령대부터 자동차 구입이나 명품과 같이 큰 금액이 들어가는 소비성 부채를 만들면 시간이 지남에 따라 소득이 늘어나도 재무구조가 별로 나아지지 않게 된다. 소비 수준은 한 번 결정되면 다시 내려가기 힘들다는 소비지출의 톱니효과를 반드시 기억해 두어야 한다.

중위 중산층, 종잣돈을 만들어라

중위 중산층은 중산층 내에서의 중산층이라 할 수 있으며, 대한민국 중산층의 가장 전형적인 모습일 것이다. 일단 중위 중산층은 현재 삶의 수준을 유지하기에는 무리가 없어 보인다. 하지만 이상적인 중산층의 모습과의 괴리가 큰 만큼 재무구조의 개선 여지는 많이 있다. 미래를 대비하지 않는다면 현재의 삶에 대한 지위도 언제까지 보장받을 수 없다. 현실의 삶에 안주하기보다는 더 나은 미래 인생을 꿈꾸어 보자.

첫째, 부채를 줄여라. 중위 중산층은 하위보다는 덜하지만 상위 중산층보다는 부채비율이 높은 편이다. 월 부채상환금액도 평균 35만 원으로 상위 중산층의 37만 원과 거의 비슷한 수준이다. 부채는 재무구조에 부담을 줄 수 있으므로 중위 중산층은 부채 줄이기를 최우선 목표로 삼아야 한다. 일반적으로 시중 대출금리는 예·적금 상품의 이자율보다 높게 형성되어 있다. 부채가 있다면 따로 예·적금을 들어 돈을 모으는 방법보다는 해당 부채를 먼저 갚는 것이 실질적인 수익률 측면에서 유리하다. 또한 하위 중산층과 마찬가지로 소비성 부채는 발생하지 않도록 주의를 기울여야 한다.

둘째, 금융자산 규모를 늘려라. 어느 중산층 그룹이나 금융자산 규모는 많이 부족한 수준이다. 금융자산 자체를 늘리려는 노력이 많이 필요한데 특히 기본적인 삶의 문제가 해결된 중위 중산층은 종잣돈을 만들어 금융자산의 규모를 본격적으로 늘려야 한다. 종잣돈은 자산을 증대시키고 차상위 계층으로 나아갈 수 있는 기반이 되어줄 것이다. 경제적인 역량을 한 단계 높이기 위해서는 일을 통한 소득 말고도 소위 돈이 돈을 벌어오는 시스템을 만들어야 한다. 과거에는 부동산이 그 역할을 해주었지만 최근과 같은 시장환경에서는 한계가 보이므로 이자나 배당소득, 투자수익 등을 창출할 수 있는 금융자산의 규모를 늘려야 하겠다.

셋째. 절세상품을 활용하라. 일단 규모의 경제가 발생할 수 있는 금액

중위 중산층을 위한 자산관리 전략

부채 규모 축소	금융자산 규모 확대	절세상품 활용

이 되기 전까지는 변동성이 너무 큰 자산운용은 일단 피하자. 욕심에 너무 많은 금융투자수익을 기대하다가 되레 큰 손해를 볼 수 있고, 설정된 목표 금액에 도달하기 전까지 변동성이 많으면 불안한 마음에 포기를 쉽게 할 수도 있기 때문이다. 하지만 안전성 금융상품은 기대수익에 많이 못 미치고 있어 잘 내키지 않는다. 이럴 때 절세금융상품을 이용하면 효과적으로 수익률을 높일 수 있다. 개인종합자산관리계좌ISA 같은 경우 중산층 이하 대중들의 목돈 마련을 위해 출시한 절세상품으로 안전성 상품부터 투자형 상품까지 다양한 운용이 가능하다. 이를 활용해 중장기 관점의 적절한 포트폴리오를 구성하여 운용해 나간다면 일정 기간 내에 목표한 종잣돈을 만들 수 있을 것이다.

상위 중산층, 금융투자를 확대하라

상위 중산층은 예비 부유층에 해당하는 그룹으로 노력 여하에 따라 고소득층으로 올라갈 확률이 높은 그룹이다. 하지만 평균적인 자산 현황을 기준으로 보면 자산 증대가 생각만큼 쉬워 보이지는 않는다. 상위 중산층은 본격적인 자산관리를 통해 적극적으로 자산 증대 노력을 해야되는 상황이라고 말할 수 있다.

첫째, 금융자산 비중을 높여라. 상위 중산층은 중위 중산층보다 50% 이상 더 많은 순자산을 보유하고 있지만 금융자산의 비중은 중위 중산층(22%)에 조금 못 미치는 21%에 머무르고 있다. 중위 중산층의 금융자산 비중이 하위 중산층(17%)보다 5% 정도 많은 현상을 감안해도 상위 중산층의 금융자산 비중은 최소한 25% 이상은 되어야 한다. 상위 중산층이 금융자산보다는 부동산과 같은 비금융자산 증대에 좀 더 신경 쓰고 있는 것으로 추정되는 부분이다. 향후 부동산 가격의 큰 상승을 기대하기 어렵고 유연한 자산운용을 위해서는 선진국과 같이 금융자산의 비중을 높일 필요가 있다. 장기적으로는 금융자산이 50% 이상 될 수 있도록 만들어보자.

둘째, 금융투자상품을 활용하라. 앞서 늘린 금융자산의 비중은 금융투자상품에 적극적으로 활용해야 한다. 기존 보유한 금융자산 내에서 예·적금 및 보험과 같은 안전성 금융상품의 비중이 75%에 달하기 때문에 금융자산의 수익률 제고가 쉽지 않다. 이미 우리나라도 고령화 사회에 접어들었고, 저성장·저금리 기조가 오래 지속될 가능성이 높아 안전성 금융자산은 현금유동성의 제공 외에는 별다른 기능을 할 수 없다. 금융투자상품은 변동성이 있기는 하지만 단기간의 투기 목적이 아닌 장기투자를 하면 변동성을 완화시키면서 수익률 제고가 가능하다. 상위 중산층은 상대적으로 자산의 여유가 있는 만큼 금융투자상품을 확대하

상위 중산층을 위한 자산관리 전략

금융자산 비중 증대	금융투자상품 활용	연금자산 별도 관리

여야 한다. 금융자산 내 금융투자상품의 비중을 50% 정도로 가져갈 수 있도록 하자.

셋째, 연금자산을 별도 관리하라. 안정적이면서도 효율적인 자산관리를 원한다면 다른 목적자금은 몰라도 노후를 위한 연금만큼은 반드시 별도 관리하여야 한다. 노후에 적정한 생활비가 조달될 수 있도록 연금 계획을 잘 설계해 놓으면 금융투자에도 시간적인 여유를 가질 수 있게 된다. 자산운용에 변동성이 발생해도 좀 더 편안한 마음으로 장기적인 관점에서 관리가 가능해지며 이를 바탕으로 목돈 마련의 시너지가 발생하게 된다. 소득이나 보유 자산에 비례하여 연금자산을 늘려가는 것도 좋은 방법이다. 전반적인 생활 수준의 눈높이가 올라가면서 그만큼 노후생활비도 많이 필요해지기 때문이다. 은퇴 시점에 도달할 때까지 총자산 중 연금자산의 비중 목표는 30% 정도로 하는 것이 적절해 보인다.

중산층
트렌드
2 0 1 7

Summary 💬

장수 리스크에 관심 없는 중산층
- 3층 연금에 모두 가입한 중산층의 비율은 46.5%, 전반적으로 낮음
- 연금제도에 하나도 가입되어 있지 않은 중산층, 6%가 넘어 노후준비가 걱정되는 수준
- 중산층의 예상 은퇴연령 60.3세, 기대수명 82.2세로 예상 노후생활 기간은 평균 22년
- 예상보다 오래 살게 될 장수 리스크에 대한 준비가 부족해질 수 있으나 크게 관심 없는 듯

노후생활비, 얼마면 되겠니?
- 중산층들은 부부 2인 기준 노후생활비로 월평균 234만 원을 희망
- 해당 노후생활비 기준으로 은퇴 시점에 필요한 노후자산은 기대수명 기준으로 5억 1,000만 원, 100세 기준 7억 6,000만 원과는 2억 5,000만 원 차이. 소득에 비례하여 장수 리스크는 커짐

국민연금에 대한 높은 의존도, 낮은 사적연금 활용
- 중산층의 국민연금 가입비율 90.6%, 예상 수령액은 월 87만 원으로 장수 리스크를 완화시켜줄 수 있는 유용한 노후자산이나 의존도가 너무 높은 상황
- 중산층의 퇴직연금 가입비율 66.2%, 은퇴 시점 예상 적립금 8,494만 원
  소득 공백 기간을 메워주는 역할을 해줄 수 있음에도 일시금 수령이 많은 것이 문제
- 중산층의 개인연금 가입비율 61.8%, 은퇴 시점 예상 적립금 4,985만 원
  3층 연금 중 가장 취약한 상황. 노후준비 목적보다는 절세혜택 목적이 더 커 보임

중산층의 노후준비지수는 62점
- 중산층의 기대수명 기준 평균 노후준비지수는 62점. 노후준비에 대한 전반적인 노력 필요
  100세 수명 기준의 100세시대 준비지수는 66점

중산층 그룹별 연금 전략
- 3층 연금 모두 중요하지만 하위 중산층은 국민연금부터 확보, 중위 중산층은 퇴직(연)금 지키기에 주력해야 하며, 상위 중산층은 개인연금 확대가 우선 필요
- 중산층 전반적으로 노후소득을 연금으로 준비하기보다는 일을 통해 만들 생각이 많아 보임

중산층의 노후준비 성적, 62점

우공이산愚公離山과 마운틴맨

우공이산. 설화를 통해 전해지는 고사성어로 '어리석은 사람이 산을 옮긴다'는 뜻이다. 옛날 중국 북산에 '우공愚公'이라는 아흔 살 된 노인이 살고 있었다. 그런데 그 노인의 집 앞에는 넓이가 700리, 만 길 높이의 태행산과 왕옥산이라는 커다란 두 산이 가로막고 있어 생활하는 데 무척 불편했다. 어느 날 노인은 가족들에게 "우리 가족이 힘을 합쳐 두 산을 옮겼으면 한다. 그러면 길이 넓어져 다니기에 편할 것이다"라고 말했다. 가족들은 말도 안 되는 소리라고 당연히 반대했으나 노인은 자신의 뜻을 굽히지 않았다.

결국 다음 날부터 우공과 가족들은 산을 옮기기 시작했다. 우공과 아들, 손자는 지게에 산의 흙을 가득히 지고 먼 발해 바다에 갔다 버리고 돌아왔는데, 꼬박 1년이 걸렸다고 한다. 이 모습을 본 한 이웃이 "이제 멀지 않아 죽을 당신인데 어찌 그런 무모한 짓을 합니까?" 하고 비웃자,

우공은 "내가 죽으면 내 아들, 아들이 죽으면 손자가 계속할 것이오. 그 동안 산은 깎여 나가겠지만 더 높아지지는 않을 테니 언젠가는 길이 날 것이오"라고 하였다. 두 산을 지키던 산신이 이 말을 듣고는 덜컥 겁이 나 즉시 상제上帝에게 달려가 산을 구해달라고 호소했다. 상제는 두 산을 각각 멀리 옮기도록 하였고, 덕분에 우공의 집 앞에는 커다란 길이 생기게 되었다.[8]

어려움을 두려워하지 않고 꾸준히 노력하면 시간이 걸려도 언젠가는 그 뜻을 이룰 수 있다는 교훈을 주는 이야기다. 이는 단순히 설화 속 이야기로 그치지 않는다. 실제 인도에는 마운틴맨이라고 불리던 '다시랏 만지'라는 사람이 있었다. 어느 날 그의 부인이 산길에서 미끄러져 심하게 다쳤으나 험난한 산 때문에 병원에 가지 못해서 안타까운 죽음을 맞이했다. 사랑하는 부인을 잃어 큰 슬픔에 빠진 다시랏 만지는 다른 사람들이 자기와 같은 일을 겪지 않도록 해야겠다고 마음먹고 22년 동안 험한 산을 깎아서 결국 길을 만들어 내고 말았다. 의지만 있다면 커다란 산조차 깎아낼 수 있는 것이 인간인데 대한민국 중산층은 조금만 노력하면 누구나 다 할 수 있는 노후준비를 걱정만 앞세우고 너무 쉽게 포기하고 있는 것은 아닐까?

---

8   《고사성어랑 일촌 맺기》, 서해문집, 2010

장수 리스크에 관심 없는 중산층

안정적이고 여유로운 노후를 위해서는 3층 연금제도에 모두 가입하는 것이 가장 효과적인 방법이다. 2005년 12월, 2층에 해당하는 퇴직연금 제도가 도입되면서 1층 국민연금(1988년) 및 3층 개인연금(1994년)과 함께 우리나라의 3층 연금제도가 완성된 지 이제 만 10년이 넘었다. 제도적으로는 완성은 되었지만 안타깝게도 3층 연금에 모두 가입한 중산층의 비율이 아직 절반에 못 미치는 46.5%로 여전히 낮은 수준이다.

중산층은 3층 연금제도 중에서 국민연금 등 공적연금(공무원·사학·군인연금 포함)의 가입률이 90.6%로 가장 높게 나타났다. 제도적으로 의무화가 되어 있기 때문에 나타난 결과로 보인다. 국민연금 같은 경우 한때 불신이 많던 시기도 있었지만, 도입된 지 많은 시간이 흘렀고 연금수령 혜택을 받는 사람들이 늘어나면서 저금리 시대의 노후자산 마련에 가장 도움이 되는 연금제도로 인식이 바뀌어 가고 있다. 개인연금 가입률은 61.8%였다. 국민연금 다음으로 도입되어 22년의 시간이 흐른 것에 비해 가입률이 낮아 보여 많이 아쉬운 상황이다. 개인연금 등에 대한 세제혜택 확대 등 정부 차원에서도 계속 노력하고 있어, 향후 가입률은 점진적으

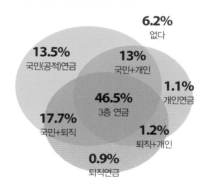

중산층의 연금제도 가입

- **6.2%** 없다
- **13.5%** 국민(공적)연금
- **13%** 국민+개인
- **1.1%** 개인연금
- **46.5%** 3층 연금
- **17.7%** 국민+퇴직
- **1.2%** 퇴직+개인
- **0.9%** 퇴직연금

자료: NH투자증권 100세시대연구소

로 늘어날 것으로 예상된다. 3층 연금제도 중 도입 기간이 가장 짧은 퇴직연금 가입률은 66.2%로 개인연금보다 살짝 높은 수치였다. 하지만 퇴직금 제도까지 포함한 결과이기 때문에 퇴직연금 역시 노후준비를 위한 연금제도로서 제대로 자리 잡지는 못하고 있는 것으로 보인다.

정작 문제는 아무런 연금제도에도 가입되어 있지 않은 중산층이 아직도 6%가 넘고 있다는 점이다. 현재는 중산층에 속해 있지만 이들의 노후가 크게 걱정된다. 이 상태로는 3층 연금제도가 중산층에게 안정적인 노후준비 수단으로 자리 잡기까지 시간이 좀 걸릴 것 같다. 노후준비를 위한 수단으로 3층 연금이 역할을 제대로 해내기 위해서는 중산층의 획기적인 인식 전환과 동시에 제도적인 유인정책도 함께 이루어져야 할 것으로 보인다.

중산층의 전반적인 노후준비 수준을 알아보기 위해서는 먼저 예상하는 주된 직장에서의 퇴직연령(이하 '은퇴연령')과 기대수명을 살펴보아야 한다. 중산층의 예상 은퇴연령은 평균 60.3세, 기대수명은 82.2세로 조사되었다. 법정정년 60세에 대한 기대가 사회 전반적으로 반영된 것으로 보이며, 기대수명 역시 최근 통계청의 기대수명(82.4세)과 매우 근접한 수준이다. 기대수명에서 은퇴연령을 차감하면 노후생활 기간이 나오게 되는데 중산층은 평균 22년(82.2-60.3세) 정도의 노후생활 기간을 예상하는 것으로 나타났다. 100세시대에 대한 인식과는 조금 멀어 보인다.

빈곤층과 중산층, 고소득층 그룹별로 살펴보면 은퇴연령과 기대수명은 큰 차이는 아니지만 소득과 일정한 상관관계를 가지고 있었다. 은퇴 연령은 소득이 많을수록 낮아지는 반비례 형태를 보이고 있지만 빈곤층을 제외하고는 모두 비슷한 수준이다. 기대수명은 소득이 많을수록 조금이라도 늘어나는 정비례 관계를 보이고 있었다. 결과적으로 은퇴연령과 기대수명에 따라 결정되는 노후생활 기간은 소득과 정비례 관계를 보여주고 있어 소득이 많을수록 더 긴 노후생활 기간을 예상하고 있는 것으로 나타났다. 하지만 100세시대를 기준으로 한 40년에 달하는 노후생활 기간과는 모두 많은 차이가 존재한다. 생각보다 오래 살게 될 가능성, 즉 장수 리스크에 대한 준비가 부족해질 수 있는 상황임에도 정작 중산층은 별로 관심이 없는 듯하다.

소득에 따른 은퇴연령과 기대수명, 노후생활 기간

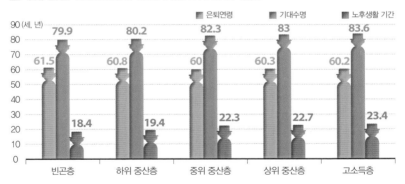

자료: NH투자증권 100세시대연구소

Part 4. 같은, 그러나 다른 **273**

노후생활비, 얼마면 되겠니?

우리나라 중산층들은 부부 2인 기준 노후생활비로 월평균 234만 원을 희망하고 있었다. 2015년 발표한 통계청의 월평균 254만 원보다 20만 원이 적은 금액이다. 우리나라 전체 가구가 희망하는 평균 노후생활비보다 중산층이 희망하는 노후생활비 수준이 좀 더 낮게 조사된 것이다. 한편 하위 중산층의 노후생활비는 월 209만 원으로 중위 중산층의 229만 원보다 20만 원 적었고, 중위 중산층은 상위 중산층 250만 원과 21만 원의 차이가 있었다. 애초 예상한대로 소득 수준과 높은 정비례 관계를 보이고 있다. 한편, 빈곤층의 노후생활비는 192만 원, 고소득층은 303만 원을 희망하고 있었다. 상위 중산층과 고소득층의 노후생활비 차이가 53만 원으로 다른 구간들의 20만 원 내외의 금액 차이와는 다르게 큰 폭으로 늘어난 점이 눈에 띈다.

노후생활비를 바탕으로 은퇴 시점에 중산층에게 필요한 노후자산(이하 '필요노후자산')을 구할 수 있다. 필요노후자산을 구할 때 한 가지 주의 사항이 있는데, 노후생활비가 사망 시점까지 동일하게 들어가는 게 아니라 나이 들어감에 따라 줄어든다는 점이다. 실제 소비통계를 분석해 보아도 연령대에 따라 생활비가 줄어드는 모습이 나타난다. 배우자 사망이나 활동성 감소 등이 반영되면서 은퇴 직후 노후생활 초기에 들어가는 생활비 수준이 동일하게 유지되지 않기 때문이다.

중산층 그룹별로 해당하는 희망 노후생활비 기준으로 60세부터 10년간은 기존 활동성이 유지되는 것으로 가정해 100%를 적용하였다. 다음

70세부터 10년간은 약간 줄어든 70%를 적용하고, 80세 이후로는 은퇴 시점 노후생활비의 50%를 적용해서 필요노후자산을 구했다. 이때 중산 층 전체의 은퇴연령(60세) 및 기대수명(82세)을 기준으로 산출한 필요노 후자산은 약 5억 1,000만 원이 나온다. 100세 수명 기준으로 산출해보 면 약 7억 6,000만 원이 나오면서 2억 5,000만 원의 금액 차이에 해당하 는 장수 리스크가 존재하는 것으로 보인다.

기대수명 기준으로는 하위 중산층의 필요노후자산이 약 4억 5,000만 원으로 가장 많은 상위 중산층(5억 4,000만 원)과 비교해도 1억 원 안쪽으 로 차이 나고 있었다. 하지만 100세 기준으로 보면 하위 중산층은 6억 8,000만 원으로 중위(7억 4,000만 원) 및 상위(8억 1,000만 원) 중산층과의 금액 차이가 더 벌어지면서 소득에 비례하여 상위 중산층으로 갈수록 장수 리스크도 함께 커지고 있음을 알 수 있다.

노후생활비와 필요노후자산

(만 원)

구분		중산층 전체	하위 중산층	중위 중산층	상위 중산층
희망 노후생활비 (부부 기준)		월 234	월 209	월 229	월 250
필요 노후자산	기대수명 기준	5억 544	4억 5,144	4억 9,464	5억 4,000
	100세 기준	7억 5,816	6억 7,716	7억 4,196	8억 1,000
	금액 차이	2억 5,272	2억 2,572	2억 4,732	2억 7,000

가정: 은퇴연령 60세, 기대수명 82세, 노후생활비 60~70세 100%, 70~80세 70%, 80세 이상 50% 적용
　　　필요노후자산 = 월 노후생활비×12×노후생활 기간
자료: NH투자증권 100세시대연구소

천장에 굴비를 매달아 놓고 밥 한 술 먹을 때마다 두 번 쳐다보면 짜다고 한 번씩만 쳐다보게 했다는 자린고비 이야기는 근검절약의 대명사로 알려져 있다. 이런 자린고비 이야기를 듣게 되면 무조건 안 쓰고 최대한 절약해서 많이 모으는 것이 정답이라고 말하기가 쉽다. 그러나 자린고비가 그토록 지독하게 아껴서 모은 소중한 재산을 나이가 들어서 다른 사람들에게 아낌없이 베풀었다는 선행담은 의외로 잘 모르는 경우가 많다. 자린고비는 단순히 유별난 구두쇠가 아니라 부자가 되는 방법과 부자의 역할 등 부에 대한 종합적인 인식을 보여주고 있는 교육적인 설화의 주인공이었던 것이다.

이번 조사에서 노후생활비를 희망금액으로 조사했음에도 불구하고 생각보다 낮게 나타난 편이었다. 신문, 방송 등을 통해 노후준비의 취약성이 많이 부각되면서 대다수 중산층들이 미리부터 노후생활에 대하여 너무 위축된 모습을 가지게 된 것은 아닐까 하는 걱정이 앞선다. 아니면 자린고비처럼 단순하게 돈을 쓰지 않는 방법을 선택하여 안정적인 노후생활을 누리려는 의도인 걸까? 중산층의 64% 정도가 월 노후생활비로 250만 원 이하의 구간을 선택한 점으로 미루어 볼 때도 노후에 대한 불안감이 노후생활비 수준을 낮게 잡는 요인으로 작용하고 있는 것 같다.

은퇴가 임박한 50대 같은 경우에야 노후준비 기간이 얼마 남지 않았으니 노후생활비를 보수적으로 잡는 부분에 대해 어느 정도 이해가 된다. 하지만 아직 충분한 준비 기간이 남아 있는 30대나 40대가 미리부터 노후생활비를 적게 잡고 있는 모습은 오히려 걱정스럽게 보여진다. 자린고비는 젊어서는 절약하였지만 나이가 들어서는 돈을 잘 쓰며 살았다. 젊어서 절약하지 않았는데 나이 들어서 돈을 안 쓰고 살아보겠다는 생각은 뭔가 앞뒤가 맞지 않는다.

자린고비는 젊어서 근검절약하며 모은 자산을 노후에는 가치 있는 곳에 잘 사용하였다. 자린고비처럼 엄청난 절약을 할 필요까지는 없겠지만 젊은 시절부터 자신의 경제적 여건에 맞는 적절한 소비와 함께 3층 연금만 잘 준비해도 필요한 노후자산을 확보하는 데에는 큰 어려움이 없을 것이다. 미리부터 노후생활에 대한 걱정을 앞세우기보다 자신이 원하는 노후자산 목표를 달성하기 위해 노력을 더 하고 나중에 안정적으로 연금을 받으면서 자린고비와 같은 부자의 모습으로 살 수 있어야겠다.

국민연금에 대한 높은 의존도, 낮은 사적연금 활용

중산층에게 국민연금과 같은 공적연금은 노후설계에 있어 빼놓고 이야기할 수 없는 가장 중요한 부분이다. 노후설계를 해보면 대부분 노후자산에서 국민(공적)연금이 가장 큰 비중을 차지하며 높은 의존도를 보여주고 있기 때문이다. 특히, 저축 여력이 많지 않은 중산층 이하의 계층에서는 국민연금과 같이 반강제화된 연금제도가 없다면 은퇴 시점 이후 노후생활비 부족으로 생활 수준이 급격하게 떨어질 확률이 높다. 국민연금은 특성상 종신연금 형태로 운영되고 있기 때문에 꾸준하게 오랜 기간 가입되어 있는 사람이라면 많은 생활비가 필요하지 않은 80세 이후 노후생활 후반기를 상당 부분 국민연금이 책임져 주게 된다. 예상보다 오래 살 수 있는 장수 리스크를 국민연금이 완화시켜주는 것이다. 또한 본인이 사망해도 남은 유족에게 연금의 60%를 지급하는 유족연금 기능도 있어 배우자 홀로 생존 기간에 대한 대응도 가능하다.

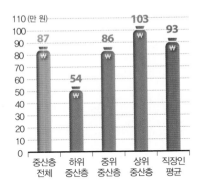

국민연금 월 예상 수령액

자료: NH투자증권 100세시대연구소

중산층의 국민(공적)연금 평균 예상 수령액은 월 87만 원이다. 직장인 대상으로 조사했던 국민연금 평균 예상 수령액 월 93만 원보다 적지만 65세부터 100세까지 35년 수령을 가정하면 단순 합계 금액이 약 3억 7,000만 원에 달하는 중요한 노후자산이다. 국민(공적)연금 가입비율도 90.6%로 직장인 대상 가입비율 95.7%[9]와 비교했을 때 약간 낮은 수준이다.

예상 연금액은 중산층 그룹별로 큰 차이를 보이고 있었다. 상위 중산층의 경우 월 103만 원을 예상하였지만 중위는 월 86만 원, 하위는 월 54만 원으로 소득에 따라 큰 편차를 보여주고 있었다. 이러한 차이는 소득이 비교적 투명한 직장인들과는 달리 소득이 불규칙한 자영업자 및 실제 국민연금의 혜택을 제대로 받지 못하고 있는 사람들이 조사 대상

---

9 〈2016 대한민국 직장인 보고서〉, NH투자증권 100세시대연구소

에 포함되면서 나온 결과로 보인다. 노후자산이 부족한 중산층은 다른 연금보다 물가 상승 반영에 종신보장 기능까지 다양한 장점을 가진 국민연금을 최우선적으로 가입해야 한다.

한편 국민연금이 가지는 노후자산의 성격을 제대로 이해하지 못해 노후준비가 많이 부족하거나 또는 여유 있는 것으로 오해하면 안 된다. 노후생활에 문제가 되는 시기는 은퇴 직후부터 80세 이전까지 비교적 활동성이 높은 60~70대 노후생활 전반기이다. 게다가 희망하는 은퇴연령이 60세인 데 반해 국민연금은 대부분 65세가 되어야 개시되기 때문에 5년간의 소득 공백기가 발생하게 된다. 소득 공백기에 소득이 부족한 경우 조기연금제도를 활용할 수도 있지만 1년당 6%, 5년 먼저 받으면 최대 30% 적은 금액을 받게 된다. 이보다는 퇴직연금이나 개인연금 같은 사적연금을 미리 준비하거나 은퇴 후 눈높이를 낮추더라도 일자리를 통해 추가적인 소득을 창출하는 방법이 좀 더 나아 보인다.

퇴직연금제도가 도입된 지 10년이 넘었지만 중산층에게 있어 퇴직연금은 노후자산으로서의 역할이 낮은 수준이다. 중산층의 퇴직연금(퇴직금 포함) 가입비율은 66.2%였으며, 현재 보유하고 있는 적립금은 평균 2,638만 원이다. 상위 중산층의 평균 퇴직연금 적립금도 3,656만 원으로 직장인 대상 조사결과인 3,826만 원[10]보다 적은 상황이었다. 조사대상 중산

---

10 〈2016 대한민국 직장인 보고서〉, NH투자증권 100세시대연구소

층 평균 연령 44세, 월 평균소득 366만 원을 기준으로 향후 연간 1개월 소득에 해당하는 퇴직연금 적립이 이루어진다고 가정하면 은퇴 시점에 8,494만 원의 퇴직연금 자산을 만들 수 있다.

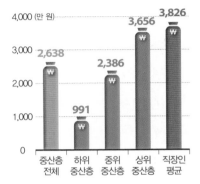

평균 퇴직연금 적립금

자료: NH투자증권 100세시대연구소

그러나 퇴직연금을 노후자산으로 인식하는 사람들은 생각보다 많지 않은 것 같다. 정부 차원에서 퇴직금을 연금 형태로 받는 퇴직연금제도를 활성화시키려 노력하고 있지만, 퇴직연금을 일시불로 수령하는 경우는 2014년 97.1%에서 2016년 98.2%로 오히려 늘어난 것으로 나타났다. 이러한 현실은 비단 우리나라만의 문제는 아니다. 영국도 2015년 4월 100여년간 지속돼 온 퇴직연금 적립금의 연금화 수령의무[11]를 폐지한 후 일시금으로 수령하는 비율이 대폭 증가하였다. 지금은 퇴직연금 가입자의 절반 이상이 퇴직연금을 일시금으로 수령하고 있는 상황이다.

영국 사례에서 보듯이 개인에게 노후준비의 중요성을 강조하면서 퇴직금도 연금으로 받아야 된다 주장하는 것은 분명 한계가 있어 보인다. 그럼에도 불구하고 퇴직연금은 또 하나의 노후자산으로서 일정 역할을

---

11 영국의 퇴직연금 의무화: 2015년 4월 이전까지는 55세 이후 퇴직연금 적립금의 25%까지만 일시금으로 수령, 나머지 75%는 연금 형태로 수령. 나머지 적립금을 일시금으로 수령할 경우 최대 55%의 중과세율을 부과함.

하는 것은 분명하다. 퇴직연금은 은퇴연령부터 국민연금 수급 개시 연령까지 대부분의 직장인에게 발생할 수밖에 없는 소득 공백 기간을 메워주는 매우 효과적인 기능을 담당해줄 수 있다. 현재 퇴직연금으로 받는 경우 퇴직소득세의 30%를 감면해주는 이점이 있지만, 이 정도로는 그 효과를 기대하기 어렵다. 일정 금액 이하의 퇴직연금에 대하여 완전 비과세를 적용해주는 등 연금 수령에 따른 명확한 이점을 제시해 주어야만 연금 수령에 대한 수요가 생길 것이다.

중산층 그룹별로 살펴보면 퇴직연금 성격상 소득에 비례하는 모습은 당연한 결과로 보여진다. 이러한 부분을 감안하더라도 평균 적립금액에 너무 많은 차이를 보이는 것이 좀 걱정스럽다. 평균 퇴직연금 적립금이 하위 중산층의 경우 991만 원으로 중위 중산층 2,386만 원의 절반에도 못 미치고 있다. 상위 중산층의 평균 퇴직연금 적립금은 3,656만 원으로 중위 중산층보다 1,270만 원 더 많았다. 문제는 하위 중산층의 경우 절반 가까운 47%가 퇴직연금 적립금이 전혀 없다는 것이다. 따라서 하위 중산층의 안정적인 노후준비를 위해서는 이들에게 퇴직연금을 지원할 수 있는 제도적 보완이 필요하다.

개인연금제도는 퇴직연금보다 10년 이상 먼저 도입되었지만 중산층의 가입비율은 61.8%로 더 낮은 수준이다. 세액공제 등 세제혜택이 있음에도 퇴직연금보다 상대적으로 강제성이 떨어지기 때문이다. 중산층이 보유하고 있는 평균 개인연금 적립금은 1,913만 원, 월평균 납입금액은

16만 원으로 조사되었다. 이를 현재 나이 44세(조사 대상 중산층 평균 연령)와 예상 은퇴연령인 60세까지 유지를 가정하면 개인연금으로 적립 가능해 보이는 노후자산은 4,985만 원으로 퇴직연금자산(8,494만 원)에 많이 못 미치고 있다. 절대금액으로 부족해 보이는 수준이다. 만약 노후 대비용으로 따로 챙겨두어 연금화가 가능한 기타 금융자산이 있다면 상황이 조금 나을 것이다. 어차피 노후 대비용으로 보유한 금융자산이 있다면 일반 금융자산보다는 연금자산으로 가져가는 것이 좀 더 바람직한 선택이다.

개인연금도 중산층 그룹별로 살펴보면 소득에 따라 많은 편차를 보이고 있다. 하위 중산층 평균 개인연금 적립금은 719만 원에 매월 9만 원 정도 적립하고 있었다. 은퇴 시점 60세까지 만들 수 있는 개인연금자산은 2,500만 원 정도밖에 되지 않는다. 중위 중산층의 평균 적립금은

중산층의 개인연금 적립금

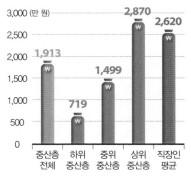

중산층의 개인연금 월 납입액

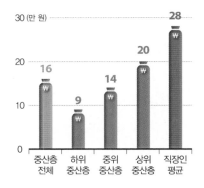

자료: NH투자증권 100세시대연구소

1,499만 원, 월 14만 원을 적립하고 있고, 상위 중산층은 2,870만 원의 평균 적립금에 월 20만 원 정도 납입하고 있어 그나마 상황이 좀 낫다. 중위 및 상위 중산층이 만들 수 있는 개인연금자산은 각각 4,187만 원과 6,710만 원이다. 그러나 이들은 노후준비보다는 세액공제 등 절세혜택을 받으려는 목적이 더 커 보여 연금 본연의 목적에 충실해질 필요가 있는 한편, 정부는 이를 중요한 유인책으로 좀 더 적극 활용해야 할 것 같다. 개인연금은 스스로의 필요에 의해 가입해야 하는데 개인의 의지에 맡기는 것으로는 노후자산으로서의 역할에 한계가 있다. 세액공제와 같이 가입에 따른 직접적인 혜택들이 좀 더 확대되고 가입 후 유지 기간에 비례한 추가적인 혜택을 받을 수 있도록 하여야만 개인연금을 활용한 노후준비도 좀 더 활성화될 것이다.

중산층의 노후준비지수는 62점

중산층의 필요노후자산과 지금까지 연금 가입 현황을 바탕으로 중산층의 '노후준비지수'를 살펴보자. 그룹별 비교를 위해 현재 나이는 44세(조사 대상 중산층 평균 연령)로 동일하게 가정하고 은퇴 시점인 60세까지 16년의 준비 기간으로 준비지수를 산출하였다. 연금별 예상 자산의 합계금액으로 노후준비자산을 구하고 이를 필요노후자산으로 나누어 보면 노후준비지수를 구할 수 있다. 필요노후자산은 곧 목표노후자산이 된다. 필요노후자산에서 노후준비자산을 차감하여 나오는 부족 금액은 추가적인 준비가 필요한 금액으로 보면 된다.

노후준비지수(%) = 노후준비자산 ÷ 필요(목표)노후자산 × 100

기대수명 기준으로 본 중산층의 노후준비지수는 61.8%였다. 100점 만점에 62점인 셈이다. 별도 금융자산을 감안하지 않고 연금자산만으로 구한 결과이기 때문에 심각한 수준이라고 단정 지을 수는 없지만, 연금 가입을 통한 노후준비가 절실해 보인다. 하위 중산층의 준비지수는 좀 심각하다. 40.3%로 수치도 낮지만 노후 대비용 금융자산이 따로 없을 것으로 예상되기 때문이다. 중위 중산층은 중산층 전체보다 조금 낮은 59.9%였으며 상위 중산층은 71.4%로 가장 양호한 상태이다.

부족 금액 기준으로 중산층 전체는 은퇴 시점까지 약 1억 9,000만 원의 추가적인 준비가 필요하다. 평균 월 100만 원을 더 저축해야 한다는 계산이 나오는데 현실적으로 쉽지 않아 보인다. 중산층 그룹별로 볼 때 부족 금액은 소득과 반비례하고 있어 상황은 더 심각하다. 특히 하위 중산층의 경우 부족 금액은 2억 7,000만 원 정도로 월 140만 원의 저축이 필요한데 불가능한 수준에 가깝다. 중위나 상위 중산층이라고 해서 괜찮은 것은 아니다. 중위 중산층의 부족 금액은 약 2억 원이고 상위 중산층의

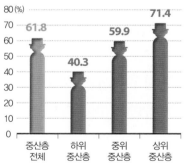

중산층의 노후준비지수
(기대수명 기준)

자료: NH투자증권 100세시대연구소

필요노후자산과 노후준비자산(기대수명 기준)

(만 원)

구분		중산층 전체	하위 중산층	중위 중산층	상위 중산층
필요노후자산		5억 544	4억 5,144	4억 9,464	5억 4,000
노후준비자산	국민(공적)연금	1억 7,748	1억 1,016	1억 7,544	2억 1,012
	퇴직연금	8,494	4,751	7,922	1억 824
	개인연금	4,985	2,447	4,187	6,710
	합계	3억 1,227	1억 8,214	2억 9,653	3억 8,546
부족 금액		1억 9,317	2억 6,930	1억 9,811	1억 5,454

가정: 현재 나이 44세, 은퇴연령 60세, 국민연금 개시연령 65세, 기대수명 82세

부족 금액은 약 1억 5,000만 원으로 각각 매월 103만 원, 80만 원의 추가 적립이 필요하다.

장수 추세를 감안하며 100세 수명을 기준으로 한 100세시대 준비지수도 한 번 살펴보자. 중산층 전체 평균은 66%로 기대수명 기준(61.8%)보다 높게 나온다. 노후생활 기간이 길어졌는데 100세 기준 준비지수는 왜 더 높게 나오는 것일까? 이는 국민(공적)연금의 종신연금 효과 때문이다. 국민(공적)연금은 현재 적립금과 납입금액에 따른 결과가 아니고 연금 개시 연령부터 기대수명까지 예상 연금을 합산한 금액으로 구하게 된다. 따라서 수명에 비례하여 오래 살수록 국민(공적)연금으로부터 받을 수 있는 금액이 많아지면서 노후준비자산도 늘어나는 효과를 가져다 준다. 3층 연금제도 안에서 국민(공적)연금의 중요성을 다시 한 번 실감할 수 있게 해준다. 노후준비지수는 100세 기준으로도 하위 중산층이 44%로 가

장 심각한 상황이다. 중위 중산 층은 중산층 전체보다 조금 낮은 65%였으며 상위 중산층은 75% 로 기대수명 기준과 마찬가지로 가장 양호한 모습이다.

100세시대 준비지수가 좀 더 높게 나왔다고 해서 마음 놓을 상황은 아니다. 수명이 늘어나 노 후생활이 길어진 만큼 부족 금액

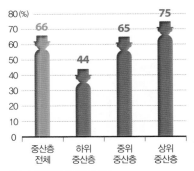

중산층의 100세시대 준비지수 (100세 기준)

자료: NH투자증권 100세시대연구소

은 더 커졌기 때문이다. 100세 수명 기준으로 부족 금액을 살펴보면 중 산층 전체로 보아도 은퇴 시점까지 약 2억 6,000만 원의 추가적인 준비 가 필요하다. 앞선 기대수명 기준보다 7,000만 원 정도 늘어났다. 평균적 으로 월 134만 원은 더 저축해야 한다는 말인데 기대수명 기준보다는 확실히 심각해 보인다. 이를 연금과 같은 금융자산 적립을 통해서만 해

필요노후자산과 노후준비자산(100세 기준) (만 원)

구분		중산층 전체	하위 중산층	중위 중산층	상위 중산층
필요노후자산		7억 5,816	6억 7,716	7억 4,196	8억 1,000
노후준비자산	국민(공적)연금	3억 6,540	2억 2,680	3억 6,120	4억 3,260
	퇴직연금	8,494	4,751	7,922	1억 824
	개인연금	4,985	2,447	4,187	6,710
	합계	5억 19	2억 9,878	4억 8,229	6억 764
부족 금액		2억 5,797	3억 7,838	2억 5,967	2억 236

가정: 현재 나이 44세, 은퇴연령 60세, 국민연금 개시 연령 65세, 기대수명 100세

결할 수는 없다. 은퇴 시점을 늦추고 일을 더하거나 생활 수준을 낮추고 주택연금을 활용하는 등 다양한 대응방안을 동시다발적으로 고민해야 될 것이다. 물론 이는 소득이 현재와 같은 수준으로 유지된다는 가정하에 계산된 결과이므로 너무 실망할 필요까지는 없다. 소득원을 늘리고 소비지출을 좀 더 통제하면서 목표를 향해 노력하다 보면 은퇴 시점에 가서는 얼마든지 달라질 수 있다.

중산층 그룹별 연금 전략

예전에는 비행기를 타는 게 흔하지 않은 일이었다. 하지만 이제는 휴가철이나 명절 때 북적거리는 공항을 보면, 비행기를 보편화가 된 교통수단으로 보아도 별 무리가 없을 듯싶다. 자주 타는 비행기는 아니지만 탈 때마다 '길이 따로 있는 것도 아닌데 창공을 가로질러 멀리 있는 목적지에 어떻게 잘 도착하는 것일까' 하는 생각이 든다. 과학기술의 발달로 자동항법장치를 통해 좌표만 입력하면 알아서 간다고 하니 신기하게만 느껴질 따름이다. 여기서 한 가지 궁금한 점이 있다. '자동항법장치가 있다면 조종사는 아무런 일도 안 하는 것일까' 하는 생각이다. 물론 조종사가 하는 일이 있다. 비행기가 정해진 경로를 잘 유지하는지 관찰하고 난기류 등 외부환경의 영향으로 방향이 틀어지면 조금씩 조정을 해주어야 하는데 그 역할이 바로 조종사의 몫이다. 결국 비행기는 아무런 방해 없이 순탄하게 길을 가는 것 같지만 끊임없이 크고 작은 문제에 부딪히고 지속적인 조정을 통해 바다 건너 머나먼 목적지에 도착하게 되는 것이다.

생각해 보면 노후자산관리도 비슷한 점이 많다. 일단 장시간 비행하는 것처럼 인생 전반에 걸쳐 오래 실행해야 한다는 점이 그렇고, 목표를 설정하고 끝나는 것이 아니라 그 과정을 지속적으로 관찰하고 조정해야 한다는 점이 그러하다. 시작하는 시점에서는 상당히 막연하다는 점도 비슷하다. 한편으로는 도착지를 좌표로 간단 명료하게 목표 설정을 하듯 노후자산관리도 보다 명쾌하고 간단하게 목표를 설정하고 관리해야 한다는 점도 공통점이 될 수 있다. 보통 금융기관의 노후설계 프로그램을 이용하다 보면 물가상승률이나 투자수익률 등 여러 가정을 하고 복잡한 재무적인 계산 방법을 통해 구하는 경우가 많다. 그러나 목표 설정이라는 것 자체에 의미를 둔다면 꼭 복잡하게 구할 필요까지는 없다고 생각한다. 비행기가 정해진 목적지에 도착할 때까지 조종이 계속 필요한 것처럼 노후자산관리 목표를 달성하기 위해 지속적인 관리와 조정을 해나가는 일들이 더 중요하기 때문이다.

그렇다면 노후설계를 어떻게 쉽게 해볼 수 있을까? 가장 중요한 출발점은 자신의 현재 상황을 정확하게 판단하는 것이다. 이를 쉽게 해결하는 방법은 금융감독원의 '통합연금포털(100lifeplan.fss.or.kr)'을 이용하면 된다. 2015년부터 운영되고 있는 '통합연금포털'은 국민연금은 물론, 다니고 있는 회사가 가입해준 퇴직연금과 금융사별로 가입한 개인연금까지 자신의 모든 연금정보를 한눈에 볼 수 있다. 또한 목표하는 노후생활비와 노후생활 기간을 입력하면 현재 가입하고 있는 연금을 기준으로 노후준비가 충분한지 혹은 부족한지도 알 수 있다. 몇 가지 추가적인 고려사항이 있기는 하지만 노후준비 목표를 설정하고 관리하는 수단으로는 충분하다. 앞서 살펴본 '100세시대 준비지수'와 함께 활용하면 더욱 효과적이다.

보통 노후설계 이야기를 꺼내면 복잡하고 어렵다는 생각에 걱정부터 앞서는 사람들이 많은 것 같다. 이는 노후준비가 정말 어려운 문제라서가 아니라 알 수 없는 미래에 대한 두려움이 있어서라는 생각이 든다. 모든 문제는 달성 가능한 목표를 설정하는 것만으로도 상당 부분 두려움을 떨칠 수 있다. 노후설계를 정확하게 하는 것보다는 쉬운 방법으로 자주 해보고 조금씩 조정해 나가는 것이 더 좋은 방법이라고 생각한다. 노후설계는 단지 거들어 주는 도구일 뿐 행복한 100세시대를 위해서는 목표를 설정하고 실천하는 자세가 더 중요하다.

3층 연금을 활용한 대한민국 중산층의 노후준비 상황은 겨우 낙제점을 면한 수준이다. 국민연금에 대한 의존도가 너무 높고 퇴직연금과 개인연금 등 사적연금에 대한 활용도가 너무 낮다. 은퇴 이후 소득 공백기를 포함한 60~70대 노후생활 전반기가 매우 불안한 상황이다. 향후 노후준비 전략을 중산층 그룹별로 한 번 살펴보자.

하위 중산층, 국민연금부터 확보하라.

하위 중산층은 국민연금 의존도가 높음에도 불구하고 월 예상 연금액이 54만 원에 불과해 노후연금으로서의 기능이 충분하지 못하다. 다른 사적연금에 가입하여 노후자산을 만드는 방법도 있겠지만 가능하다면 국민연금을 늘릴 방법부터 찾아야 한다. 국민연금은 소득에 비례하여 가입하는 구조이기 때문에 가입금액을 늘리기 위해서는 소득을 늘려야 한다. 본인의 연봉을 올리든 배우자가 일을 하든 소득을 늘리면 국민연금 적립금액은 따라서 늘어나게 된다. 아니면 임의가입제도를 활용하여 소득이 없는 배우자도 국민연금에 소액이라도 납입하자. 국민연금은 소득재분배 기능이 있기 때문에 적은 금액일수록 수익률 효과가 더 크다. 또한 연금 수령액에 물가상승분이 반영되고 사망할 때까지 받을 수 있은 종신연금이다. 중산층에게 국민연금은 금융기관에서 개인연금에 가입하는 것보다 안정적이면서도 훌륭한 수익률 효과를 가져다 줄 수 있는 최적의 연금제도다.

중위 중산층, 퇴직(연)금을 지켜라.

중산층의 평균 퇴직연금 적립금이 적은 이유는 아직도 많은 중소기업들이 퇴직연금에 가입하지 않고 퇴직금제도에 남아있기 때문으로 생각

국민연금 예상 연금액

(원)

월 소득액	연금보험료 (9%)	가입 기간			
		10년	20년	30년	40년
50만	4만 5,000	14만 2,480	27만 3,240	40만 3,520	50만
100만	9만	16만 9,830	32만 5,680	48만 960	63만 6,230
150만	13만 5,000	19만 7,170	37만 8,120	55만 3,390	73만 8,670
200만	18만	22만 4,510	43만 560	63만 5,830	84만 1,110

자료: 국민연금관리공단 2016년 하반기 예상연금액표, NH투자증권 100세시대연구소

된다. 중산층들이 대부분 퇴직금을 노후자산으로 인식하지 않고 생활자금으로 사용해버리는 것도 하나의 원인이다. 받을 때는 공돈 같은 퇴직금이지만 은퇴 시점까지 잘 지켜가면 결코 적지 않은 노후자산이 되어 줄 수 있다. 월 300만 원 급여로 30년간 일했다고 가정해도 원금만 9,000만 원이다. 이 정도라면 은퇴 후 국민연금 개시 연령 전까지 소득 공백기에 아주 유용하게 활용할 수 있는 금액이다. 과거에는 이렇게 하고 싶어도 마땅한 수단이 없었지만 지금은 IRP(개인형 퇴직연금) 계좌를 통해 마음만 먹으면 퇴직금의 연속성을 가져갈 수 있다. 개인연금은 본인이 스스로 납입금액을 마련해야 하지만 퇴직금은 회사가 준비해 주기 때문에 납입에 대한 부담도 없다. 일정 기간이 지난 후 퇴직금으로 모아졌을 때 잘 지켜내는 일부터가 최선의 전략적 선택이다.

상위 중산층, 개인연금을 확대하라.

상위 중산층은 비교적 경제적 여유가 있으므로 3층 연금체계를 좀 더 잘 갖추기 위한 노력이 필요하다. 특히 저축 여력이 있는 만큼 그 저축 여력을 연금저축 계좌를 이용한 노후저축에 먼저 하도록 해야 한다. 개인연금의 효과는 노후준비만으로 끝나는 게 아니다. 중산층의 자산관리 전략에서도 언급했지만 안정적인 노후준비는 자산관리를 통한 목돈 마련에 시너지를 가져다 준다. 잘 준비되고 있는 연금은 금융투자를 통한 장기적인 자산관리에 긍정적인 영향을 미치기 때문이다. 현재 연금저축의 세액공제한도는 연간 400만 원(월 33만 3,000원)이다. 지금보다 연금 저축 금액을 좀 더 늘려 세액공제한도까지 납입만 해도 훌륭한 노후자산이 될 수 있다. IRP 계좌에 300만 원을 추가 납입하면 연간 총 700만 원까지 세액공제를 받을 수 있다. 추가적인 저축을 계획하고 있다면 절세혜택을 최대화하고 풍요로운 노후를 위해 연금저축의 확대부터 먼저 검토하자.

은퇴 후 일에 대한 생각과 연금부자

노후준비의 가장 바람직한 방법은 당연히 3층 연금을 잘 준비하는 것이다. 하지만 준비된 연금이 부족하다면, 다음의 현실적인 대안은 바로 은퇴 시점을 최대한 늦추고 일을 계속하는 것이다. 은퇴 후 일에 대한 중산층의 생각도 한 번 조사해 보았다. 그 결과 전체 중산층은 96%라는 높은 수치로 은퇴 후에도 일을 할 생각을 가지고 있었다. 또한 은퇴 후 일자리에 대한 소득으로 월평균 139만 원을 기대하고 있는 것으로 나타났다.

중산층 그룹별로 보아도 95~97%가 은퇴 후 일을 하겠다는 생각을 가지고 있는 것으로 응답하였고, 은퇴 후 일에 대한 소득은 현재의 소득과 비례하는 모습이기는 했지만 월 124만

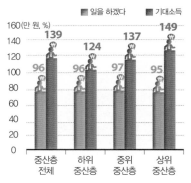

일에 대한 생각과 기대소득

■ 일을 하겠다　■ 기대소득

자료: NH투자증권 100세시대연구소

원에서 149만 원까지 금액의 편차가 크게 나타나지는 않았다. 결과적으로만 놓고 보면 대다수 중산층은 아무래도 부족한 노후생활비를 연금으로 준비하기보다는 일을 통해서 만들 생각이 많아 보인다. 은퇴 후 일을 하는 이유가 생계 유지 목적이 가장 앞서게 될 확률이 높은 상황이다.

물론 연금이 부족해서가 아니더라도 은퇴 후 일을 계속하는 것은 건강 유지나 시간의 활용, 사회적인 관계 등 여러 가지 측면에서 노후생활에 긍정적인 효과를 가져다 준다. 하지만 요즘과 같은 저금리 상황에서 월 100만 원의 일자리가 보유자산 8억 원(수익률 연 1.5% 가정)의 가치와 맞먹는 수준이라는 점을 생각해보면 은퇴 후 일자리에 대한 중산층의 눈높이가 전반적으로 높게 형성되어 있는 것 같다. 스스로 일을 하겠다는 자세가 되어 있다 하더라도 은퇴 후 100만 원짜리 일을 구하는 것이 생각보다 만만하지가 않을 것이다. 눈높이를 낮추더라도 원하는 수준의 안정적인 일자리를 위해서는 반드시 그에 상응하는 준비가 필요하다.

중산층의 노후준비 전략을 살펴보았다. 중산층 그룹별로 가장 우선시해야 되는 연금전략을 제안하였지만 사실 3층 연금제도 중 어느 하나 중요하지 않은 게 없다. 다만 현실적인 문제가 있을 수 있기 때문에 각각의 처한 상황에서 가장 효율적인 방법을 제안한 것이다. 물론 능력이 된다면 3가지 연금을 최대한 모두 실행하는 방법이 가장 이상적이다. 열심히 노력했음에도 연금이 부족하다고 해서 미리 실망할 필요는 없다. 은퇴 후 일을 좀 더 해도 되고 주택연금의 활용까지 염두에 두면 방법이 아예 없지는 않다.

　주위를 보면 나이가 든 사람들은 은퇴하고 나서 안정적인 연금이 많이 나오는 연금부자들을 가장 부러워한다. 젊었을 때는 연금의 실효성을 별로 실감하지 못했었지만 은퇴 후 연금처럼 안정적인 현금흐름이 정말 큰 역할을 해준다는 것을 느끼기 때문이다. 그렇다고 연금부자들을 부러워만 하고 있을 것인가? 지금부터라도 각 연금제도의 장점을 최대한 잘 살려낼 수 있도록 시간을 가지고 꾸준하게 노력해보자. 대한민국 중산층도 3층 연금만 잘 준비하면 얼마든지 연금부자가 될 수 있다.

중산층
트렌드
2017

한국 경제의 중심축을 낱낱이 파헤친다

중산층 트렌드 2017

초판 1쇄 발행 2017년 1월 1일
2쇄 발행 2017년 1월 20일

지은이 NH투자증권 100세시대연구소
펴낸이 전호림
책임편집 권병규
마케팅·홍보 강동균 박태규 김혜원

펴낸곳 매경출판㈜
등 록 2003년 4월 24일(No. 2-3759)
주 소 (04557) 서울시 중구 충무로 2 (필동1가) 매일경제 별관 2층 매경출판㈜
홈페이지 www.mkbook.co.kr **페이스북** facebook.com/maekyung1
전 화 02)2000-2631(기획편집) 02)2000-2636(마케팅) 02)2000-2606(구입 문의)
팩 스 02)2000-2609 **이메일** publish@mk.co.kr
인쇄·제본 ㈜M-print 031)8071-0961
ISBN 979-11-5542-597-8 (03320)